Andrea Ludwig

Neue oder Deutsche Linke?

Andrea Ludwig

Neue oder Deutsche Linke?

Nation und Nationalismus im Denken von Linken und Grünen

Westdeutscher Verlag

Die Deutsche Bibliothek – CIP-Einheitsaufnahme

Ludwig, Andrea:
Neue oder deutsche Linke?: Nation und Nationalismus
im Denken von Linken und Grünen / Andrea Ludwig. –
Opladen: Westdt. Verl., 1995

ISBN 978-3-531-12705-7   ISBN 978-3-322-93508-3 (eBook)
DOI 10.1007/978-3-322-93508-3

Alle Rechte vorbehalten
© 1995 Westdeutscher Verlag GmbH, Opladen

Der Westdeutsche Verlag ist ein Unternehmen der Bertelsmann Fachinformation GmbH.

Das Werk einschließlich aller seiner Teile ist urheberrechtlich geschützt. Jede Verwertung außerhalb der engen Grenzen des Urheberrechtsgesetzes ist ohne Zustimmung des Verlags unzulässig und strafbar. Das gilt insbesondere für Vervielfältigungen, Übersetzungen, Mikroverfilmungen und die Einspeicherung und Verarbeitung in elektronischen Systemen.

Umschlaggestaltung: Horst Dieter Bürkle, Darmstadt

Gedruckt auf säurefreiem Papier

An
Alle[1],
die mir
praktisch
und gedanklich
geholfen haben:

Vielen Dank!

Selbiger gilt auch
der Heinrich-Böll-Stiftung
für mein Promotionsstipendium.

---

[1] Insbesondere möchte ich meiner Freundin Anja Edelhäuser und Ulli Berger danken, die sich vor allem in der schweren Zeit kurz vor Einreichung der Dissertation sehr um die Arbeit selbst und um mein Wohlbefinden gekümmert haben.

Inhalt

I Einleitung

1. Thematische Relevanz und Untersuchungsziel 13
2. Zum Stand der Forschung, der Quellen- und Literaturlage. 14
3. Skizzierung der Methode und Überblick über den Gang der Untersuchung 16
4. Anmerkungen zum Untersuchungsgegenstand und zu zentralen Begrifflichkeiten 19

II Über den Umgang der "Neuen Linken" mit Nation, (Inter-) Nationalismus und Rassismus in Vergangenheit und Gegenwart

1. Der Sozialistische Deutsche Studentenbund SDS
1.1 Intention und Praxis der Deutschlandpolitik des SDS 23
1.1.1 Der Abschied vom Dogma der Wiedervereinigung 23
1.1.2 Anfang und Ende einer neuen Deutschlandpolitik. 25
1.2 Die theoretische Bewältigung deutscher Phänomene - Zur Auseinandersetzung mit Nationalsozialismus und Shoah 28
1.2.1 Motivische und perspektivische Veränderungen im Umgang mit dem Nationalsozialismus 29
1.2.2 Antisemitismus und Shoah - Fragmente zu einem unbeliebten Thema 30
1.3 Die (Wieder-)Entdeckung des Internationalismus durch den SDS. 33
1.3.1 Die Hinwendung zum Internationalismus 33
1.3.2 Internationalismus im Spannungsfeld von Nation und Klasse 35
1.4 Vom jüdischen Staat der Opfer zum zionistischen Gebilde - Über den linken Perspektivwechsel auf Israel. 40
1.4.1 Das deutsch-israelische Verhältnis als Determinante - Zum Problem moralischer Ansprüche im linken Israel-Engagement bis 1965 40
1.4.2 Internationalismus und Nahost-Konflikt - Die Entdeckung des israelischen Imperialismus 42

2. Die K-Gruppen
2.1 Die "deutsche Frage" im internationalen Kontext -
Über maoistische Differenzen in Deutschlandpolitik und
Internationalismus-Rezeption 46
2.1.1 Die Einheit Deutschlands als revolutionäre Aufgabe von
KPD/ML und KPD 47
2.1.2 Zum Verständnis von Nation und Nationalismus 48
2.1.3 Proletarischer Internationalismus und sozialistischer
Nationalismus als komplementäre Elemente 50
2.1.4 Gegen Wiedervereinigung und Vaterlandsverteidigung -
Deutschlandpolitik aus der Sicht von KBW und KB 51
2.1.5 Inter-Nationalismus oder globaler Klassenkampf?
Divergenzen bei KBW und KB 53
2.2 Wege aus der Geschichte - Faschismus als Abstraktum
und Instrument im politischen Kampf 54
2.2.1 Nationalsozialismus ohne Deutsche -
Die NS-Interpretationen der K-Gruppen 55
2.2.2 Faschismus und Faschisierung als stigmatisierende
Begrifflichkeiten 58
2.3 Israel und der Nahost-Konflikt aus maoistischer Sicht -
Über eine unzweideutige Rezeption 60

3. Die Grünen
3.1 Konzeptionen einer grünen Deutschlandpolitik. 64
3.1.1 Zum Stellenwert deutsch-deutscher Politik 64
3.1.2 Deutsch-deutsche Betroffenheiten als gemeinsame
Basis unterschiedlicher Lösungsansätze. 66
3.1.3 Die Wiedervereinigung als Auslöser grüner Irritationen 69
3.2 Reflexionen zum linken Internationalismus. 71
3.2.1 Grüne Selbstkritik und Neuorientierung im
Internationalismus-Bereich 72
3.2.2 Sonder- oder Regelfall des Internationalismus?
Die Schwierigkeiten linker Deutscher mit Israel
und dem Nahost-Konflikt. 74
3.3 Die grüne Auseinandersetzung mit und über
Rassismus, Rassismen und Migrantenpolitik 79
3.3.1 Zur Diskussion über Hintergründe und Ursachen
des Rassismus in der BRD 80
3.3.2 Einwanderungsbeschränkungen vs. `Offene Grenzen´ -
Über eine prototypische Kontroverse der Grünen 83

3.3.3 Die multikulturelle Gesellschaft als Perspektive - Probleme und Widersprüche bei der inhaltlichen Ausgestaltung 87

4. Zusammenfassung: Nationale und internationale Perspektiven der "Neuen Linken" - Veränderungen, Verzahnungen und Brüche 92

III Nationalismus- Rassismus/Kulturalismus - Identität: Aspekte ihrer Rezeption im wissenschaftlich-gesellschaftlichen Diskurs und in der "Neuen Linken"

1. Nationalismus
1.1 Der Beitrag der Wissenschaft zur Dichotomisierung von Nation und Nationalismus. 99
1.1.1 Nationalstaatliche Konstituierung als ideologischer Wendepunkt des Nationalismus 101
1.1.2 Kultur- und Staatsnation als divergierende Gestaltungsprinzipien 103
1.1.3 Nationalismus und Patriotismus / Nationale Identität und kollektive Identität - Synonyme oder unterschiedliche Phänomene? Über Probleme und Grenzen von Begriffsbestimmungen. 107
1.2 Nation und Nationalismus als Orientierungspunkte der "Neuen Linken". 112
1.2.1 Über die Bedeutung des Denkens in nationalen Kategorien für die politischen Weltbilder der "Neuen Linken". 112
1.2.2 Die "Neue Linke" und ihr Volk - Typisch deutsche Probleme der Linken mit ihrem revolutionär-demokratischen Anspruch 119

2. Rassismus/Kulturalismus
2.1 Die Transformation des Rassismus und seine Verbindung mit dem Nationalismus. 125
2.1.1 Antisemitismus als 'Leitfossil' des Rassismus 126
2.1.2 Vom Biologismus zum Kulturalismus - Die Anpassung rassistischer Ideologie. 127
2.1.3 Zum Verhältnis von Rassismus und Nationalismus 131
2.1.3.1 Gemeinsamkeiten, Unterschiede und funktionale Verbindung von Rassismus und Nationalismus 132

2.1.3.2 Antisemitismus und Nationalismus in Deutschland -
Elemente einer symbiotischen Beziehung. 138
2.2 Rasse, Nation und Kultur - Über den Umgang der "Neuen
Linken" mit Formen der Abgrenzung des Eigenen. 143
2.2.1 Zwangsläufiger oder möglicher Zusammenhang?
Das Verhältnis von Rassismus und Nationalismus
aus Sicht der "Neuen Linken" 144
2.2.2 Das Kulturparadigma als strukturelle Grundlage einer
nicht-rassistischen Gesellschaft - Eine Kritik. 148

3. Identität
3.1 Gesellschaftlicher Alleskleber und politisches Lösungsmittel - Zur Instrumentalisierung des Identitätsbegriffs 152
3.1.1 Individuelle und kollektive Identität - Versuch
einer inhaltlichen Präzisierung 153
3.1.2 Über Sinn und Funktion von Großgruppenidentitäten 156
3.2 Identität und "Neue Linke" - Eine Bewegung
auf der Suche nach Eindeutigkeit. 161
3.2.1 Antiautoritäre und Traditionalisten im SDS -
Zwei Wege zur Identität. 161
3.2.2 Die K-Gruppen: Individuelle Identität als
konterrevolutionärer Faktor 169
3.2.3 Rückwärts in die Zukunft? Über das Problem alter und
neuer Denkfallen bei der Suche nach der grünen Identität 173

IV Ergebnis und Ausblick

1. Über die Notwendigkeit, sich jenseits
eingefahrener Gleise zu bewegen 181
1.1 Die "Neue Linke" in ihrem Verhältnis zum
gesellschaftlich-wissenschaftlichen Diskurs 181
1.2 'Lernen aus der Geschichte' - Über die Schwierigkeiten der
"Neuen Linken" mit der Umsetzung von Erfahrungen. 184
1.3 Die Suche nach Identität als Focus 186

2. Bis hierher - und wie weiter? Konzeptionelle
und mentale Anregungen für die Zukunft 190

Literatur 193

"Von zartem Gemüt ist, wer seine Heimat süß findet,
stark dagegen jener, dem jeder Boden Heimat ist,
doch nur der ist vollkommen, dem die ganze Welt
ein fremdes Land ist."

(Hugo von St. Victor, 12. Jahrhundert)

"Man spricht vielleicht davon, daß der Mensch einen
Prozeß durchläuft, wie man ja auch sagt, daß der Wind
weht, obgleich doch eben das Wehen der Wind *ist*.
So mag sich auch das sprachliche Herkommen in uns
etwas sträuben, wenn man den Satz hört:
Der Mensch ist ein Prozeß."

(Norbert Elias)

I Einleitung

1. Thematische Relevanz und Untersuchungsziel

Sich heute mit Nationalismus, Rassismus und Identität zu beschäftigen bedarf keiner langen Begründung. Die Bedeutung von Nationalismus und Rassismus als eine ihrer möglichen Antworten ist spätestens mit Hoyerswerda und Rostock ins öffentliche Bewußtsein gerückt. Der Versuch, die Verbreitung nationaler und rassistischer Denkmuster allein als Folgeerscheinung der Wiedervereinigung zu interpretieren, ist Rechtfertigung und zugleich Eingeständnis des bis dahin fehlenden Problembewußtseins. Er weist gleichzeitig auf dessen Fortexistenz hin, indem er den Blick auf vorangegangene Entwicklungen versperrt. Die Vereinigung hat zur Verschärfung und Katalyse von Tendenzen beigetragen, die sich bereits in den Wahlerfolgen rechtspopulistischer Parteien 1989 manifestierten und deren Ausgangspunkt mehr als zehn Jahre zurückliegt. Die damals parteiübergreifend begonnene Suche nach der nationalen und kulturellen Identität der Deutschen verbunden mit den Bestrebungen zur Entsorgung der nationalsozialistischen Vergangenheit haben mitgeholfen, den Boden für die gegenwärtigen Erscheinungen zu bereiten.

Erklärungsbedürftiger als die Relevanz des Themas 'Nationalismus', das den Rassismus als Derivat einschließt, erscheint das Interesse an der mehrfach totgesagten "Neuen Linken". Die Selbstcharakterisierung ihres heutigen Hauptrepräsentanten, der *Grünen* als "...letzte Partei im demokratischen Spektrum, die sich gegen den nach rechts wegrutschenden Zeitgeist stemmt" (Fischer 1992: 10) signalisiert den Grund. Die in zentralen Bereichen wie der Gestaltung der Einwanderungsgesellschaft konturlos und innovationsunfähig wirkende SPD scheint der Rolle einer wirksamen Opposition gegen den Trend zu einer inhumanen Gesellschaft nicht gewachsen zu sein. Um diese Rolle einnehmen zu können, muß von den *Grünen* erkannt werden, daß eigene Defizite und Mythenbildungen in der Auseinandersetzung mit Nationalismus und Rassismus diese Aufgabe bislang erschweren und sie selbst zu Mitverantwortlichen für die Tendenz gemacht hat, im Nationalismus eine Lösungsmöglichkeit gegenwärtiger Probleme zu sehen.

Die Tatsache, daß der Wille zur Verhinderung einer Brutalisierung des gesellschaftlichen Klimas nur unzureichend in die Praxis umgesetzt wird, steht in engem Zusammenhang mit der Art und Weise wie Nationalismus in der "Neuen Linken" rezipiert wird. Dieser Rezeption sind durch das Identitätsproblem der Linken vor dem Hintergrund deutscher Geschichte spezifische Implikationen eigen, die die - im Titel formulierte - Doppeldeutigkeit der sowohl national-kulturell als auch politisch definierbaren Metapher vom Eigen- und Fremdbild evozieren. Die Interdependenz dieser Definitionen und der Umgang der "Neuen Linken" mit diesem Themenkomplex sind Gegenstand dieser Untersuchung.

Nation und Nationalismus bilden in der vorliegenden Arbeit das Grundmotiv, das im Hinblick auf seine Verbindung mit Rassismus/Kulturalismus und Identität analysiert wird. Zwei einander kreuzende Stränge zentrieren das breite Themenfeld: erstens die historisch bedingten deutschen Spezifika, die die Folie der nationalen Zugehörigkeit, auf der sich die Suche nach Identität (in) dieser Gesellschaft bewegt, formen und das Verhältnis zwischen Nationalismus und Rassismus/Kulturalismus mit einem besonderen Bedeutungsinhalt aufladen; zweitens das Selbstverständnis der "Neuen Linken" als Opposition zum Herrschenden, das die Auffassungen und Weltbilder beider Seiten kontradiktorisch aneinander bindet.

Hierauf gründet die Ausgangsthese, wonach die Ursachen für linke Wirkungslosigkeit und rechte Erfolge auf eine Nationalismus-Rezeption zurückzuführen sind, die sich an den Diskursen der Mehrheitsgesellschaft orientiert, d.h. den Nationalismus in eine positive und eine negative Variante aufspaltet und deren Ziel die Erlangung einer unzweideutigen kollektiven Identität ist - zwei Faktoren, deren Koinzidenz zu folgenreichen Defiziten und blinden Flecken bei der Auseinandersetzung mit dem Rassismus führen.

Ziel der Untersuchung ist es, Gründe und Lösungsansätze für die Ineffizienz der Opposition gegen Nationalismus und Rassismus herauszuarbeiten sowie vermittels einer Gegenüberstellung mit der wissenschaftlichen Diskussion einen Beitrag zur Erforschung der Phänomene Nationalismus, Rassismus und Identitätssuche und ihrer Zusammenhänge zu leisten.

2. Zum Stand der Forschung, der Quellen- und Literaturlage

Aufgrund ihres differierenden Charakters ist es sinnvoll, zwischen den Beiträgen zur Geschichte und Gegenwart der "Neuen Linken" und denen zu Nationalismus, Rassismus und Identität zu trennen.

Hinsichtlich ersterer unterscheiden sich Quantität und Qualität der zur Verfügung stehenden Literatur organisationsspezifisch erheblich. Über den Sozialistischen Deutschen Studentenbund (SDS) gibt es eine Reihe von Publikationen, die jedoch durch die Heterogenität des Verbands und dadurch, daß die politische Sympathie der Autoren für eine der Strömungen z.T. sehr deutlich den Tenor ihrer Darstellungen bestimmt, den Nachgeborenen eine Einschätzung erschweren.[1] Verglichen mit den K-Gruppen[2], bei denen von einer Literaturlage - mangels Existenz - nicht gesprochen werden kann, wirkt diese Schwierigkeit unbedeutend. Mit einer Ausnahme (vgl. Schröder 1990) handelt es sich bei den diesbezüglichen Publikationen um Abrisse des gesamten Spektrums kommunistischer/linker Organisationen, die lediglich einführenden Charakter haben. Von der Wissenschaft aufgrund ihrer vermeintlichen Bedeutungslosigkeit ignoriert, fehlen - anders als beim SDS - auch Rückblicke ehemaliger Mitglieder, deren Vergangenheit der Verdrängung anheimgefallen zu sein scheint (vgl. ebd.: 2). Dahingegen sind die *Grünen* Gegenstand zahlreicher Veröffentlichungen von Wissenschaftlern und Parteimitgliedern.

Auffallend und mir unverständlich ist der Mangel an Arbeiten, die mehr als eine Organisation behandeln und an Zusammenhängen interessiert sind, ohne in das gegenteilige Extrem zu verfallen, ihren Untersuchungsgegenstand so unspezifisch zu fassen, daß nur entsprechend generalisierende Aussagen möglich sind.

Grundsätzlich gilt, daß es sich bei der vorhandenen Sekundärliteratur überwiegend um Gesamtdarstellungen handelt, die zwar Aufschlüsse über den Aspekt linker Identität geben, zur Rezeption von Nation und Nationalismus durch die jeweilige Organisation jedoch nichts beitragen. Vermutlich ist das Fehlen einer solchen Analyse auf den - von Rechten und Linken - gleichermaßen gepflegten Mythos von der Irrelevanz der Kategorie `Nation´ für das politische Denken der "Neuen Linken" zurückzuführen. Dies erklärt, warum der erste Hauptteil der Arbeit nahezu ausschließlich auf der Auswertung von Primärmaterialien (Artikel, Aufsätze, Broschüren, Konferenzprotokolle, Presseerklärungen, Gesetzesentwürfe, Demonstrationsaufrufe, Flugschriften etc.) basiert, die in den am Ende aufgelisteten Archiven zusammengesucht wurden. Die in diesem Fall unumgängliche zeitintensive Kleinarbeit ist m.E. generell vorzuziehen, da durch Primärmaterialien jener wissenschaftliche Kolportage-Effekt vermieden werden kann, der durch die ungeprüfte Übernahme von Thesen der Sekundärliteratur entsteht.

---

1 Vgl. z.B. die divergierenden Darstellungen bei Bauß 1977 und Fichter/Lönnendonker 1979.
2 Der ursprünglich vom bundesdeutschen Verfassungsschutz eingeführte Terminus `K-Gruppen´ hat sich mittlerweile auf breiter Ebene durchgesetzt.

Seiner realpolitischen Bedeutung entsprechend gehört der Nationalismus seit fast einem Jahrhundert zu den häufig behandelten Themen der Forschung. Den Hauptanteil bilden historische Untersuchungen, deren Bemühen um verallgemeinerungsfähige Aussagen eine Fülle konkurrierender Konzeptionen hervorgebracht haben. Obwohl in den nach 1945 erschienenen Beiträgen der Hinweis auf Verbindungen zwischen Nationalismus und Rassismus selten fehlt, ist die explizite Beschäftigung mit ihnen erst in jüngster Zeit zum Gegenstand der wissenschaftlichen Auseinandersetzung geworden und steckt noch in den Kinderschuhen. Daher trägt der mit Rassismus/Kulturalismus überschriebene Teil partiell andere Züge als die Kapitel über Nationalismustheorien, da differierende Ansätze bei ersterem keine vergleichbare Rolle spielen.

Für den Bereich `Identität´ wurden überwiegend Publikationen soziologischer und politologischer Provenienz herangezogen, da das von Psychologen stammende Gros der Forschungsbeiträge zu diesem Thema für das Erkenntnisinteresse dieser Arbeit weitgehend irrelevant ist. Ihr Schwerpunkt liegt zumeist auf der Entwicklung individueller Identität und berührt das Verhältnis von Nationalismus und kollektiver Identität nur am Rand.

Da Aspekte aller genannten Forschungsgebiete selbst Gegenstand meiner Untersuchung sind, soll den diesbezüglichen Ausführungen nicht vorgegriffen werden. Lediglich ein signifikanter Punkt sei hier hervorgehoben. Während die Beschäftigung mit dem Nationalismus in der deutschen Forschung Tradition hat, war das Thema `Rassismus/Antisemitismus´ lange Zeit eine Domäne französischer, englischer, israelischer und US-amerikanischer Wissenschaftler. Erst im Gefolge der gewalttätigen Angriffe auf Immigranten und Flüchtlinge setzte sich die Einsicht von der Notwendigkeit einer breiten Auseinandersetzung durch. Es ist ein trübes, das gesellschaftliche Bewußtsein widerspiegelndes Kapitel des offiziellen Wissenschaftsbetriebs in Gesamt-Deutschland, daß dem Antisemitismus bestenfalls historische Relevanz zuerkannt wurde und die Thematisierung seiner Aktualität den `Betroffenen´ überlassen wurde - den zumeist jüdischen Ex-Emigranten im Umfeld der "Frankfurter Schule" (vgl. Fichter 1987: 87 f.).

3. Skizzierung der Methode und Überblick über den Gang der Untersuchung

Bei der vorliegenden Arbeit handelt es sich um die theoretisch-empirische Problematisierung eines besonderen Sachverhalts, wobei es die spezifischen Fragestellung verhindert, sich auf einen präzisen Ansatz stützen zu können.

Während der erste Hauptteil methodisch ausschließlich auf der Auswertung empirischer Primärmaterialien basiert, wird im zweiten Hauptteil zusätzlich Sekundärliteratur herangezogen und unter einer ideologiekritischen und politisch-sozialpsychologischen Perspektive untersucht.

Um die Vorgehensweise transparent zu machen, muß darauf hingewiesen werden, daß dieser Arbeit Vorkenntnisse zugrundeliegen, die auf meine bisherige Beschäftigung mit der "Neuen Linken" zurückgehen (vgl. Ludwig 1992). Die These, daß die Kategorie `Nation´ eine weitaus größere Rolle im Denken der "Neuen Linken" spielt als vordergründig erkennbar, während für Antisemitismus und Rassismus das Gegenteil gilt, ist ebenso Produkt dieser Vorkenntnisse wie die vom Streben nach eindeutiger Identität als Faktor linker Politik und Überzeugungen. Hieraus ergeben sich die Konturen des Themenfeldes mit seinen Eckpfeilern Nationalismus, Rassismus/Kulturalismus und Identität.

Die vorliegende Untersuchung ist als provokative Lesart der behandelten Texte zu verstehen. Ihr Ziel ist es, jene unter der Oberfläche verborgenen Aspekte linker Weltbilder, die im Zusammenhang mit den genannten Eckpunkten stehen, herauszuarbeiten und hervorzuheben. Da das Interesse dahin geht, die Diskussion im linken Spektrum zu analysieren, werden zur kritischen Auseinandersetzung mit diesen Aspekten ausschließlich Publikationen von Autoren herangezogen, deren Perspektive von einer tendenziell sympathisierenden Haltung bestimmt wird.

Der Aufbau der Arbeit wird durch zwei Erfordernisse bestimmt: erstens durch die Notwendigkeit, selbst grundlegende Vorarbeiten zum Umgang der "Neuen Linken" mit Nationalismus und Rassismus zu leisten, da entsprechende Forschungen nicht zur Verfügung stehen; zweitens durch die Existenz zweier Ebenen von Verbindungselementen, deren Plausibilisierung eine `vertikale´ und eine `horizontale´ Perspektive auf die "Neue Linke" verlangt. Die `vertikale´, d.h. separate Behandlung der Organisationen im ersten Hauptteil vermittelt einen Eindruck von den Deutungsmustern, die innerhalb eines Verbandes bzw. einer Partei dominieren, während die anschließende Untersuchung eines Themenaspekts in der gesamten "Neuen Linken" eine andere Ebene von Kontinuitäten und Wandlungen sichtbar machen soll.

Somit hat der erste Hauptteil die doppelte Aufgabe, durch explorative Inhaltsanalyse von Primärmaterialien die Rezeption von Nationalismus und Rassismus nachzuzeichnen und durch Einbettung dieser Rezeption in einen breiten Rahmen auf weltbild- und selbstverständniskonstituierende Denkstrukturen hinzuweisen, kurz: eine Basis zu schaffen, auf die im zweiten Hauptteil - ohne störende Erläuterungen - zurückgegriffen werden kann.

Dies und die Notwendigkeit, eine Skizze des politisch-gesellschaftlichen Kontextes, innerhalb dessen sich die behandelten Organisationen bewegen, einfließen zu lassen, erklären den Umfang der `Vorarbeiten´.

Neben der bereits genannten Beschreibung des Nationalismus- und Rassismus-Verständnisses gilt das besondere Interesse im ersten Hauptteil dem Verhältnis der "Neuen Linken" zur (bundes-)deutschen Nation in Vergangenheit und Gegenwart. Hierzu werden die Themenbereiche untersucht, in denen diesen Punkten eine zentrale Bedeutung zukommt: Deutschlandpolitik, Internationalismus, Nationalsozialismus und Shoah, die Auseinandersetzung mit Israel und das nur bei den *Grünen* relevante Feld der Beschäftigung mit heutigem Rassismus und der Einwanderungsgesellschaft.[3]

Aufgrund der Unterschiedlichkeit der Organisationen und des sich über 30 Jahre erstreckenden Untersuchungszeitraums weichen die Untergliederungen partiell voneinander ab. Der neu hinzugekommen Rassismus- und Einwanderungsproblematik muß ebenso Rechnung getragen werden wie differierenden Weltbildern, die die Zusammenfassung von Deutschlandpolitik und Internationalismus bei den K-Gruppen als logisch konsequent erscheinen lassen, während eine solche Verbindung beim SDS unsinnig wäre.

Im Zentrum des zweiten Hauptteils steht die vertiefende Analyse von determinierenden Leitlinien im Denken der "Neuen Linken", die sich aus dem Vorangegangenen herauskristallisieren, und die Herausarbeitung damit zusammenhängender Wahrnehmungs- und Bewußtseinsdefizite. Zu den Leitlinien gehören die Dichotomisierung des Nationalismus in eine positive und eine negative Variante, das Denken in nationalen resp. kulturellen Kollektiven und das Streben nach widerspruchsloser Identität.

Um die in der Ausgangsthese behauptete Affinität linker und herrschender Diskurse zu überprüfen, werden unter den Stichworten `Nationalismus´, `Rassismus/Kulturalismus´ und `Identität´ die jeweiligen wissenschaftlichen Auseinandersetzungen in ihrem bezug auf gesellschaftlich-politische Entwicklungen dem Verlauf der Rezeption dieser Begriffe und Phänomene in der "Neuen Linken" gegenübergestellt. Die Reihenfolge der Stichworte ist durch ihre inhaltlichen Implikationen festgelegt. Die

---

3 Es mag zunächst verwundern, daß der Auseinandersetzung mit Israel ein eigenes Kapitel zugedacht wird. Dies ist auf den Focus-Charakter dieses Themenfelds zurückzuführen, in dem sich - wie in keinem anderen - nahezu alle relevanten Aspekte vereinigen: der israelisch-arabisch/palästinensische Konflikt und die Rezeption des jüdischen Nationalismus gehören zu den zentralen Elementen des Inter-Nationalismus, die Entstehung Israels verbindet diesen Staat und seine Bevölkerung mit Deutschland und dem Nationalsozialismus und - nicht zuletzt - bezieht sich die Diskussion über linken Antisemitismus primär auf das Verhältnis zu Israel.

Dichotomisierung des Nationalismus führt zur These von der Notwendigkeit einer nationalen Identität. Im nächsten Teil werden die problematischen Aspekte dieser Vorstellung mittels einer Untersuchung des Dreiecksverhältnisses Nationalismus - Rassismus - Kulturalismus zunächst allgemein und hinsichtlich Deutschlands beleuchtet, woran sich Darstellung und Kritik der diesbezüglichen Auffassungen der "Neuen Linken" anschließt. Das in den beiden ersten Teilen präsente Thema der Identität rückt im letzten Teil in den Mittelpunkt. Das Interesse gilt zunächst den Kernfragen nach Inhalt, Sinn und Funktion kollektiver Identität. Im folgenden werden Hintergründe und Ursachen für die Suchbewegung der "Neuen Linken" nach Identität und für ihren Verlauf herausgearbeitet. Da die Beschäftigung mit Identität ihre Relevanz für diese Arbeit aus ihrer Korrelation mit linken Überzeugungen bezieht, wird dem Verhältnis zwischen politischen Weltbildern und Prioritäten einerseits und der Art des Selbstverständnisses anderseits besondere Aufmerksamkeit gewidmet.

Am Anfang des abschließenden Hauptteils werden die Untersuchungsergebnisse auf der Folie der Ausgangsthese zusammenfassend formuliert. Die Arbeit schließt mit pointierten Anregungen zur Vermeidung alter Fehler der "Neuen Linken".

4. Anmerkungen zum Untersuchungsgegenstand und zu zentralen Begrifflichkeiten

Wer heute mit dem Begriff 'Linke' operiert, setzt sich a priori dem Verdacht aus, die Zeichen der neuen Zeit nicht erkannt zu haben und in überkommenen Schemata gefangen zu bleiben. Zwar ist zu konzidieren, daß frühere Gewißheiten über den Bedeutungsinhalt erschüttert sind. Dennoch handelt es sich bei diesem "...notwendigen Mechanismus zur Reduktion politischer Komplexität..." (Raschke 1991: 24) nach wie vor um die gängigste und allgemein verständlichste Orientierungsmetapher.

Dagegen verlangt die Subsumtion von SDS, K-Gruppen und *Grünen* unter den Begriff "Neue Linke" eine ausführlichere Begründung. Während diese Zuschreibung im Fall des SDS mit dessen Eigendefinition übereinstimmt, trifft dies für die K-Gruppen, die sich in keine Kontinuität mit dem Antiautoritarismus der Studentenbewegung stellen wollten, bereits nicht mehr zu. Auf scharfen Protest dürfte die linke Eingemeindung bei jenen Teilen der *Grünen* treffen, die in der assoziativen Verbindung von linker Politik mit partikularer Interessenvertretung einen unüberwindbaren Widerspruch zu den übergreifenden ökologischen und friedenspolitischen

'Menschheitsproblemen' sehen.[4] Insofern hat der Terminus "Neue Linke" auch den Charakter einer unvermeidlichen Notlösung. Angesichts der Heterogenität der untersuchten Organisationen erscheint die Existenz eines Begriffs, der Selbstverständnis und Außenwahrnehmung treffend widergibt, unwahrscheinlich.

Neben dieser defensiven Begründung sprechen zwei Faktoren für das gemeinsame Etikett "Neue Linke": erstens der Sachverhalt, daß die Anlehnung an den Maoismus bei den K-Gruppen eine in der Linken neue Entwicklung gewesen ist und daß die Antworten der *Grünen* auf die "Überlebensfragen" z.B. im Ökologiebereich dahin gehen, ein Ende des ökonomischen Wachstumsdenkens zu fordern, m.a.W. ein Ansatz verfolgt wird, der an die Tradition linker Kapitalismuskritik anknüpft (vgl. ebd.: 28); zweitens die bestehenden Verbindungen zwischen den Organisationen, die sowohl ihre Entstehung selbst (vgl. Schröder 1990: 3) als auch - wie zu zeigen sein wird - die analysierten Aspekte betreffen.

Die Intention, Denkstrukturen in ihrer Verknüpfung mit realpolitischen Konsequenzen aufzuzeigen, verlangt eine Untersuchung der "Neuen Linken" anhand konkreter Organisationen. Während die Wahl des SDS als Repräsentant dieser Bewegung in den 60er Jahren bzw. die der *Grünen* für die Zeit ab 1980 unmittelbar eingängig ist, da es sich dabei um die jeweils größte und dominante Gruppierung handelt, ist die Konzentration auf die K-Gruppen und die fehlende Auseinandersetzung mit anderen 'Zerfallsprodukten' der Studentenbewegung erklärungsbedürftig. Die Exklusion sowjetkommunistischer und trotzkistischer Organisationen ist auf ihre Orientierung an einem tradierten Weltbild resp. auf ihre quantitative Bedeutungslosigkeit zurückzuführen. Gegen den expliziten Einbezug von Zusammenschlüssen wie dem Sozialistischen Büro (SB) und Bewegungen wie den sog. Spontis sprechen andere Gründe. Die ihnen gemeinsame Ablehnung fester Organisationsformen und programmatischer Richtlinien sowie die bewußte Distanzierung von dem Anspruch, sich im Stil einer Partei mit allen Politikfeldern inhaltlich auseinanderzusetzen, lassen keine Aussagen über die Verzahnung von Positionen aus unterschiedlichen Bereichen zu, die gleichzeitig zumindest für einen Teil der betreffenden Gruppierung repräsentativ sind. Das SB ist daher in anderer Form präsent, d.h.

---

4 Dieses von der Friedens- und Ökologiebewegung der 70er Jahre in die GRÜNEN eingebrachte dezidiert nicht-linke Selbstverständnis ist ein Grund für das Fehlen einer expliziten Auseinandersetzung mit den neuen sozialen Bewegungen der 70er Jahre. Darüber hinaus ist eine solche Auseinandersetzung im Rahmen der vorgegebenen Seitenzahl nicht sinnvoll zu leisten.

durch einige (Ex-)Mitglieder wie Claussen, Diner und Brumlik, deren Ansichten quasi kommentatorisch in den Text einfließen.[5]

Der im Zusammenhang mit der Literaturlage bereits angesprochene Konsens in Politik und Wissenschaft über die Bedeutungslosigkeit der K-Gruppen muß relativiert werden. So stellen sie in ihrer Gesamtheit[6] nicht nur die "...wohl stärkste Strömung..." (Schröder 1990: 3) dar, die aus der Studentenbewegung der 60er Jahre hervorging, sondern fungieren darüber hinaus als "...ein Bindeglied zwischen der antiautoritären Bewegung der späten Sechziger und den...Grünen und Alternativen der späten Siebziger und Achtziger Jahre..." (ebd.). Auch wenn die häufig grotesk anmutende sprachliche Verpackung ihrer Ideologien[7] dazu verführt, deren Inhalt als atypische Ausnahme zu interpretieren, zeigt sich gerade hinsichtlich der untersuchten Aspekte, daß es durchaus Parallelen zu vorangegangenen und heutigen Auffassungen in der "Neuen Linken" gibt. Weitere Verbindungselemente sind auf der Mitglieder-Ebene sowohl im Hinblick auf frühere SDSler als auch spätere grüne Parteigänger konstatierbar. Durch den Faktor personeller Kontinuität in K-Gruppen und *Grünen* beschränkt sich der Einfluß ersterer nicht allein auf die grüne Anfangsphase, in der vor allem KB und KPD maßgeblich an der Entstehung der beiden großen grün-alternativen Listen in Hamburg und West-Berlin beteiligt waren (vgl. Klotzsch/Stöss 1984: 1564). Bis heute ist die Zusammensetzung der grünen "Eliten" - entgegen dem Mythos von der Bewegungspartei - durch die Dominanz von parteipolitisch über bewegungspolitisch sozialisierten Personen gekennzeichnet, wobei ehemalige K-Gruppen- Mitglieder nach den Ex-Mitgliedern etablierter Parteien den Hauptanteil stellen (vgl. Raschke 1991a: 162/167).

Ohne die menschliche Fähigkeit zu gedanklicher Veränderung zu bestreiten, rechtfertigen die genannten Indizien die der Wahl des Untersuchungsgegenstands zugrundeliegende These, daß sich in SDS, K-Gruppen

---

5 Der Vollständigkeit halber sei angemerkt, daß die in den militanten Untergrund abgetauchten ´Zerfallsprodukte´ der Studentenbewegung wie die Rote-Armee-Fraktion (RAF) und die Bewegung 2. Juni aufgrund ihres Sonderstatus und ihres zwangsläufig geringen Publikationsausstosses keine Erwähnung finden.

6 Dem Anspruch auf Gesamtdarstellung des K-Gruppen-Spektrums wird durch die Beschäftigung mit den vier größten und bedeutendsten Organisationen entsprochen. Dabei handelt es sich um die 1968 entstandene Kommunistische Partei Deutschlands/Marxisten-Leninisten (KPD/ML), die 1970 konstituierte Kommunistische Partei Deutschlands (KPD), den 1971 gegründeten Kommunistischen Bund (KB) sowie den Kommunistischen Bund Westdeutschland (KBW) von 1973.

7 Da sich in der Sprache selbst gedankliche Bahnen spiegeln, ist die Angleichung an die Rhetorik der K-Gruppen sinnvoll und notwendig, auch wenn dadurch der betreffende Arbeitsteil (vgl. II/Kap. 2.) leider zum Prüfstein für den Leser wird.

und *Grünen* eine politisch-gesellschaftliche Opposition in der BRD organisatorisch manifestiert, die hier als "Neue Linke" bezeichnet wird.

Der Untersuchungszeitraum erstreckt sich von Anfang der 60er bis Anfang der 90er Jahre. Der für eine Auseinandersetzung mit der "Neuen Linken" ungewöhnlich früh angesetzte Beginn ist darauf zurückzuführen, daß der Ausschluß des SDS aus der SPD 1961 den Ausgangspunkt einer Suche nach neuer Orientierung und einem neuen Selbstverständnis markiert.

Abschließend möchte ich in Anlehnung an Kalpaka/Räthzel (1989: 86) kurz erläutern, warum in dieser Arbeit durchgängig von `Rassismus´ anstelle von `Ausländerfeindlichkeit´ die Rede ist. Der Terminus `Ausländerfeindlichkeit´ birgt zwei falsche Implikationen. Erstens, daß alle Ausländer von dieser ablehnenden Haltung gleichermaßen betroffen sind, während in der Realität eklatante Unterschiede zwischen der Behandlung von Nicht-Deutschen wie Schweizern, Engländern oder Holländern einerseits und der von Türken, Polen, Schwarzafrikanern und Sinti andererseits bestehen. Die Existenz spezifischer Feindbilder und feststehender Begründungsmuster spricht für die Bezeichnung `Rassismus´ als eine mit ideologischen und theoretischen Versatzstücken untermauerte Xenophobie.[8] Zweitens wird der Unsinn, Diskriminierungen als `Feindlichkeit´ zu etikettieren, anhand seines Gegenbegriffs `Freundlichkeit´ deutlich, dessen paternalistische Konnotation in Richtung eines "positiven" Rassismus weist und sich somit in der gleichen Logik bewegt. Hinzu kommt die offensichtliche Verdrängungsfunktion dieses Ausdrucks, der in der BRD kreiert wurde und in keinem anderen europäischen Land ein Pendant hat. Dem Interesse an der Verleugnung gewisser Kontinuitäten zwischen nationalsozialistischem Antisemitismus und heutigen Verhaltensweisen durch den Gebrauch der orwellschen "Neu-Sprech"-Schöpfung `Ausländerfeindlichkeit´ soll in dieser Arbeit nicht Vorschub geleistet werden.

Um dem Verdacht einer stillschweigenden Akzeptanz menschlicher Einteilung in Rassen entgegenzutreten sei hinzugefügt, daß die Verwendung dieses Terminus ohne Anführungszeichen einen anderen Grund hat. Ein beständiges Problem dieser Arbeit ist der Umgang mit Ordnungsbegriffen, die sowohl wirkungsmächtig und weltbildkonstituierend sind als auch auf einer Fiktion beruhen, weshalb relativierende Satzzeichen für solche Kategorien reserviert bleiben, deren fiktionaler Charakter weniger offensichtlich ist als der der Rasse.

---

8 Ein deutliches Signal ist das verblüffende Ergebnis einer vom Berliner Zentrum für Antisemitismusforschung vorgestellten Umfrage, nach der in den neuen Bundesländern die dort praktisch nicht vorhandenen Türken die verhaßteste Bevölkerungsgruppe sind.

II Über den Umgang der "Neuen Linken" mit Nation, (Inter-)Nationalismus und Rassismus in Vergangenheit und Gegenwart

1. Der Sozialistische Deutsche Studentenbund SDS

1.1 Intention und Praxis der Deutschlandpolitik des SDS

Ein wenig beachteter Aspekt ist der hohe Stellenwert der Deutschlandpolitik im SDS und der zukunftsweisende Charakter der damals entwickelten Ansätze, die den SDS zum "...Vordenker in den Beziehungen zur DDR..." (Jahn 1990: 1) werden ließen. Die avantgardistische Rolle des SDS wird deutlich, wenn man sich vergegenwärtigt, daß die SDS-Forderung nach Normalisierung der Beziehungen zur DDR 1961 noch einer der "manifesten Anlässe" (Reiche 1967: 37) für den Unvereinbarkeitsbeschluß der SPD war, während sie nach 1969 zum Kernstück der neuen Ostpolitik der sozialliberalen Koalition avancierte.

1.1.1 Der Abschied vom nationalen Dogma der Wiedervereinigung

Maßgeblich für die große Bedeutung, die der SDS der Deutschlandpolitik beimißt, sind zwei Gründe. Erstens die Sorge, daß das vom 'Tauwetter' zwischen USA und UdSSR unberührte deutsch-deutsche Verhältnis zum Anlaß einer militärischen Auseinandersetzung werden könnte. Zweitens die Funktion des Antikommunismus als bundesdeutsche "Integrationsideologie" (Jahn 1990: 14), die durch das von allen großen Parteien gepflegte Feindbild DDR perpetuiert wird und die vom SDS intendierte gesellschaftliche Diskussion über die Entwicklung sozialistischer Alternativen behindert. Diese Motive müssen vor dem Hintergrund der damaligen Haltung von Regierung und Opposition gesehen werden, die konsensuell die Maxime der Wiedervereinigung vertraten und daher der DDR die staatliche Anerkennung ebenso verweigerten wie die Aufnahme offizieller Kontakte. Während einerseits direkte Verhandlungen und der Austausch von Informationen unterbleiben, m.a.W. das deutsch-deutsche Verhältnis treffender als Nicht-Verhältnis zu charakterisieren ist, besteht andererseits insofern ein intensiver Bezug beider Staaten aufeinander, als die öffentliche Perhorreszierung der Zustände im jeweils anderen Deutschland den Herrschenden in BRD und DDR zur Legitimation des eigenen Systems und zum Beweis seiner Vorzüge dient. Nach Ansicht des SDS birgt dieses Denken in Konkurrenz- und Rivalitätskategorien in Kombination mit der fehlenden Verhandlungsbereitschaft die Gefahr eines Krieges und der Zementierung der gesellschaftlichen Verhältnisse in beiden Staaten. Demgegenüber versucht der SDS bereits in den 50er Jahren durch die Aufnahme von DDR-Kontakten zur Entschärfung des Frontendenkens beizutragen.

Anders als bei den großen Parteien, die auch nach dem Bau der Mauer 1961 an ihrer Politik festhalten, wandeln sich im SDS die Ziele der deutschlandpolitischen Aktivitäten. Während mit den ersten DDR-Kontakten noch die "...konforme() Hoffnung, damit die Wiedervereinigung voranzutreiben" (Jahn 1990: 6), verknüpft war, weicht diese Hoffnung ab Anfang der 60er Jahre zunehmend der Ansicht, "...daß die Wiederherstellung der politischen Einheit Deutschlands unter kapitalistischen Bedingungen mit einer friedlichen Politik weder zu erreichen ist noch von uns gewünscht wird" (Liebel 1964: 5). Die auf einer Delegiertenkonferenz im Oktober 1961 beschlossene Anerkennung der DDR und der Oder-Neiße-Grenze sowie die dort erhobenen Forderungen nach Aufgabe der "Illusion" von der Wiedervereinigung und nach Kontakten zu DDR-Institutionen auf offizieller Ebene (Standort: SDS-Archiv), weisen den SDS als erste Organisation aus, die sich von dem gesamtgesellschaftlichen Dogma der Wiedervereinigung verabschiedet.

Die Motivation für die gefaßten Beschlüsse hatte überwiegend nichts mit der dem SDS von SPD und Konservativen gleichermaßen unterstellten kommunistischen Infiltration des Verbandes zu tun, der die DDR als Beispiel für die gelungene Verwirklichung des Sozialismus betrachte. Die im SDS mehrheitsfähige Einschätzung, daß der mit der DDR identifizierte Kommunismus nicht allein wegen der herrschenden Propaganda auf breite Ablehnung in der bundesdeutschen Bevölkerung stößt, sondern daß "...er (der Antikommunismus; A.L.)...auch hervor(geht) und...gespeist (wird) von der widrigen Wirklichkeit in der DDR" (Standort: SDS-Archiv), verdeutlicht die Haltlosigkeit dieser Behauptung.

Nach Ansicht des SDS muß der Hebel zur Lösung des Zusammenhangs zwischen dem Antikommunismus in der BRD und der Existenz der DDR an der Normalisierung der Beziehungen ansetzen, während von der Wiedervereinigung keine derartigen Impulse erwartet werden: "Eine mögliche 'sozialistische Renaissance' kann nicht mit der Friedensfrage und dem Problem nationaler Einheit beginnen" (Blanke 1967: 46). Neben der Nutzlosigkeit der Wiedervereinigung "...von zwei Staaten, bei denen nun in der Tat kaum so recht einzusehen ist, was der Unfug soll, aus ihnen einen machen zu wollen" (Gäng 1966: 4), gilt die Wiedervereinigungsforderung im SDS als Ausdruck überholten Denkens, da davon ausgegangen wird, daß "...wenn nicht schon heute, so mindestens in naher Zukunft der Nationalstaat in Europa zum Anachronismus wird" (Schauer 1964: 19).

1.1.2 Anfang und Ende einer neuen Deutschlandpolitik

Praktische Schritte werden mit der Aufnahme offizieller Kontakte zur DDR-Jugendorganisation FDJ (Freie Deutsche Jugend)und mit zahlreichen Studienreisen von SDS-Delegationen in die DDR unternommen, die zweierlei bewirken sollten. Zum eine wird beabsichtigt, durch Information ein differenzierteres, realistischeres Bild der DDR zu verbreiten, um zur Veränderung des manichäischen Weltbildes der antikommunistischen Ideologie beizutragen. Zweitens wird angenommen, daß eine Politik der Normalisierung der Beziehung beider Staaten der DDR die Möglichkeit biete, die gewonnene Bewegungsfreiheit in die Demokratisierung des dortigen Sozialismus umzusetzen, woraus sich positive Anknüpfungspunkte für die gesellschaftliche Akzeptanz und Durchsetzungschancen sozialistischer Konzepte in der BRD ergeben könnten (vgl. Liebel 1964: 5).

Anhand der Berichte über Kontakte von SDS-Landesverbänden mit der FDJ wird deutlich, daß es "...eine verbindliche einheitliche politische Linie des gesamten SDS (nicht gab)" (Bauß 1977: 329). Die stark differierende Bewertung dieser Kontakte kann exemplarisch anhand der Berichte der Landesverbände Hamburg und Nordrhein-Westfalen aufgezeigt werden. Nach eigener Darstellung war der Besuch der nordrhein-westfälischen Delegation in Leipzig 1964 sowohl organisatorisch unproblematisch als auch inhaltlich fruchtbar, da bei "...allen Diskussionen und Gesprächen...die Themen freimütig und offen behandelt (wurden)" (arbeitsblätter 1964: 11). Demgegenüber stehen die Erfahrungen des Hamburger SDS, dessen Bericht über Besuch und Gegenbesuch einer FDJ-Delegation mit kritischen Anmerkungen gespickt ist. Hauptkritikpunkt ist das fehlende Interesse der FDJ-Vertreter an einer differenzierten Diskussion, die nicht von "...Angriffe(n) im Stile der Kalten-Kriegs-Propaganda.." (ebd.: 2) geprägt ist. Einer Auseinandersetzung mit Kritik der SDSler sei dadurch aus dem Weg gegangen worden, daß der SDS mit dem "westdeutschen Monopolkapitalismus und Revanchismus" (zit. bei ebd.: 4) gleichgesetzt wurde, d.h. als Diskussionspartner diskreditiert war.

Da in der FDJ - anders als im SDS - eine einheitliche politische Linie existierte und die organisatorische und inhaltliche Anbindung der FDJ-Universitätsvertretungen an den Zentralrat weitaus enger war als die der SDS-Landesverbände an den Bundesvorstand, ist der Grund für die stark differierende Bewertung in der heterogenen Zusammensetzung des SDS zu suchen. Bereits zu diesem Zeitpunkt zeichnet sich jene Fraktionierung in "Traditionalisten" und "Antiautoritäre"[1] ab, deren spätere Zuspitzung eine der Ursachen für das Ende des SDS werden sollte. Während sich die Antiautoritären vorhalten lassen mußten, daß "Vorbehalte, mangelnde Kenntnisse insbesondere über den sozialistischen Aufbau in der DDR und dessen konkrete Schwierigkeiten und Erfolge...(sich) mit der deutlich bürgerlichen Herkunft antiautoritärer Theorie zu einer Art aufgeklärtem bürgerlich-individualistischen Antikommunismus (verdichteten)" (Bauß 1977: 322), ist die Bemerkung des SDS-Bundesvorsitzenden Liebel (1964: 5) über die politische Sinnlosigkeit von "Kontakte(n) zu Behörden und Organisationen der DDR, die einem Gefühl der Sympathie gegenüber der DDR entspringen..." als Kritik an dem Ablauf von DDR-Besuchen wie dem o.g. des Landesverbandes Nordrhein-Westfalen zu verstehen.

Das erste öffentliche Zusammentreffen von Spitzenvertretern der FDJ und des SDS findet anläßlich des von der FDJ veranstalteten "Deutschlandtreffens der Jugend" 1964 in Ost-Berlin statt. In seinem dort gehaltenen Referat versucht der zweite Bundesvorsitzende Lessing (1964) die zentrale Bedeutung der Wahrnehmung existierender Widersprüche und der Art des Umgangs mit ihnen für die Entwicklungsfähigkeit eines gesellschaftlichen Systems aufzuzeigen[2]:

> "Wo die Existenz von Widersprüchen mißachtet wird, entsteht die Tendenz, ihre Äußerungen zu Produkten der Einflußnahme des außenpolitischen Gegners zu stempeln...Hier wird erpreßt mit der Unterstellung, es gäbe nur eine Alternative."

---

1 Da die Punkte, bei denen der Unterschied zwischen Traditionalisten und Antiautoritären von Relevanz ist, in den Text eingearbeitet sind, erübrigt sich an dieser Stelle eine Definition der beiden Hauptströmungen im SDS.

2 Interessant ist in diesem Zusammenhang, daß Lessing - nach seinen eigenen Worten - an ein Hegel-Zitat anknüpft ("Die abstrakte Identität mit sich ist noch keine Lebendigkeit... Etwas ist.lebendig, nur insofern es den Widerspruch in sich enthält, und zwar diese Kraft ist, den Widerspruch in sich zu fassen und auszuhalten"), während im folgenden Satz von der Möglichkeit der Aufhebung gesellschaftlicher Widersprüche die Rede ist. Fraglich ist, ob hier die Entstehung neuer Widersprüche als zwangsläufige Folge der Aufhebung bestehender Antagonismen gedacht wird, oder ob Lessing der Vorstellung von der Möglichkeit einer widerspruchslosen Gesellschaft verhaftet bleibt.

Auf die hier angesprochene Verknüpfung zwischen der Leugnung real existierender Widersprüche und einem manichäischen Weltbild wird von seiten eines DDR-Vertreters lediglich mit der Bemerkung, daß er nicht jede Kritik an Zuständen in der DDR als Antikommunismus betrachte, eingegangen, um im weiteren Verlauf nahezu jede Kritik auf Unkenntnis - bedingt durch fehlende Informationsfreiheit in der BRD - zurückzuführen (vgl. ebd.). Die Genugtuung über die prompte Bestätigung des von Lessing aufgezeigten Mechanismus durch diese Argumentationsweise dürfte sich seitens des SDS in Grenzen gehalten haben, da die eigene Intention dahin geht, durch differenzierte Diskussionen mit DDR-Vertretern zur Aufweichung des Frontendenkens beizutragen.

Trotz dieser offensichtlichen Diskrepanzen, kommt es im Dezember 1966 zu einer zweiten und gleichzeitig letzten Begegnung auf oberster Ebene. Das erste gemeinsame Seminar von SDS und FDJ über "Konzeptionen-Wege-Möglichkeiten einer Deutschlandpolitik" findet in einer Phase statt, in der den SDS nicht nur "...die 'Deutschlandpolitik' als Wiedervereinigungspolitik nicht mehr bewegt" (Reiche 1967: 37), sondern generell die Beschäftigung mit der DDR als bestenfalls zweitrangig gegenüber der Auseinandersetzung mit dem Befreiungskampf in der Peripherie gilt. Die veränderte Schwerpunktsetzung begründet der Bundesvorsitzende Reiche in seinem Einführungsreferat damit, daß sich trotz aller bestehenden territorialen Annektionspläne seitens der Bundesregierung die weltpolitische Lage derart verändert habe, daß der Ost-West-Gegensatz durch den wachsenden Widerspruch zwischen Metropolen und Peripherie nicht nur in den Hintergrund gedrängt wird, sondern diese Entwicklung auch eine Neuorientierung in der Ost-West-Politik verlange (vgl. ebd.: 37 f.). Zentraler Punkt dieser Neuorientierung ist die Absage an eine "reine" Entspannungspolitik zwischen Ost und West, da es dadurch der USA möglich werde, sich auf die Niederschlagung revolutionärer Erhebungen in der Peripherie zu konzentrieren. Dem stellt der zweite Bundesvorsitzende Gäng die chinesische Theorie gegenüber, die in der bewußten Verschärfung der Spannungen zwischen USA und UdSSR ein taugliches Mittel zur Konzentration der militärischen Kräfte in Europa und damit zur Begünstigung der Befreiungskämpfe in der Peripherie sieht. Gäng (1967: 40) bringt das daraus resultierende Dilemma auf den Punkt: "Eine Politik, die in Europa Krieg wollte um die Kolonialrevolution zu begünstigen wäre Schwachsinn. Eine Politik, die Entspannung betreibt auf dem Rücken der unterdrückten Nationen wäre konterrevolutionär". Nach Ansicht des SDS sollte der Versuch einer Lösung dieses Dilemmas Diskussionsziel des Seminars sein.

Die Tatsache, daß eine solche Diskussion gar nicht erst geführt wurde, da das Interesse der FDJ-Vertreter dahin ging, für Entspannung und Anerkennung der DDR zu werben (vgl. Jahn 1990: 34) anstatt über globalpolitische Analyseansätze zu debattieren, zeigt deutlich, daß FDJ und SDS zu diesem Zeitpunkt keine Berührungspunkte mehr haben.[3] Ein Artikel mit dem programmatischen Titel "Ende und Anfang einer sozialistischen Deutschlandpolitik - das Seminar von FDJ und SDS" faßt die Erkenntnis, daß hauptsächlich aneinander vorbeigeredet wurde, in die Worte, daß "...die Verschiedenheiten zwischen SDS und FDJ sowohl in der Methode als auch in der Konzeption...so groß gewesen (sind), daß man von einem gemeinsamen Seminar nur selten noch sprechen konnte" (neue kritik 40/1967: 37). Der Verlauf des Seminars war derart unergiebig, daß der SDS danach das Thema Deutschlandpolitik als erledigt ansieht; ein Resümee, das nur durch "...entscheidende politische Änderungen in der Konzeption von SDS und FDJ..." (ebd.) an Gültigkeit verlieren könne.

1.2 Die theoretische Bewältigung deutscher Phänomene - Zur Auseinandersetzung mit Nationalsozialismus und Shoah

Die Bedeutung des Nationalsozialismus für die Studentenbewegung als Inkarnation einer Herrschafts- und Gesellschaftsform, die den Tiefpunkt menschlichen Umgangs miteinander repräsentiert, ist unumstritten. Die politische Konzeption und Entwicklung des SDS war entscheidend geprägt durch den Willen, "...eine Neuauflage des Faschismus in Deutschland zu verhindern, (der) zum wichtigsten Motiv jeder politischen Praxis schlechthin (wurde)" (Briem 1976: 175). Diese Intention zieht sich als roter Faden durch die gesamte SDS-Geschichte. Anders die Vorstellungen über die Ansatzpunkte, mit denen seiner Neuauflage begegnet werden sollte, die sich ebenso veränderten, wie der Schwerpunkt bei der Beschäftigung mit dem Nationalsozialismus.

---

3 Die Forderung des SDS, zukünftig von der FDJ als "ausländische sozialistische Organisation" und nicht mehr als "Freunde aus Westdeutschland" behandelt zu werden, unterstreicht diesen Sachverhalt (vgl. Rechenschaftsbericht des SDS-Bundesvorstands, 22. Delegiertenkonferenz 4.-8.9.1967, s. Standort: SDS-Archiv).

1.2.1 Motivische und perspektivische Veränderungen im Umgang mit dem Nationalsozialismus

Ansatzpunkt für die Auseinandersetzung mit dem Nationalsozialismus war die Frage, "...was und wieviel aus dem Dritten Reich in die politische Landschaft der Bundesrepublik sich hatte hinüberretten können..." (ebd.: 243). Erste thematische Anknüpfungspunkte ergeben sich aus der - bis Mitte der 50er Jahre - zentralen Auseinandersetzung mit den von studentischen Korporationen vertretenen reaktionären bis nazistischen Ansichten. Innerhalb dieses zunächst als hochschulintern begriffenen Konflikts steht das Motiv persönlicher Betroffenheit im Vordergrund. Die gesamtgesellschaftlichen Implikationen der Thematik werden zwar abstrakt gesehen, bleiben jedoch ohne praktische Konsequenzen (vgl. ebd.: 233 f.).

Ein Grund hierfür war die enge Anbindung an die SPD, die sich im Zuge der von der CDU betriebenen Restauration und der offensichtlichen Zustimmung der wahlberechtigten Mehrheit nicht gegen den gesamtgesellschaftlichen Konsens über das 'Beschweigen' der nationalsozialistischen Vergangenheit stellen wollte. Die politische Gesamtentwicklung des SDS von einem Hochschulverband zu einer Organisation, deren Betätigungsfeld weit über den universitären Rahmen hinausgeht, spiegelt sich in der Erweiterung der Auseinandersetzung mit nationalsozialistischen Hinterlassenschaften. Neben den Korporationen rücken andere, außeruniversitäre Kontinuitäten aus der NS-Zeit ins Blickfeld, wie die Tatsache, daß zahlreiche hohe öffentliche Ämter über 1945 hinaus von den selben Personen bekleidet werden. Die 1958 gestartete SDS-Kampagne "Ungesühnte Nazi-Justiz", die sich gegen den Verbleib ehemaliger NS-Juristen an bundesdeutschen Gerichten richtete, ist Ausdruck der erweiterten Perspektive und zugleich einer der Gründe für den Unvereinbarkeitsbeschluß der SPD.

Charakteristisch für diese Phase ist die Konzentration auf eine konkrete personengebundene Beschäftigung mit dem Nachleben des Nationalsozialismus in den Institutionen der bundesrepublikanischen Gesellschaft. Diese Perspektive verändert sich ab Anfang der 60er Jahre mit der Rezeption kommunistischer Klassiker und Wilhelm Reichs Buch "Die Massenpsychologie des Faschismus", wodurch die "...'großen' Theorien des Zusammenhangs von Kapitalismus, Imperialismus und Faschismus...ins Zentrum des Interesses (rücken)" (Reiche 1988: 47). Die Auseinandersetzung mit personellen Kontinuitäten *in* den Institutionen wird durch die Beschäftigung mit dem *System* der Institutionen ersetzt und das Interesse am Wissen um die historische Realität des Nationalsozialismus durch die Frage nach gegenwartsrelevanten Erkenntnissen für den antikapitalistischen Kampf in der

BRD vollständig verdrängt. Die mit Blick auf strukturelle Gemeinsamkeiten von nationalsozialistischem und gegenwärtigem System erstellten eigenen Theorien basieren auf einem Amalgam aus vorgefundenen Theorien. Am Ende des Wegs vom Konkreten zum Abstrakten stand die monokausale Fixierung auf den Kapitalismus als letztendliche Ursache für Phänomene wie Triebunterdrückung, Entfremdung, Ausbeutung, Klassenantagonismen und damit für die Entstehung faschistischer Herrschaft.

Die ab 1964 in der Zeitschrift "Das Argument" erschienenen Faschismus-Analysen zeugen ebenso wie die Auffassung, daß der heutige Faschismus im bestehenden System der spätkapitalistischen Institutionen liegt (vgl. Dutschke 1968: 119) von der Interpretation des Faschismus als entkörperte Konsequenz der Entwicklung des Kapitalismus.

1.2.2 Antisemitismus und Shoah - Fragmente zu einem unbeliebten Thema

Die theoretische Auseinandersetzung mit dem Faschismus schlägt sich insbesondere in der bereits erwähnten Reihe "Faschismus-Theorien" der Zeitschrift "Das Argument" nieder. "Das Argument" war neben der vom Bundesvorstand des SDS herausgegebenen "neuen kritik" bis Anfang der 70er Jahre das wichtigste theoretische Organ der "Neuen Linken", in dem zahlreiche Beiträge von SDS-Aktiven veröffentlicht wurden. Den Texten in diesen Bänden ist ein Merkmal gemeinsam, das für die Beschäftigung mit dem nationalsozialistischen Antisemitismus und der Shoah weitreichende Folgen hat. Die Bemühungen der Autoren gehen dahin, theoretische Erklärungs- und Deutungsmodelle zu entwickeln, die in der Lage sind, den Faschismus allgemein, abstrahiert von seinen länderspezifischen Ausprägungen zu erfassen. Das Dilemma wird bei der Rezeption bereits existenter Faschismus-Theorien durchaus erkannt. So konstatieren die beiden SDS-Bundesvorsitzenden Reiche und Blanke, daß die bisherigen Theorien daran kranken, daß sie entweder von idealtypisch konzipierten Kategorien ausgehen und die Besonderheiten der jeweiligen Faschismen ignorieren, oder die Kategorien so eng fassen, daß sie nur in der Lage sind, bestimmte Aspekte des Faschismus zu erfassen (vgl. Reiche/Blanke 1965: 13).

Die Vernachlässigung spezifischer Merkmale mußte insbesonders die Shoah als kennzeichnendes Element des deutschen Faschismus betreffen. Soweit dieses Thema überhaupt Eingang in die Untersuchungen findet, reduzieren sich die Erklärungsansätze auf die "Sündenbock-Rolle" der Juden, deren Ermordung als Ventil für die durch fortschreitende Entfremdung und anonymisierte Herrschaft (vgl. Wiegand 1964: 140 ff.) oder durch Triebunterdrückung (vgl. Westphal 1965: 37 ff.) hervorgerufene Frustration der Mehrheit diene. Die Ursache hierfür wird übereinstimmend in der Verbreitung des Kapitalismus gesehen, in dessen Gefolge die personale Herrschaft durch abstrakte Herrschaft ersetzt werde und in der "...sich menschliche Beziehungen in die Beziehung zu Sachen zu verwandeln scheinen..." (Wiegand 1964: 138). Das durch eine undurchschaubare Herrschaftshierarchie hervorgerufene Gefühl der Ohnmacht richte sich gegen die real existierende und greifbare jüdische Bevölkerung.

Die Problematik einer solchen kapitalismusfixierten Erklärung ist ihre Unfähigkeit, das Fehlen einer gesamtgesellschaftlich akzeptierten antisemitischen Staatsideologie in anderen kapitalistischen Ländern zu begründen. Ähnlich unbefriedigend ist Westphals Interpretation der zur Shoah führenden Folgen des Kapitalismus. Sein Ausgangspunkt ist der Verlust der ökonomischen Autonomie des Familienoberhaupts und der sinnhaft erfahrbaren Autorität des Vaters, verursacht durch die zunehmende Konzentration des Kapitals und durch die Degradierung ehemals Selbständiger zu Gehaltsempfängern. In das entstehende Autoritätsvakuum stosse die nationalsozialistische Propaganda, die es verstanden habe, das Bedürfnis nach Identifikation mit einer machtvoll erscheinenden Autorität in ihrem Sinn zu steuern und die perhorreszierte sexuelle Triebenergie in die Verteidigung der vorgeblich durch die Juden bedrohten "Volksgemeinschaft" umzulenken (vgl. Westphal 1965: 30 ff.). Weder die Unterdrückung der Sexualtriebe noch der Wandel der väterlichen Autorität lassen sich als spezifisch deutsche Phänomene charakterisieren. Folgerichtig bleibt allein das Geschick der Nationalsozialisten, brachliegende Autoritäts- und Identifikationssehnsüchte zu instrumentalisieren, bzw. das lediglich zufällige Glück anderer Nationen, nicht 'verführt' worden zu sein, als Grund für 12jährige NS-Herrschaft und Shoah.

Beide Deutungsmodelle bieten obendrein keine überzeugende Erklärung für die Wahl der Juden als Verfolgungsopfer. Die von Wiegand (1964: 141) angeführte "...reale Schwäche der Juden in einer Gesellschaft, von der sie physisch und geistig abhingen...", erscheint angesichts der allgemein bestehenden Abhängigkeit menschlicher Existenz von der sie umgebenden Gesellschaft wenig aufschlußreich. Auch Westphal (1965: 39) bleibt diesbezüglich eine Antwort schuldig. Er sieht Juden, Demokraten und Arbeiterbewegung als den "...propagierten Vorurteilsobjekten..." dem gleichen Haß ausgesetzt, begründet jedoch im folgenden Satz nur die Verfolgung letzterer mit ihrer politischen Gegnerschaft zum Nationalsozialismus.

Trotz aller Unzulänglichkeiten stellen beide Artikel eine Ausnahme dar, da die Autoren zumindest versuchen, den Antisemitismus als zentrales Element nationalsozialistischer Politik (vgl. Wiegand 1964: 144) zu deuten und ihn nicht "...zu einem bloßen Nebenaspekt des Nationalsozialismus herunterdefinier(en)" (Fichter 1987: 90). Einer der Gründe, wieso letzteres auf die übrigen Beiträge in der siebenbändigen Faschismus-Theorien-Reihe zutrifft, läßt sich auf den Charakter der Motivation und des Erkenntnisinteresses der studentischen Linken zurückführen. Der Auseinandersetzung mit dem Nationalsozialismus lag die Absicht zugrunde, jene Aspekte des Faschismus herauszuarbeiten, die sich in der bundesrepublikanischen Gegenwart wiederfinden. Unter ihnen nimmt der Antisemitismus eine untergeordnete Rolle ein, da er innerhalb des 'normalen' nicht-jüdischen Lebenszusammenhangs nicht sinnlich erfahrbar ist und ihm nach Einschätzung der Linken keine gesamtgesellschaftliche Bedeutung mehr zukommt, da der Antikommunismus "...im Seelenhaushalt vieler Deutscher an die Stelle des Antisemitismus getreten..." (Liebel 1964: 6) sei.[4]

Dieses Postulat, das den Antisemitismus als historisches Phänomen begreift, behält - wie das folgende Zitat zeigt - seine Gültigkeit über das Ende des SDS hinaus:

> "Wenn es einmal wichtig war, den Antisemitismus - das innerhalb der antikommunistischen Strategie wichtigste Instrument des alten deutschen Faschismus - vorrangig zu analysieren und zu bekämpfen, so ist es erst recht, weltweit und für einen größeren Geschichtsabschnitt, wichtig, den Antikommunismus zu studieren..." (Haug 1974: 541).

Ein weiterer Grund für die weitgehend fehlende Auseinandersetzung mit dem Antisemitismus hängt mit seiner Instrumentalisierung zur Legitimation bestehender Herrschaftsstrukturen zusammen. Er wurde sowohl von Regierungsseite als auch von konservativen Historikern zu *dem* Charakteristikum nationalsozialistischer Herrschaft gemacht (vgl. Noth 1969: 45), um durch seine demonstrative Ablehnung den umfassenden Bruch mit der NS-Zeit zu demonstrieren, ohne die weiterhin existenten kapitalistischen Strukturen thematisieren zu müssen (vgl. Postone 1982: 242). Demgegenüber sah die "Neue Linke" gerade im Fortbestehen kapitalistischer Strukturen jene gefährliche Identität zwischen der BRD und dem "Dritten Reich", deren Bekämpfung zum zentralen Ansatzpunkt des linken Antifaschismus wurde.

Außer den angeführten Texten lassen sich zum Thema Antisemitismus lediglich zwei im Untersuchungszeitraum erschienene Beiträge nachweisen.

---

4   Diese Auffassung ist in der studentischen Linken unumstritten (vgl. neben den oben zitierten: Hirschfeld 1962: 16; Menzel 1964: 28; Dutschke 1968a: 58).

Dabei handelt es sich um einen kurzen - in der "neuen kritik" veröffentlichten - Artikel mit dem Titel "Antisemitismus heute", dessen Logik schwer nachvollziehbar ist. Während zu Beginn von der Existenz einer "...prinzipiell antisemitischen Gesellschaft..." (Hirschfeld 1962: 15) die Rede ist, folgt am Ende übergangslos die Behauptung, daß der Antikommunismus den Antisemitismus ersetzt habe (vgl. ebd.: 16).[5]
Die einzige in einem Organ der "Neuen Linken" erschienene Publikation, die sich um eine mehrdimensionale Herangehensweise an das Thema Antisemitismus bemühte, ist die ab 1964 in der Zeitung der Deutsch-Israelischen-Studiengruppen abgedruckte Untersuchung "Zur Analyse des faschistischen Antisemitismus" (vgl. DISkussion 14-17/1964), die aus einem Seminar an der FU Berlin hervorgegangen war. Die Tatsache, daß dieser Text 1968 wortgleich in der Raubdruck-Reihe "Sozial-Revolutionäre Schriften" publiziert wurde, verdeutlicht erstens seinen Stellenwert innerhalb der wenigen und eindimensionalen Antisemitismus-Studien und zweitens das Desinteresse der Studentenbewegung an einer breiten Auseinandersetzung mit dieser Thematik, zu der nach 1965 kein neuer Beitrag erschien.

1.3 Die (Wieder-)Entdeckung des Internationalismus durch den SDS

Obwohl die Beschäftigung mit den Befreiungskämpfen in der Peripherie erst in den letzten Jahren des SDS zum vorrangigen Thema im Verband wurde, prägt diese Phase das Gesamtbild des SDS. Dies ist vor allem darauf zurückzuführen, daß es ab 1966 zu einer Radikalisierung des Verbandes und einer Verbreiterung seiner Basis kam, die zusammen mit der Erprobung neuer öffentlichkeitswirksamer Aktions- und Demonstrationsformen dem SDS zu einer - bis dahin nicht erreichten - Popularität und Präsenz in den Medien verhalfen.

1.3.1 Die Hinwendung zum Internationalismus

Neben dem objektiven Faktor zunehmender und z.T. bereits siegreicher Aufstände in der Peripherie (Algerien 1954-1962, Kuba 1956-1959, Kongo 1959-1965 sowie Vietnam ab 1957 bzw. 1964) hatte der "DDR-Abhauer"

---

[5] Wenn die - nicht als Zitat ausgewiesene - Bezeichnung der nicht-jüdischen Mehrheit als "Wirtsvölker" (Hirschfeld 1962: 15) nicht auf einen Druckfehler zurückzuführen ist, kann sie als Indiz für die Richtigkeit der vom Autor selbst stammenden These von der prinzipiell antisemitischen Gesellschaft gelten.

Dutschke, der zusammen mit - dem ebenfalls aus der DDR stammenden - Rabehl im Januar 1965 zum SDS stößt, maßgeblichen Anteil an der Hinwendung des SDS zu den Befreiungskämpfen in der Peripherie. Bereits 1964, d.h. zu einem Zeitpunkt, an dem das Bewußtsein über die Bedeutung dieser Vorgänge in der Peripherie im SDS mehrheitlich erst schwach entwickelt ist, bezeichnet er in einem unter dem Pseudonym A. Joffé erschienenen Artikel "...die unterentwickelten Kontinente Lateinamerika, Asien und Afrika als Zentren des gegenwärtigen Kampfes gegen den hegemonialen US-Imperialismus..." (Pusch/Joffé 1964: 57). Ausgangspunkt seiner Analyse ist die gewandelte Rolle der UdSSR, die sich mit Stalins Theorie vom "Sozialismus in einem Land" und durch Chruschtschows Politik der friedlichen Koexistenz vom Internationalismus verabschiedet hatte. Die Konzentration der sowjetischen Politik auf den Erhalt ihres östlichen Einflußgebiets und auf den Versuch, den Kapitalismus wirtschaftlich zu überrunden läßt wenig Raum für mehr als verbales Engagement für die Weltrevolution. Diese sollte indirekt durch die vorbildhafte Verwirklichung der sozialistischen Utopie in der UdSSR den entscheidenden Anstoß erhalten.

Ein Vergleich des o.g. Artikels mit einem in der gleichen Ausgabe des "Anschlag" erschienenen Aufsatz Rabehls verdeutlicht die Schrittmacher-Funktion Dutschkes für jene Form von Internationalismus-Verständnis, die in ihrer Negation einer weltrevolutionären Bedeutung der UdSSR von der antiautoritären Mehrheit im SDS übernommen wird. Während beide in ihrer Einschätzung der gegenwärtigen Rolle der UdSSR konvergieren, unterscheiden sie sich hinsichtlich der Erwartungen an die Zukunft. Nach der ebenfalls unter Pseudonym veröffentlichten Auffassung Rabehls liegt in der erwarteten Steigerung der wirtschaftlichen Attraktivität des Ostblocks der Schlüssel zur Auslösung weltweiter Befreiungskämpfe: "(D)ie steigende Produktivität des Ostens verwandelt die Utopie des Sozialismus in die Wirklichkeit...Diese Explosion zum Sozialismus wird die weltweite Auseinandersetzung mit dem Imperialismus zur Folge haben" (Menzel 1964: 34 f.).

Demgegenüber spricht Dutschke den kommunistischen Ländern des Ostens lediglich insofern eine positive Funktion zu, als ihre bloße Existenz Beweis für die Realisierbarkeit nicht-kapitalistischer Gesellschaftssysteme sei und sie - wegen ihrer militärischen Stärke - auf die "konterrevolutionäre" Interventionsbereitschaft kapitalistischer Staaten in der Peripherie eine abschreckende Wirkung ausübten. Ansonsten rufe jedoch "...der nichtrevolutionäre Charakter der soziologischen Struktur der Sowjetunion einen ständigen Konflikt mit dem revolutionären Anspruch, Träger und Erhalter der kommunistischen Bewegung zu sein, hervor" (Pusch/Joffé 1964: 55).

Die Stagnation der sozialistischen Fortentwicklung in der UdSSR korrespondiere mit der Politik der Koexistenz, die in letzter Konsequenz die Befreiungskämpfe erschwere, da sie der USA die Möglichkeit biete, sich ganz auf deren Niederschlagung zu konzentrieren (vgl. Dutschke/Käsemann/Schöller 1968: 23 f.). Nach Dutschke ist "...das Warten auf eine Intensivierung der Kämpfe in den 'Sturmzentren der Weltrevolution', also in Lateinamerika, Asien, Afrika, durch die Sowjetunion, müßig" (Pusch/Joffé 1964. 55), da - mit Bucharin - davon auszugehen sei, daß "...der Revolutionsprozeß der Welt...mit den ihrem Niveau nach niederen Teilsystemen der Weltwirtschaft (beginnt)..." (ebd.: 57).

Der in dieser Argumentation erkennbare Rekurs auf diverse Theorien unterschiedlicher Provenienz, wie die chinesische Theorie der "Städte und der Dörfer" (vgl. Gäng/Reiche 1969: 143 ff.) und die Gedanken Trotzkis und Bucharins, ist nicht nur charakteristisch für den Stil des "begabte(n) Eklektiker(s)" (Chaussy 1985: 46) Dutschke, sondern sollte kennzeichnend für die theoretische Beschäftigung der Antiautoritären mit dem Internationalismus werden.

1.3.2 Internationalismus im Spannungsfeld von Nation und Klasse

Über die Existenz des SDS hinaus behält der von Reiche und Gäng (1969: 158 f.) konstatierte Sachverhalt seine Gültigkeit, daß

> "...weder die Theoretiker der Dritten Welt noch die in den sozialistischen Ländern noch auch die Sozialisten in den kapitalistischen Ländern selbst bislang eine Theorie und Praxis schlüssig entwickeln können, deren Minimalziel es wäre, die physische Vernichtung der sich emanzipierenden Länder zu verhindern, und die die politische und ökonomische Repression der kapitalistischen Länder gegenüber der Dritten Welt aufzuheben geeignet wäre oder dieser Aufhebung durch die Unterdrückten selbst Vorschub leisten könnte".

Wie Rabehl (1968a: 164) konstatiert, beschränkt sich die theoretische Beschäftigung mit dem Internationalismus weitgehend auf die Übernahme von "...fertigen Kategorien und ökonomischen Dogmen, die die sozialistischen Theoretiker der verschiedenen historischen Epochen hinterlassen hatten...Man zitiert() die sozialistischen Theoretiker, nicht um den historischen Stellenwert ihrer Aussagen und Begriffe genau zu bestimmen, sondern als Ersatz für die eigene empirische Arbeit".

Zu den bestimmenden Gründen[6] hierfür gehört die grundsätzliche Skepsis des antiautoritären Flügels gegenüber geschlossenen theoretischen Konzepten, deren Wirkung - insbesondere in der damaligen Phase der Erprobung qualitativ neuer Oppositionsformen in den Metropolen und der Peripherie - als hemmend und einschränkend bewertet wird.[7] Die Entwicklung einer tragfähigen, die Realitäten widerspiegelnden Theorie kann - nach ihrer Ansicht - nur auf der Basis eines kollektiven Lernprozesses der Protestbewegung, der von dem dialektischen Verhältnis von Theorie und Praxis bestimmt wird, geleistet werden.[8] Gegen die These von der Notwendigkeit einer a priori aufzustellenden Theorie, zitiert Dutschke Marx' Satz, daß es nicht genügt, "...daß der Gedanke zur Verwirklichung drängt, die Wirklichkeit muß sich selbst zum Gedanken drängen" (J(offé) 1964: 24). Da die antiautoritäre Einschätzung dahin geht, daß der Bewußtseinsstand der Mehrheit in den Metropolen und insbesondere in der BRD nicht so beschaffen ist, daß daran eine Internationalismus-Theorie anknüpfen könnte, die revolutionäre Veränderungen in den Metropolen und der Peripherie miteinander verbindet, gilt eine solche Theorie zu diesem Zeitpunkt als Gedankenkonstrukt, das die revolutionsferne gesellschaftliche Wirklichkeit in den Metropolen ignoriere und daher keine praktische Relevanz zeitigen könne.

Hiermit verknüpft ist ein weiterer Grund für das Fehlen einer Internationalismus-Theorie: die sich ab Mitte der 60er Jahre abzeichnende Fraktionierung im SDS in die zwei Hauptströmungen der Antiautoritären und der Traditionalisten. Kern der unterschiedlichen Positionen ist die Bewertung der Rolle der Arbeiter im Spätkapitalismus und die damit verbundene Frage der Definition von Klassenstrukturen und Widersprüchen im nationalen und internationalen Kontext. Während die Traditionalisten die Arbeiter in der BRD als Klasse und revolutionäres Subjekt sehen (vgl. Heiseler 1968:

---

6 Der von Rabehl (1968a: 164) angeführte Zeitfaktor, d.h. der Druck, der sich 1966 schlagartig verbreitenden Vietnam-Opposition schnellstmöglich zu einer theoretischen Konzeption zu verhelfen, dürfte eher zu den nebensächlichen Gründen zählen. Bis Ende der 70er Jahre wird eigenständige Theorienbildung als Anhäufung theoretischer Versatzstücke mißverstanden, bzw. wird in den sowjetischen oder chinesischen Imperialismus-Theorien ein vollumfänglich adäquates Interpretationsmuster gesehen.

7 In ihren extremsten Ausprägungen geht die "Theoriefeindlichkeit" der Antiautoritären bis hin zur kategorischen Verneinung der Notwendigkeit theoretischer Grundlagen für internationalistische Arbeit (vgl. Semler zit. bei Bauß 1977: 204).

8 Obwohl sich bereits vorher Studenten innerhalb des universitären Bereichs mit dem Vietnam-Krieg beschäftigten, bedurfte es einer pro-amerikanischen Vietnam-Kampagne unter Leitung des Springer-Konzerns Ende 1965, um die theoretischen Erkenntnisse in praktische, öffentliche Aktionen umzusetzen (vgl. Rabehl 1968a: 162). Die hier beispielhaft zum Ausdruck kommende Tendenz der "Neuen Linken", das Agieren dem politischen Gegner zu überlassen und sich selbst auf die Reaktion zu beschränken, sollte insbesondere im Hinblick auf den Nahost-Konflikt deutliche Konsequenzen zeitigen (vgl. II/Kap. 1,4).

9), kommen die Antiautoritären in ihrer Analyse des spätkapitalistischen Systems - gestützt auf die Rezeption der Kritischen Theorie, Herbert Marcuse sowie auf Theoretiker der Peripherie wie Fanon - zu dem Schluß, daß es "...den spätkapitalistischen Gesellschaften...gelungen (ist), ein Instrumentarium zu entwickeln, das es ihnen gestattet, der zyklischen Überproduktionskrisen weitgehend Herr zu werden..." (Gäng/ Reiche 1969: 159) und sich dadurch die Lage der Arbeiterschaft so weit verbessert habe, daß der Widerspruch zwischen Lohnarbeit und Kapital "...heute nicht mehr - weder objektiv noch subjektiv - nach einer revolutionären Lösung drängt" (ebd.).

Die von Marcuse (1967: 137) konstatierte "...Übertragung des Klassenkampfes auf die internationale Arena...", die Verlagerung des Hauptwiderspruchs auf die Auseinandersetzung zwischen hochindustrialisierten Ländern und denen der Peripherie, impliziert eine Neudefinition des Begriffs der Klasse, wie sie Nirumand (1967: 134) in einer Diskussion mit führenden SDS-Vertretern formuliert: "Auf Grund ihrer Integration in das Wirtschaftsgefüge der kapitalistischen Staaten sind die vorrevolutionären Länder als eine Klasse innerhalb des kapitalistischen Systems anzusehen". Aufgrund der weitgehend gelungenen Integration der Arbeiter in das System der BRD vertritt die antiautoritäre Bewegung die Auffassung, daß der Kampf in den Metropolen durch eine selbsternannte Avantgarde begonnen werden müsse, deren Aufgabe es sei, das Bewußtsein der Mehrheit für ihre Unterdrückung zu wecken und sie für die Notwendigkeit umfassender Emanzipation von Herrschaft zu sensibilisieren. Der proletarisch-internationalistische Klassenbegriff wird bedeutungslos, da Klasse im globalen Rahmen nicht schichtenspezifisch, sondern entlang nationaler Trennlinien definiert wird, bzw. sich auf nationaler Ebene keine Klassen, sondern studentische Avantgarde und Bevölkerungsmehrheit gegenüberstehen.

Das Problem fehlender Unterstützung durch die Arbeiter führt Krahl (1969: 302) darauf zurück, daß

> "...die Studentenbewegung...vor dem objektiven Dilemma (steht), dass ihr historisch neues Vernunftprinzip der Emanzipation sich realpolitischen und klassenspezifischen Kriterien versagt und dass andererseits die traditionelle Substanz des proletarischen Klassenkampfes blind ist gegen die neuen Prinzipien kompromissloser Befreiung".

Dieses Dilemma der Antiautoritären beruht auf der - von den Traditionalisten kritisierten - Übernahme bürgerlich-revolutionärer Kategorien wie `Emanzipation´, `Humanität´, `Aufklärung´ und `Selbstbestimmung´ und ihrer klassenneutralen Applikation (vgl. ders. 1969/70: 316). Aus traditionalistischer Sicht ist die darin angelegte "Verwässerung" der Klassenfrage zur Gattungs- oder Menschheitsfrage ein Relikt bürgerlicher Protestbewegungen, demgegenüber von der inhaltlichen Identität von Humanität und Klasseninteresse auszugehen sei (vgl. Steinhaus 1967: 7). Die bereits in der antiautoritären Vision von der zukünftigen Gesellschaft angelegte Isolierung gegenüber den - sei es durch Gewerkschaftspositionen oder durch traditionelle Klassenkampfkonzepte geprägten - Zielen der Arbeiter sei mit ein Grund, "...warum die antiautoritäre Bewegung es so viel leichter hat, sich mit den nationalen Befreiungsbewegungen zu identifizieren, aber eine Schwelle überwinden muß, bis sie den Klassenkampf im Betrieb in der BRD als einen Kampf begreift, der sie betrifft" (Heiseler 1968: 7). Hinzu kam die praktische Erfahrung der weitgehend fehlenden Solidarisierung der Arbeiter mit den Studenten, die - außer bei kurzfristigen Mobilisierungserfolgen[9] - in keiner Phase die Qualität des z.B. in Frankreich entstandenen Bündnisses erlangte. Aus der Sicht der Traditionalisten konnte die Frage nach den Ursachen weltbildimmanent nicht mit Zweifeln an der Revolutionierbarkeit der Arbeiterklasse beantwortet werden, sondern wird auf die politischen Perspektiven, Strategien und Aktionsformen der Antiautoritären zurückgeführt, deren gleichermaßen bürgerlicher und elitär-radikaler Charakter der Mehrheit nicht vermittelbar sei.

Ein weiterer Grund für das Fehlen einer gemeinsamen Internationalismus-Theorie, der gleichzeitig für die antiautoritäre Identifikation mit den Befreiungsbewegungen mitbestimmend war, betrifft die unterschiedliche Bewertung der Rolle der UdSSR. Die den Ost-West-Konflikt mitbegründende und sich weiter verstärkende Reduzierung der politischen Perspektiven auf zwei Gesellschaftssysteme, zu denen die Antiautoritären ein gleichermaßen distanziertes Verhältnis besaßen, führte zu einem Vakuum politischer Zielvorstellungen, in das die Befreiungsbewegungen stießen. In den Worten Krahls (1968/69: 240): "Die revolutionäre kompromisslose Gewalt...erlaubte es uns auf der einen Seite, den imperialistischen Terror der von den USA repräsentierten Länder in der Dritten Welt wahrzunehmen und auf der anderen Seite sich zu distanzieren von der vermeintlichen Alternative des durch die Sowjetgesellschaft repräsentierten Systems...". Sowohl die innenpolitische Entwicklung der UdSSR zu einem System, "...das längst auch kompromiss- und realpolitisch verkommen war..." (ebd.),

---

9   Zu diesen Erfolgen gehören die Aktionen nach dem Attentat auf Dutschke am 11.4.1968, an denen sich auch Arbeiter und Schüler verstärkt beteiligten. Die daraufhin aufgestellte Behauptung, "(s)eit Ostern gibt es keine Opposition der Studenten mehr, sondern endlich eine Opposition der Arbeiter, Schüler und Studenten..." (konkret 6/1968: 25), trägt jedoch eher den Charakter politischenWunschdenkens, als daß sie die weitere Entwicklung zutreffend prognostiziert hätte.

als auch die sowjetische Politik gegenüber der Peripherie, die dadurch gekennzeichnet sei, "...daß sie keine Rücksicht nimmt auf die verschiedenen Befreiungsbewegungen..." (Dutschke 1968a: 65), wird von den Antiautoritären scharf kritisiert. Das in ihren Augen doppeldeutige Verhalten der UdSSR, die einerseits Waffen an die vietnamesische Befreiungsbewegung FNL liefert und andererseits Position gegen die Aufstände in Lateinamerika bezieht, mache offensichtlich, daß Revolution und Kommunistische Partei keineswegs identisch seien (vgl. ders. 1967: 143 f.). Aus traditionalistischer Sicht ist die Kritik an der KPdSU und an den an ihr orientierten kommunistischen Parteien Lateinamerikas Ausdruck bürgerlicher Überheblichkeit und Anmaßung seitens der Antiautoritären:

> "Wer spürte nicht diese in der Arbeiterbewegung seit ihrem Bestehen immer, vor allem zu scheinbar hoffnungslosen Zeiten wiederkehrende Krankheit, als er gerade den Bourgeois-Stuben entwachsene Genossen mit verblüffender Sicherheit Zensuren über die Praxis der kommunistischen und Arbeiterparteien in der ganzen Welt generös verteilen erlebte?" (Lederer zit. bei Laudan 1968: 73).

Festzuhalten bleibt, daß jenseits dieser Differenzen einige zentrale Annahmen von beiden Strömungen des SDS geteilt werden. So ist die klassenspezifische Perspektive der Traditionalisten zwar für das Bild der internen Verhältnisse in den Metropolen konstitutiv, gilt jedoch im Hinblick auf die Beziehung zwischen Metropolen und Peripherie nur eingeschränkt, da davon ausgegangen wird, daß hier der gesellschaftliche Widerspruch "...zwischen den herrschenden Klassen der kapitalistischen Länder und den Volksmassen der Dritten Welt (besteht)" (Steinhaus 1967: 9). Anders als in den Metropolen wird der innergesellschaftliche Widerspruch in den Ländern der Peripherie als sekundär betrachtet, da eine breite bürgerliche Schicht dort nicht existiere und die kleine herrschende Elite sich nur durch die externe Unterstützung durch die Imperialisten an der Macht halten könne. Diese Auffassung von der nahezu geschlossenen Auflehnung der Bevölkerung und der Schlüsselfunktion der imperialistischen Staaten, deren Einfluß als Haupthindernis auf dem Weg zur siegreichen Revolution gesehen wird, verleiht dem Nationalismus in der Peripherie jenen revolutionären Impetus, der ihn auch in den Augen der Antiautoritären auszeichnet und ihn vom Nationalismus der Metropolen positiv abhebt.

Übereinstimmung herrschte auch darüber, daß die nationale Unabhängigkeit für alle Befreiungsbewegungen ein Etappenziel darstelle, dem dann der Aufbau einer sozialistischen Gesellschaft und die Ausbreitung der Revolution folge, wobei diese zukünftige Gesellschaft als Abbild der eigenen Wunschvorstellungen imaginiert wird, d.h. bei den Antiautoritären die

Gestalt einer Rätedemokratie besitzt (vgl. Wetzel 1979: 206), während die Traditionalisten an die Verwirklichung eines Systems unter Führung einer kommunistischen Partei glauben.

1.4 Vom jüdischen Staat der Opfer zum zionistischen Gebilde - Über den linken Perspektivwechsel auf Israel [10]

Der israelisch-arabische Sechstage-Krieg im Juni 1967 war Anlaß für eine tiefgreifende Zäsur im Verhältnis der "Neuen Linken" zu Israel. Zum Verständnis seiner Hintergründe und seines Charakters ist es daher notwendig, zunächst auf das linke Israel-Engagement vor 1967 einzugehen, das maßgeblich von den Deutsch-Israelischen Studiengruppen (DIS) getragen wurde. Diese Organisationen, deren erste bereits 1957 gegründet wurde, entwickelten sich in den 60er Jahren zu dezidiert linken Gruppierungen, die in engem Kontakt zum SDS standen, der bis hin zu einer "...politischen und personellen Symbiose von SDS und DIS-Gruppen..." (Kloke 1990: 53) reichte.[11] Die Tatsache, daß es bis 1967 kaum eine öffentliche Verlautbarung des SDS zu Israel gab, ist Indiz dafür, daß die DIS bis dahin weitgehend die Funktion eines israelpolitischen Arbeitskreises des SDS innehatten, während für den folgenden Zeitraum auf die vom SDS selbst stammenden Äußerungen zurückgegriffen werden kann.

1.4.1 Das deutsch-israelische Verhältnis als Determinante - Zum Problem moralischer Ansprüche im linken Israel-Engagement bis 1965

Bis Mitte der 60er Jahre steht das Verhältnis zwischen Israel und der BRD im Mittelpunkt der Veröffentlichungen der DIS, während der israelisch-arabische Konflikt praktisch keine Rolle spielt. Diese Schwerpunktsetzung beruht maßgeblich auf der Intention und dem politischen Ausgangspunkt

---

10 Da zur linken Auseinandersetzung mit Israel zwei Arbeiten zur Verfügung stehen, die sich ausschließlich diesem Thema widmen (vgl. Kloke 1990; Ludwig 1992), beschränkt sich die vorliegende Untersuchung auf die Herausarbeitung zentraler Aspekte. Dies gilt sowohl für das folgende Kapitel als auch für die Israel-Rezeption der K-Gruppen (vgl. II/Kap. 2.3) und der *Grünen* (vgl. II/Kap. 3.2.2).

11 Nach Auskunft eines ehemaligen Mitglieds der Frankfurter DIS übten die Anfang der 60er Jahre von der DIS organisierten Veranstaltungen (z.B. mit Adorno und Horkheimer zum Thema "Autoritärer Staat") häufig eine politisierende Wirkung auf die Interessenten aus, die zur Hinwendung zum SDS führte (Telefongespräch mit Klaus Rüster am 28.6.1991).

der DIS: die Besorgnis über politische Tendenzen in der bundesdeutschen Gesellschaft wie dem Fortbestehen antisemitischer Ressentiments und antidemokratischer Strukturen in Staat und Gesellschaft als Folge einer defizitären gesamtgesellschaftlichen Auseinandersetzung mit dem Nationalsozialismus (vgl. Müller 1966: 7 f.). Als außenpolitischer Ausdruck der Vergangenheitsverdrängung gilt die Nahost-Politik der Bundesregierung, die bis 1965 unter Hinweis auf die guten deutsch-arabischen Beziehungen die Aufnahme diplomatischer Beziehungen zu Israel ablehnt[12], deren Realisierung vorrangiges Ziel der DIS ist.

Wie der Untertitel der von der Berliner DIS herausgegebenen Publikation "DISkussion - Zeitschrift für Probleme der Gesellschaft und der deutsch-israelischen Beziehungen" - verdeutlicht, wird die fehlende innenpolitische Auseinandersetzung mit nationalsozialistischen Hinterlassenschaften in einen unmittelbaren Kausalzusammenhang mit der verweigerten Aufnahme diplomatischer Beziehungen gesetzt. Über die Entstehung dieses angenommenen Zusammenhangs schreibt Müller (ebd.) rückblickend:

> "Die langandauernde Wirkungslosigkeit in der Propagierung und dem Versuch der Durchsetzung des außenpolitischen Hauptziels - der Aufnahme diplomatischer Beziehungen zu Israel - machte darauf aufmerksam, daß zunächst innenpolitisch, in der politisch-gesellschaftlich-ideologischen Entwicklung der Bundesrepublik selbst, einige der Voraussetzungen für die Orientierung wie der Politik überhaupt, so auch der Außenpolitik an moralisch-humanitär begründeten Zielen geschaffen werden mußten".

Der 1965 erfolgten Verwirklichung der DIS-Forderungen nach offiziellen Beziehungen beider Staaten und der Verlängerung der Verjährungsfrist für NS-Verbrechen, ging jedoch nicht die vom DIS für unabdingbar gehaltene Vergangenheitsaufarbeitung voraus, sondern sie sind maßgeblich auf taktische Erwägungen, insbesondere auf den befürchteten Vertrauensverlust im Ausland zurückzuführen. Die Erkenntnis, daß der Wille zur selbstkritischen Beschäftigung mit vergangenen und gegenwärtigen Elementen faschistischer Herrschaft und regierungsamtliche Solidarität mit Israel nicht zwangsläufig verknüpfte Bestandteile einer politischen Linie waren (und sind) und letztere kein Resultat moralisch begründeter Erwägungen war, stellt die politische Gesamtkonzeption der DIS in Frage. Bezeichnend für die Tiefe der Krise war der Titel des 1966 in der "DISkussion" erschienenen Artikels "Wozu überhaupt noch Deutsch-Israelische Studiengruppen ?", in dem eine Neuorientierung des Verbandes zur Bedingung seiner weiteren

---

[12] Pikanterweise wird die Bundesregierung dabei `Opfer´ einer `arabischen Hallstein-Doktrin´, da die arabischen Staaten im Fall einer Anerkennung Israels durch die BRD mit dem Abbruch der arabisch-westdeutschen Beziehungen drohen (vgl. Schmidt 1965: 1 f.).

Existenzberechtigung gemacht wird (vgl. ebd.: 6-9), die sich denn auch in den folgenden Publikationen bemerkbar machen sollte.

1.4.2 Internationalismus und Nahost-Konflikt - Die Entdeckung des israelischen Imperialismus

Die veränderte Orientierung der DIS spiegelt sich unübersehbar im Wechsel der thematischen Schwerpunkte. Das Thema der deutsch-israelischen Beziehungen und der Auseinandersetzung mit der bundesdeutschen Vergangenheitsbewältigung rückt rasch in den Hintergrund. Mit dem Ausbruch des Sechstage-Kriegs verschiebt sich der determinative Faktor des Israel-Bildes endgültig von der Kategorisierung als Staat der Überlebenden des Nationalsozialismus zur Konfliktpartei im Nahen Osten. Deutlicher Ausdruck dieser Tatsache ist, daß ab dem im Oktober 1967 erschienenen Heft der "DISkussion" der Schwerpunkt aller folgenden Ausgaben auf dem israelisch-arabisch/palästinensischen Konflikt liegt, während dieses Thema zuvor - trotz der seit Gründung Israels bestehenden arabisch-israelischen Gegensätze und der ebenso lang existenten palästinensischen Flüchtlingsproblematik - kaum Beachtung gefunden hat.

Für die Zeit bis 1968 ist auffällig, daß die spezifische Situation der Palästinenser keine tragende Rolle in der Rezeption des Nahost-Konflikts durch den SDS spielt. Sie gilt lediglich als eines der Probleme in dieser Region, dessen Lösung die Beseitigung des zwischenstaatlichen israelisch-arabischen Hauptkonfliktherdes voraussetze. So heißt es in der am 3.6.1967 abgegebenen Erklärung des SDS-Bundesvorstands zum Nahost-Konflikt: "Die eigentliche Ursache der permanenten israelisch-arabischen Krise erblicken wir im Niveauunterschied der ökonomisch-kulturellen Entwicklung zwischen Israel und seinen Nachbarländern" (Standort: SDS-Archiv). Diese Krise werde von den Großmächten bewußt verschärft, da sie es ihnen ermögliche, zur Wahrung ihrer Interessen die "nationalistischen Regime" gegeneinander auszuspielen und eine "progressive Lösung" zu verhindern. Dadurch erscheine der arabisch-israelische Konflikt als nationaler und verdecke die eigentliche weltweite Konfliktlinie zwischen dem von Israel repräsentierten Kapitalismus und den antikapitalistischen Ländern wie Ägypten und Syrien.

In dieser Argumentation deutet sich bereits die für den linken Antizionismus klassische Denkschleife an. Der israelisch-arabische Konflikt wird als nur scheinbar national klassifiziert, der als wahre Grund bezeichnete Unterschied zwischen Imperialismus und Antiimperialismus jedoch schematisch Nationen zugeordnet, wodurch die Konfliktlinie als nationale unverändert bleibt. Es ist allerdings zu konzidieren, daß die in der Erklärung geforderten vordringlichen Maßnahmen, wie die Anerkennung der bestehenden Grenzen durch UNO, Großmächte und beteiligte Staaten und Hilfsprogramme zur Hebung des Lebensstandards in den arabischen Ländern, noch eine andere Sprache sprechen als die späteren antizionistischen Verlautbarungen.

Anläßlich ihrer zweiten Veröffentlichung kurz nach Ausbruch des Sechstage-Krieges wird diese Erklärung mit Ergänzungen versehen, die - ebenso wie ein als Klarstellung der eigenen Position bezeichneter und mitpublizierter Brief Abendroths - wesentlich eindeutiger Partei beziehen: ein Faktor, der die Katalysator-Wirkung dieses Krieges veranschaulicht. Laut Abendroth sei die israelische Politik "...als einfache Verlängerung imperialistischer Politik..." (Standort: SDS-Archiv) zu begreifen und daher "...eine Identifikation des sozialistischen Internationalismus in den kapitalistischen Staaten Europas...bei aller Sympathie für die israelische Bevölkerung unmöglich" (ebd.). Da die Interessen der Befreiungsbewegungen mehr mit denen "...der im wesentlichen progressiven republikanischen Militärdiktaturen..." (ebd.) der arabischen Staaten übereinstimmten, könne es für Sozialisten keine Zweifel an ihrer Position geben. Aus dieser Parteinahme heraus entwickelt Abendroth einen Lösungsvorschlag des Nahost-Problems, der die Anerkennung der israelischen Grenzen an die Voraussetzung bindet, daß diese "...ohne Belastung der arabischen Staaten mit Diktaten der Großmächte in bezug auf ihre territorialen Ansprüche, soweit sie völkerrechtlich gerechtfertigt sind..." (ebd.), zu geschehen habe. Angesichts des damaligen Standpunktes der arabischen Staaten, daß ihnen die Existenz Israels nicht zugemutet werden könne und daher die Wiederherstellung des Zustandes vor 1948, d.h. eines israelfreien Nahen Ostens anzustreben sei (vgl. Wewer 1967: 1), erscheint dieser Vorschlag als Quadratur des Kreises. Auch die Berufung auf das Völkerrecht ist in diesem Fall höchst problematisch, da seine Auslegung mehrere Optionen ermöglicht, u.a. die, Israel das Existenzrecht abzusprechen, wie es in einer Entscheidung der als Garantin des Völkerrechts fungierenden UNO beschlossen wurde (vgl. Hüfner 1975: 174).

Nach Ansicht des SDS ist es mit der Abendroths Klarstellung gelungen, die Gefühle für die Israelis von der "...rationalen, ökonomischen und politischen Analyse der Position des Staates Israel im internationalen Konfliktsystem zwischen den hochindustrialisierten Ländern und den Ländern der Dritten Welt" (Standort: SDS-Archiv) zu trennen. Während in dieser Erklärung die Schuldzuweisung an die Adresse Israels nur implizit erfolgt, veröffentlicht der SDS-Heidelberg im unmittelbaren Vorfeld des Sechstage-Krieges ein Flugblatt, in dem Israel als Alleinverantwortlicher für den Nahost-Konflikt erscheint und damit gedroht wird, daß "...die revolutionären Arbeiter und Bauern in den arabischen Staaten...bereit (sind), den Nahen Osten in ein zweites Vietnam zu verwandeln" (Standort: SDS-Archiv).

Die Eindeutigkeit dieser Stellungnahme ist zum damaligen Zeitpunkt noch untypisch für den SDS. Mehrheitlich überwiegt im Juni 1967 noch die Tendenz, sich einer vergleichbar klaren Parteinahme zu enthalten und sich auf o.g. Argumentationsmuster zu beschränken. Wesentlich für diese Zurückhaltung dürften drei Gründe sein. Erstens ist es moralisch problematisch für eine Bewegung, deren Bestrebungen dahin gehen, einen tatsächlichen Bruch mit der gesamtgesellschaftlichen Bewußtlosigkeit, wie sie in Auschwitz kulminierte (vgl. Krahl 1969/70: 315 f.), herbeizuführen, d.h. in der - auf abstrakter Ebene - ein Bewußtsein für die Bedeutung der Shoah existiert, sich auf die Seite der Gegner eines Landes zu stellen, dessen Gründungsmodalitäten eng mit der Shoah zusammenhängen und dessen Bevölkerung zum Teil aus Opfern des nationalsozialistischen Antisemitismus besteht. Andererseits steht der Umstand, daß sich Israel als kapitalistischer und mit den USA verbündeter Staat auf der falschen Seite des globalen Konfliktsystems befindet, einer Solidarisierung entgegen. Ausdruck dieses Zwiespalts ist die Betonung der Sympathie für die israelische Bevölkerung trotz proklamierter Gegnerschaft zur israelischen Politik, die sich in der Erklärung des SDS-Bundesvorstands ebenso wie in Abendroths Brief findet. Eine andere Art des Umgangs mit diesem Widerstreit ist die von Marcuse (1967: 138) auf einer Diskussionsveranstaltung im Juli 1967 kritisierte Verdrängung des Nahost-Konfliktes, die er ebenfalls auf die objektiv bestehende Teilung von begrifflicher und emotionaler Solidarität zurückführt. Bezeichnenderweise geht keiner der Diskutanten - unter ihnen führende SDSler wie Dutschke, Lefèvre und Gäng - auf dieses Thema ein.

Ein zweiter Grund für die Zurückhaltung ist das Fehlen einer "...Projektionsfläche linker Sympathien..." (Scheffler 1988: 86) im Nahost-Konflikt. Diese Rolle kann von den "progressiven" Militärdiktaturen nur bedingt übernommen werden, da ihr Kurs -wie es in einem Papier des Frankfurter SDS heißt - "...zwischen der Umarmung der reaktionären Feudalherrscher als `arabische Brüder´ und einer konsequenten antiimperialistischen Politik schwankt" (Standort: SDS-Archiv). Ebensowenig kann die PLO zum damaligen Zeitpunkt diese Funktion wahrnehmen, da es gerade die antisemitischen Ausbrüche ihres bis 1967 amtierenden Vorsitzenden Shukairy sind, von denen sich der SDS distanziert.[13] Der dritte Grund hängt

---

13 Traurige Berühmtheit erlangt Shukairy v.a. mit seiner wiederholt geäußerten Absicht, die Juden ins Meer zu werfen (vgl. Hamdan 1983: 214).

mit der Erschießung Ohnesorgs bei einer Demonstration am 2.6.1967 zusammen, in dessen Folge die Vorbereitung und Durchführung von Protest-Aktionen die Kräfte des SDS absorbiert, so daß eine intensive Beschäftigung mit den Ereignissen im Nahen Osten nicht möglich ist.

Zwar bringt die Delegiertenkonferenz des SDS im September 1967 insofern keine Klarheit, als keiner der eingebrachten Anträge beschlossen wird. Ihrem Inhalt nach läßt sich jedoch die neue Stoßrichtung erkennen, in der Anerkennung der israelischen Grenzen bestenfalls eine taktische Maßnahme zu sehen und das Recht auf Existenz eines zionistischen, d.h. jüdisch dominierten Staates zu verneinen. Die im Antrag des Heidelberger SDS (s. Standort: SDS-Archiv) vertretene Auffassung, daß der Nahost-Konflikt ein reiner Klassenkampf sei, in dem Israel die Rolle des imperialistischen Unterdrückers emanzipatorischer Entwicklungen in den arabischen Ländern spiele und daher der Sieg der zu bewaffnenden arabischen Volksmassen zu wünschen sei, läßt an Deutlichkeit hinsichtlich des Existenzrechts Israels wenig zu wünschen übrig. Moderater die Formulierung des Frankfurter SDS, der in der vorläufigen Akzeptanz der israelischen Vorkriegsgrenzen ein wertvolles Mittel zur Unterstützung der progressiven Kräfte in Israel sieht, während die Anerkennung Israels, solange es kapitalistisch, imperialistisch und zionistisch sei, explizit abgelehnt wird.

Die damit vertretene Position, daß Israel dann anerkannt werden könne, wenn die zionistischen Einwanderungsgesetze aufgehoben und allen Palästinensern die Rückkehr erlaubt werde, m.a.W. Israel kein jüdischer Staat mehr ist, zeugt ebenso wie die Quintessenz des erstgenannten Antrags - die Errichtung eines gemeinsamen jüdisch-arabischen Staats - von der Ignoranz gegenüber der mit der Gründung Israels verfolgten Intention, ein Territorium zu schaffen, innerhalb dessen Juden keine Minderheit sind. Groteske Züge nimmt die Argumentation an, wenn diese - durch Antisemitismus und Shoah rational bestens begründbare Absicht - als Akt des Verkennens der eigentlichen Lage interpretiert wird, indem - wie in einer Presseerklärung des SDS - der Kampf gegen den Zionismus als "...ein Kampf aller bewußten Juden..." (Standort: SDS-Archiv) bezeichnet wird.

Diese Positionen stehen im diametralen Verhältnis zu der nur drei Jahre zuvor vertretenen Auffassung, daß der "...von Deutschen praktizierte pathische Nationalismus...die Legitimität des jüdischen Nationalismus (erwies)" (DISkussion 14/1964: 1) und daher Mitverantwortung für die Existenz des jüdischen Staates der Opfer zu den deutschen Aufgaben gehöre (vgl. ebd.).

Die in die Endphase des SDS fallenden öffentlichen Verlautbarungen zum Thema Nahost und Israel weisen bereits jenes argumentative Arsenal auf, das bis heute zur Begründung antizionistischer Positionen dient: angefangen mit der Mißachtung der Shoah und ihrer Folgen für das jüdische Bewußtsein über die Bezeichnung des Zionismus als "...rassistische Ideologie eines autoritären Staates..." (ebd.), der These von der antizionistischen jüdischen Mehrheit, der Identität israelischer und imperialistischer Interessen sowie der Charakterisierung der Al-Fatah als sozialrevolutionäre Organisation bis hin zu der - vom Bundesvorsitzenden Reiche formulierten - Überzeugung, daß die eigene Haltung deshalb objektiv sei, "...weil wir (der SDS; A.L.) keine rassistischen Probleme haben und weil wir keinen Antisemitismus zu bewältigen haben" (Standort: SDS-Archiv).

2. Die K-Gruppen

2.1 Die "deutsche Frage" im internationalen Kontext - Über maoistische Differenzen in Deutschlandpolitik und Internationalismus-Rezeption

Der Begriff 'Deutschlandpolitik', der im SDS die Gestaltung der deutsch-deutschen Beziehungen bezeichnete, wurde von den K-Gruppen in einem wesentlich umfassenderen Sinn verstanden. Als deutschlandpolitisches Thema galt nicht nur die Wiedervereinigung, sondern auch die Frage nach der durch alliiertes Recht eingeschränkten Souveränität der beiden deutschen Staaten. Während dieses Politikfeld bereits vor den letzten ostdeutschen Kontakten 1966 für den SDS kaum mehr von Bedeutung war, spielte es im Weltbild von KPD und KPD/ML eine zentrale Rolle. Neben der unterschiedlichen Einschätzung hinsichtlich des politischen Stellenwerts ist die Unvereinbarkeit der inhaltlichen Positionen von SDS einerseits und KPD, KPD/ML andererseits bemerkenswert. Letztere stachen unter den hier untersuchten maoistischen Organisationen durch ihre explizite Forderung nach nationaler Einheit hervor, die - zumindest bis Mitte der 70er Jahre - weder vom KBW noch vom KB geteilt wurde. Angesichts der Tatsache, daß der SDS die Position vertrat, daß die Vereinigung Westdeutschlands mit Österreich argumentativ gleichermaßen gut begründbar sei wie die mit der DDR (vgl. Gäng 1966: 4), und nicht wenige führende SDS-Mitglieder zum Gründungskreis der KPD gehörten (u.a. Semler, Horlemann, Bergmann), erscheint diese politische Umorientierung um so überraschender.

Aufgrund der unterschiedlichen deutschlandpolitischen und internationalistischen Positionen werden im folgenden KPD/ML, KPD und KB, KBW jeweils getrennt behandelt.

2.1.1 Die Einheit Deutschland als revolutionäre Aufgabe von KPD/ML und KPD

Die ab Ende der 70er Jahre im Kontext von Friedensbewegung und allgemeiner Renaissance des Themas der Nation konstatierbare Beschäftigung der Linken mit diesbezüglichen Aspekten und die in diesem Zusammenhang verlautbarte Forderung nach Besetzung des Begriffs 'Nation' von links hat ihre ideologischen Vorläufer in den Positionen von KPD und KPD/ML. Die Notwendigkeit, sich der nationalen Thematik zu bemächtigen und die Forderung nach nationaler Einheit zu einer Sache des Kommunismus zu machen, wird mit historischen Fehlern sowie mit gegenwärtig und zukünftig anstehenden Erfordernissen der sozialistischen Revolution begründet. So sieht eine Erklärung des Zentralkomitees (ZK) der KPD/ML mit dem Titel "Deutschland dem deutschen Volk" in der Unterschätzung der Bedeutung der nationalen Frage durch die deutsche Arbeiterklasse vor und nach dem Nationalsozialismus ein Versäumnis, durch das "...es der Bourgeoisie, dem deutschen Imperialismus zu gegebener Zeit (überlassen wurde,) sich dieser Frage zu bemächtigen und sie für seine revanchistischen, chauvinistischen Ziele zu mißbrauchen" (Weg der Partei 1/1974: 33). Für die KPD ist es insbesondere die durch wechselseitige Anprangerung der Zustände im jeweiligen anderen deutschen Staat ermöglichte "...gegenseitige Legitimation der Herrschenden in Ost und West..." (KPD 1978: 29), die sie zu der Mahnung veranlaßt: "Hören wir auf, die Forderung nach der Einheit Deutschlands 'dem schwarzen Pack zu überlassen'!" (ebd.).

Die Verknüpfung der nationalen mit der sozialen Befreiung, die Verbindung des Kampfs gegen die als Besatzungsarmeen empfundenen US-amerikanischen und sowjetischen Truppen in BRD[14] und DDR mit dem Kampf gegen die jeweilig Herrschenden in Ost und West ist das Kernelement der deutschlandpolitischen Vorstellungen beider Parteien. Zu ihrer Begründung und Legitimation wird auf die im folgenden skizzierte Geschichtsinterpretation verwiesen.

Danach beruht die historische Entwicklung hin zur gegenwärtigen Situation auf der Konstante, daß "...die deutsche Monopolbourgeoisie (schon immer) die nationalen Interessen des deutschen Volkes verraten (hat)" (Weg der Partei 1/1974: 5). Als sie sich nach 1945 nicht mehr in der Lage sah, ihre Herrschaft über ganz Deutschland aufrechtzuerhalten, zögerte sie daher

---

14 Die KPD/ML ersetzt in ihren Publikationen die Bezeichnung "Bundesrepublik Deutschland" durch "Deutsche Bundesrepublik (DBR)", da sie von der Existenz zweier deutscher Staaten einer Nation ausgeht und somit "...keiner der beiden deutschen Staaten...das Recht (habe), sich als 'Deutschland' zu bezeichnen" (KPD/ML 1976?: 2).

nicht, mit Hilfe der USA die Herauslösung von "...Westdeutschland aus dem Nationalverband der Deutschen..." (ebd.) zu betreiben. Während demnach der "Verrat" in Westdeutschland bereits im unmittelbaren Anschluß an den zweiten Weltkrieg einsetzte, konnte sich in Ostdeutschland bis zu Stalins Tod ein Staat, der an der Wiedervereinigung festhielt, entwickeln. Mit dem Machtantritt Chruschtschows 1956 wird dieses Ziel fallengelassen, der Kapitalismus unter Führung einer "...Bourgeoisie neuen Typus..." (ebd.: 7) restauriert und die Existenz einer gesamtdeutschen Nation geleugnet. Da der US-amerikanischen bzw. sowjetischen Besatzung die Doppelfunktion zukomme, erstens die Zweiteilung Deutschlands zu zementieren und zweitens für die Aufrechterhaltung der bestehenden Gesellschaftsordnungen zu sorgen, sei primär die nationale Befreiung von dieser "Fremdherrschaft" notwendig. Die Erlangung nationaler Einheit und Unabhängigkeit führe zur Schwächung der imperialistischen Hauptmächte (vgl. Schwiedrzik 1975: 72), erleichtere die sozialistische Revolution in Gesamtdeutschland (vgl. Weg der Partei 1/1974: 31) und müsse daher der sozialen Befreiung von der bourgeoisen Herrschaft in BRD und DDR vorgeordnet werden.

2.1.2   Zum Verständnis von Nation und Nationalismus

Beide Organisationen gründen ihre Forderung nach nationaler Einheit auf die Definition Stalins, nach der

> "...die Nation eine historisch entstandene stabile Gemeinschaft von Menschen (ist), die sich auf der Basis der Gemeinschaft von vier grundlegenden Merkmalen herausgebildet hat und zwar: auf der Basis der Gemeinschaft der Sprache, der Gemeinschaft des Territoriums, der Gemeinschaft des Wirtschaftslebens und der Gemeinschaft der psychischen Eigenart, die sich in der Gemeinschaft der spezifischen Besonderheiten der nationalen Kultur offenbart" (zit. bei Theorie und Praxis 1-3/1976: 7).

Da die Deutschen auf einem "...kompakten Territorium im Zentrum Europas..." (Weg der Partei 1/1974: 14) leben, sei die deutsch-deutsche Grenzziehung als gewaltsam zu charakterisieren und ändere ebenso wie die "...zum Schaden des deutschen Volkes..." (ebd.) erfolgte Trennung des Wirtschaftslebens nichts an der Gültigkeit der o.g. Definition für die deutsche Nation.

Gegenüber der auch von der politischen Rechten vertretenen Forderung nach Einheit, mußten KPD und KPD/ML Argumentationen entwickeln, die es ihnen ermögliche, sich abzugrenzen. Hierzu wurde auf die bereits vom SDS vertretene Dichotomie des Nationalismus in modifizierter Form zurückgegriffen. Während im SDS zwischen progressivem Nationalismus in der Peripherie und reaktionärem in entwickelten Staaten unterschieden wurde, teilt sich der Nationalismus nach Auffassung von KPD und KPD/ML entlang anderer Trennlinien. In der Konzeption der KPD/ML verlaufen sie zwischen bürgerlichem und sozialistischem Nationalismus. Zentrale Merkmale der bürgerlichen Nation seien die Existenz von Klassenantagonismen in einer kapitalistischen Gesellschaftsordnung sowie der Gebrauch nationalistischer Ideologie zur Verschleierung der Klassengegensätze, zum Aufbau einer aggressiv-feindlichen Haltung gegenüber anderen Nationen und zur Unterdrückung nationaler Minderheiten (vgl. ebd.: 16). Demgegenüber sei die sozialistische Nation nach innen durch die Herrschaft des Proletariats unter einer kommunistischen Partei gekennzeichnet und nach außen durch den Verzicht auf aggressive Expansion, wodurch die Freundschaft der Völker garantiert werde (vgl. ebd.: 17).

Einen anderen Akzent setzt die KPD, die in der politischen Ausrichtung der nationalen Befreiungsbewegungen und der Frage nach dem Gegner des Befreiungskampfes das entscheidende Kriterium sieht. Dementsprechend wird die Trennung zwischen reaktionären und revolutionären Nationalismen vor allem daran festgemacht, inwiefern sie zur Schwächung oder Festigung der Position von USA und UdSSR beitrügen (vgl. KPD 1975: 16 ff.). Da der Kampf gegen den Imperialismus ein breites Bündnis erfordere, seien die bürgerlichen Kräfte miteinzubeziehen (vgl. ebd.) und Klassenantagonismen zunächst gegenstandslos.[15]

In den Publikationen beider Organisationen werden die Begriffe `national´ und `nationalistisch´ durchgängig normativ verwendet und scharf voneinander abgesetzt, indem der Terminus `national´ positiviert, `nationalistisch´ hingegen semantisch negativ aufgeladen wird. Unter der Verfolgung des `nationalen Interesses´ wird nicht nur das Streben nach staatlicher Einheit und Unabhängigkeit, sondern auch nach einer sozialistischen Gesellschaft verstanden. Das Urteil, daß die Bourgeoisie "...mit der nationalistischen Demagogie auf den Lippen die nationalen Interessen des deutschen Volkes mit Füßen getreten (hat)..." (KPD 1978: 29), oder die Charakterisierung des Nationalsozialismus als "...zutiefst antinational..." (Schwiedrzik 1975: 72) wären ohne dieses Vorverständnis nicht nachvollziehbar.

---

15 Anhand eines 1975 erschienenen Artikels der KPD/ML wird deutlich, daß die hier skizzierte Differenz zwischen beiden Parteien eher willkürlichen denn programmatischen Charakter trägt. Darin wird der Spieß umgedreht, die KPD einer "linken Abweichung" bezichtigt, da sie nur explizit sozialistische Befreiungsbewegungen unterstütze und dadurch "...die Einheitsfront gegen die imperialistischen Supermächte (spalte)" (Weg der Partei 3/1975: 341).

2.1.3 Proletarischer Internationalismus und sozialistischer Nationalismus als komplementäre Elemente

Internationalismus und Nationalismus werden als sich notwendig ergänzende Kampfformen gesehen. Letztendliches Ziel ist die Errichtung des weltweiten Sozialismus, womit die Auflösung aller nationalen Staatsverbände einhergehen soll. Ein in diesem Kontext häufig verwendetes Zitat Maos beantwortet die Frage "Kann ein Kommunist als Internationalist gleichzeitig auch ein Patriot sein?" mit dem Satz "Wir sind der Meinung, daß er das nicht nur kann, sondern auch sein muß" (zit. bei ebd.: 70). Der erste Schritt auf dem Weg zum weltweiten Sozialismus sei die Erringung der nationalen Unabhängigkeit, weil eine "...internationale Bewegung des Proletariats...überhaupt nur möglich (ist) zwischen selbstständigen Nationen" (Engels zit. bei Theorie und Praxis 1-3/1976: 11). Da der Sieg des Sozialismus in einem Land eine Hilfe für die Befreiungskämpfe in anderen Staaten darstelle, sei "...der Patriotismus die Verwirklichung des Internationalismus im nationalen Befreiungskrieg" (Mao zit. bei Schwiedrzik 1975: 71).

Entsprechend der maoistischen Drei-Welten-Theorie, nach der die USA und UdSSR die Erste Welt bilden, die Zweite Welt sich aus den entwickelten Ländern zusammensetzt, die einerseits der Kontrolle der Supermächte ausgesetzt sind und andererseits selbst Ausbeutungsverhältnisse zu den Ländern der Dritten Welt unterhalten, gelten BRD und DDR als Staaten der Zweiten Welt. Da die Situation der Zweite-Welt-Länder ihnen sowohl Vor- als auch Nachteile bringe, sei die Frage, ob sie sich am Kampf gegen den Imperialismus beteiligen, offen. Unter den Ländern der Zweiten Welt sei es insbesondere für die Deutschen "lebenswichtig" (Weg der Partei 3/1975: 328), sich dem Kampf der Dritten Welt gegen die Supermächte anzuschließen, da ein künftiger Krieg zwischen USA und UdSSR auf deutschem Territorium stattfinden würde (vgl. ebd.). KPD und KPD/ML sind übereinstimmend der Ansicht, daß es sich bei DDR und BRD um Staaten handle, die "...einer quasi-kolonialen Unterdrückung..." (Schwiedrzik 1975: 83) ausgesetzt seien, und stellen den Kampf um die Einheit und Unabhängigkeit Deutschlands in eine Reihe mit dem Befreiungskampf in Vietnam (vgl. KPD/ML 1976a: 33 f.).
Die in der bundesrepublikanischen Friedensbewegung Ende der 70er/Anfang der 80er Jahre offenkundige Tendenz "...Deutschland als kolonisiertes Land zu entdecken und in Dritte-Welt-Tradition die Souveränitätsfrage zu stellen" (Diner 1982: 97) hat hier ihre Wurzeln.

2.1.4 Gegen Wiedervereinigung und Vaterlandsverteidigung - Deutschlandpolitik aus der Sicht von KB und KBW

Im Gegensatz zu KPD und KPD/ML, in deren politischer Gesamtkonzeption die nationale Frage einen zentralen Platz einnimmt, spielt dieses Thema im KB und KBW zunächst eine untergeordnete Rolle. Bezeichnend ist die Tatsache, daß es sich bei allen diesbezüglichen Beiträgen, die bis Mitte der 70er Jahre in den Organen von KB und KBW erscheinen, um Auseinandersetzungen mit den Haltungen anderer kommunistischer Gruppierungen handelt. Dies ändert sich beim KBW in der zweiten Hälfte der 70er Jahre, als er beginnt, seine bis dahin inhaltlich kongruente Position zu der des KB zu revidieren, und sich verstärkt mit der 'nationalen Frage' zu beschäftigen. Im folgenden wird daher zunächst die gemeinsame Haltung beider Organisationen behandelt und abschließend kurz auf die Neuorientierung des KBW eingegangen.

In einem - anläßlich der ZK-Erklärung der KPD/ML zur nationalen Frage erschienenen - Artikel werden die darin vertretenen Positionen als Provokation gegen die kommunistische Bewegung bezeichnet (Arbeiterkampf 43/1974: 20). Der KB bestreitet die Existenz einer nationalen Frage im Sinn der KPD/ML, da der unterschiedliche gesellschaftliche Entwicklungsprozeß in BRD und DDR zur Spaltung der Arbeiterklasse geführt habe, in deren Konsequenz zwei Arbeiterklassen mit jeweils eigenen Kampfbedingungen und -aufgaben entstanden seien. Da nicht nationale Gemeinsamkeiten wie Sprache und Kultur, sondern gemeinsame klassenkämpferische Herausforderungen und Probleme im Mittelpunkt des kommunistischen Interesses zu stehen hätten, gehe es primär um die Herstellung eines Bündnisses zwischen den in der BRD lebenden Ausländern und ihren inländischen Kollegen: "Dies ist tatsächlich *die* 'nationale Frage', die die Arbeiterklasse der BRD zu lösen hat, gemeinsam mit den ausländischen Klassenbrüdern und -schwestern" (ebd.). Die Frage der Wiedervereinigung sei hingegen sekundär, da sie die sozialistische Revolution in beiden deutschen Staaten voraussetze und folglich Spekulationen über diese Frage im Augenblick müßig seien (vgl. Arbeiterkampf 155/1979: 57).

Ähnlich der KBW, der sich in der ersten Ausgabe seines theoretischen Organs "Kommunismus und Klassenkampf" unter dem Titel "Schwarz-Rot-Goldene Kommunisten?" mit dem "Arbeiterbund für den Wiederaufbau der KPD" auseinandersetzt, einer Organisation, die die deutschlandpolitischen Auffasssungen von KPD/ML und KPD teilt (vgl. Arbeiterkampf 43/1974: 20). Da der KBW davon ausgeht, daß in einem entwickelten kapitalistischen Staat wie der BRD die Bourgeoisie sowohl Bestandteil der Nation als auch

Hauptgegner der jeweiligen Arbeiterklasse sei, könne "...die nationale Frage in einem Land wie Westdeutschland keinen revolutionären Faktor darstell(en)" (Maier 1973: 57). Die Unterdrückung der westdeutschen Arbeiter habe nicht mit ihrer Nationalität zu tun, da die Ausbeuter selbst Deutsche seien. Daher handle es sich um einen sozialen und nicht um einen nationalen Befreiungskampf.

Unter Berufung auf die gleiche theoretische Grundlage - das maoistische Drei-Welten-Schema - kommen KPD/ML und KPD einerseits und KBW und KB andererseits zu verschiedenen Schlußfolgerungen. Während erstere die Verantwortung der Großmächte für die herrschenden Systeme in BRD und DDR betonen, d.h. die Eigenverantwortlichkeit der deutschen Regierungen negieren und sie als Unterdrückte sehen, sind letztere der Auffassung, daß auch die Länder der Zweiten Welt zu den unterdrückenden Nationen gehören (vgl. Hager 1975: 132).

In der von KPD/ML und KPD vertretenen Ansicht, daß im Fall des Angriffs einer Supermacht Arbeiterklasse und Bourgeoisie gemeinsam gegen den Feind antreten müßten (vgl. Aust 1975?: 18), sieht der KBW die Konsequenz aus der Überordnung der nationalen über die soziale Revolution. Er stellt dieser "...Theorie des Burgfriedens mit der eigenen Bourgeoisie..." (Hager 1975: 142) das Konzept von der Priorität des Klassenkampfes im eigenen Land gegenüber, wodurch den Hegemoniebestrebungen der Supermächte am nachhaltigsten der Boden entzogen werde. Da es sich bei Kriegen zwischen imperialistischen Staaten grundsätzlich um ungerechte Kriege handle, seien diese vom Proletariat in Bürgerkriege gegen die eigene Bourgeoisie bzw. gegen die siegreiche fremde Bourgeoisie umzusetzen (vgl. Schmierer 1975: 159). Die Losung der Vaterlandsverteidigung diene ebenso wie die der Wiedervereinigung der westdeutschen Bourgeoisie "...zur ideologischen Fesselung von Teilen des eigenen Volkes und um die schwächere Konkurrentin in der DDR, die dortige neue Bourgeoisie, zu bedrängen" (Maier 1973: 58). Daher sei es Aufgabe der Kommunisten, "...den Nationalismus als bürgerlichen Ramsch zu entlarven..." (ebd.), der seine fortschrittliche Bedeutung mit der Durchsetzung des Kapitalismus verloren habe, und nicht - wie KPD/ML und KPD - die Kommunisten als "...die allernationalsten und allerpatriotischsten Menschen..." (ebd.) darzustellen. Die für die Position von KPD/ML und KPD konstitutive Verknüpfung von nationaler und sozialer Befreiung ist für KB und KBW gegenstandslos, da ihrer Ansicht nach keine nationale Unterdrückung herrscht. Die Forderung nach nationaler Einheit diene daher nur der Verschleierung der sozialen Widersprüche und sei "...eine revanchistische Parole, so revolutionär sie sich auch tarnen mag" (Arbeiterkampf 155/1979: 57).

In der zweiten Hälfte der 70er Jahre zeichnet sich beim KBW eine komplette Revision der bis dahin vertretenen Positionen ab. Während die Existenz einer nationalen Unterdrückung 1975 noch mit den Worten "Westdeutschland wird nicht unterdrückt, sondern unterdrückt selber" (Schmierer 1975: 159) bestritten wird, heißt es drei Jahre später, daß die UdSSR "...gemeinsam mit dem US-Imperialismus die deutsche Nation spaltet und unterdrückt" (Kommunismus und Klassenkampf 7/1978: 335). Ebenso verändert sich die Haltung zur nationalen Frage, deren sekundäre Bedeutung zuerst damit begründet wird, daß ihr erst nach dem Sieg des Sozialismus in einer der beiden deutschen Staaten eine revolutionäre Dimension zukomme (vgl. (S)chmierer 1975: 150), um später "...als Hebel für die proletarische Revolution..." (Kommunismus und Klassenkampf 7/1978: 335) zum Primat zu avancieren. Zwar trägt die Propagierung von Wiedervereinigung und nationalem Zusammenschluß gegen die sog. Fremdbestimmung beim KBW weniger plakative Züge als bei KPD und KPD/ML, die Identität des argumentativen Grundzuges von der Verantwortung ausländischer Mächte für die politischen Verhältnisse in DDR und BRD und die staatliche Teilung ist dennoch unübersehbar.

2.1.5 Inter-Nationalismus oder globaler Klassenkampf? - Divergenzen bei KB und KBW

Der Kampf für eine andere Gesellschaftsordnung in der BRD und die revolutionären Auseinandersetzungen in anderen Ländern werden in doppeltem Sinn als interdependent begriffen: erstens aufgrund des notwendigen Erfahrungsaustauschs über Taktiken und Konzepte sowie zweitens wegen der ermutigenden Signale, die von erfolgreichen Revolutionen - z.B. in China, Vietnam und Kuba - ausgehen (vgl. Unser Weg 16-17/1973: 14). Anders als KPD/ML und KPD, die die Schwächung der Supermächte als besten Dienst an der Sache der internationalen Revolution begreifen, ist für KB und KBW der Sturz der westdeutschen Bourgeoisie der vordringlichste Beitrag zur Unterstützung der Klassenkämpfe in anderen Ländern.

Ebenso wie sich bei diesem innenpolitischen Aspekt des Internationalismus ab Mitte der 70er Jahre die beschriebene Veränderung der Position des KBW abzeichnet, gehen ab dieser Zeit die Ansichten von KB und KBW über das Verhältnis von Klassenkampf und nationalem Befreiungskampf in der Peripherie auseinander. Laut KB seien zumeist "...die herrschenden Schichten der abhängigen Länder der 3. Welt mit dem Imperialismus im grundsätzlich gleichen Interesse verbunden" (Unser Weg 25/1979: 25), weshalb "(d)er Kampf gegen den Imperialismus...für die Volksmassen der 3. Welt notwendig mit dem Kampf gegen die einheimischen Regimes verbunden (ist)" (ebd.). Zwar würden die politischen Widersprüche in der Peripherie durch den Imperialismus zugespitzt, ihre Existenz und damit die Existenz reaktionärer Kräfte in der Peripherie sei jedoch nicht allein auf den imperialistischen Einfluß auf ihn zurückführbar. Demgegenüber ist der KBW der Auffassung, daß alle Unterdrückungsverhältnisse durch den Imperialismus bedingt sind. Daher seien - unabhängig von ihren Trägern und ihren politischen Zielen - alle Regierungen und Bewegungen "objektiv" revolutionär, die zur Schwächung des Imperialismus beitragen (vgl. Kommunismus und Klassenkampf 2/1978: 61). Angesichts der bei KPD/ML, KPD und KBW gleichermaßen konstatierbaren Fixierung auf den - mit der USA und der UdSSR identifizierten - Imperialismus als Ursache für die herrschenden Verhältnisse und Verhinderer der besseren Welt erübrigt sich für diese Organisationen eine Auseinandersetzung mit den tatsächlichen Vorgängen und Verhältnissen in der Peripherie und mit den Intentionen der dortigen Bewegungen. Zur Bestimmung der eigenen Position schien es ausreichend, die Frage nach der 'objektiv' revolutionären Rolle im Kampf gegen die Supermächte zu beantworten.

2.2 Wege aus der Geschichte - Faschismus als Abstraktum und Instrument im politischen Kampf

Galten Antisemitismus und Shoah im SDS lediglich als Nebenaspekte der nationalsozialistischen Herrschaft, so gehört es zu den Eigentümlichkeiten der Faschismus-Rezeption durch die K-Gruppen, daß sie beides völlig ignorierten. Dafür verantwortlich ist ein abstrakter Zugang zum Thema Nationalsozialismus und eine spezifische politische Intention, die es verbietet einem Ereignis wie der Shoah, das sich "...der Rückholung in die Normalität (widersetzt)..." (Estel 1989: 72) Bedeutung zuzusprechen. Eine weitere Tendenz, die sich im SDS bereits ankündigte, ist der inflationäre Gebrauch der Begriffe 'Faschismus' und 'Faschisierung'. Da er beispielhaft für den abstrakt-instrumentalen Zugang zum Phänomen des Faschismus steht, wird diesem Punkt ein eigenes Kapitel gewidmet.

2.2.1 Nationalsozialismus ohne Deutsche - Die NS-Interpretationen der K-Gruppen

Da Dimitroffs Faschismus-Definition, der "...größtmögliche gemeinsame Nenner...bei marxistischen Erklärungsversuchen..." (Unser Weg 30/1979: 2), zwar Kernstück der NS-Rezeption aller K-Gruppen war, sie jedoch von KB und KBW in modifizierter Form übernommen wurde, soll hier zunächst die am Original orientierte Interpretation durch KPD und KPD/ML im Mittelpunkt stehen. Danach ist der Faschismus die offen terroristische Diktatur der reaktionärsten Teile des Finanzkapitals, deren Herrschaft sich im imperialistischsten Stadium des Kapitalismus entwickelt und die einhergeht mit der gewaltsamen Unterdrückung der Arbeiterklasse und mit der Aggression nach außen (vgl. Weg der Partei 4/1976: 21).

Das Bestreben, den Faschismus in allen Spielarten mittels einer Definition in den Griff zu bekommen und die o.g. nicht als den Versuch einer - im Einzelfall ergänzungsbedürftigen - Bestimmung gemeinsamer Kernelemente des Faschismus zu begreifen, führt dazu, daß Antisemitismus und Judenvernichtung selbst in Texten, die spezifisch den Nationalsozialismus behandeln, keine Erwähnung finden. Darüber hinaus entstehen Erklärungsdefizite wie die Frage, warum der Faschismus nicht zuerst in England an die Macht kam, da es sich dabei um das Land mit der fortgeschrittensten kapitalistischen Entwicklung handelte, das somit das imperialistischste, d.h. letzte Stadium des Kapitalismus früher als das Deutsche Reich erreicht hatte.

Eine andere Frage drängt sich bezüglich des faschistischen Charakteristikums der Zerschlagung proletarischer Organisationen auf, wenn gleichzeitig behauptet wird, daß zwischen den faschistischen Regimen Deutschlands und Italiens einerseits und den bürgerlich-parlamentarischen Demokratien Englands und Frankreichs andererseits nur ein gradueller Unterschied bestehe, da es sich - aus Sicht des Proletariats - bei beiden um kapitalistische Diktaturen handle (vgl. Aust 1975?: 23). Dementsprechend wird gefolgert, daß im Zweiten Weltkrieg die Losung "...für die deutsch-italienische wie für die französisch-englische Arbeiterklasse und ihre revolutionäre Partei ...'Zwei Diebe schlagen sich, mögen sie beide umkommen!' (hieß)" (ebd.). Diese Schlußfolgerung impliziert erstens, daß die Unterschiede der Unterdrückung der Arbeiterklasse in einem faschistischen und einem bürgerlich-demokratischen Staat so gering sind, daß eine Parteinahme für letzteren überflüssig ist, wodurch das o.g. Faschismus-Kriterium inhaltsleer wird. Zweitens gelang es demnach der Arbeiterklasse, sich selbst ganz aus dem Krieg herauszuhalten, d.h. es wurden aus ihr keine Soldaten rekrutiert noch waren sie an Faschismus oder bürgerlicher Demokratie beteiligt.

Der erste Punkt hängt eng mit dem im folgenden Kapitel behandelten inflationären Gebrauch des Faschismus-Begriffs zusammen. Der zweite Punkt umreißt die Position beider Organisationen zur Frage des gesellschaftlichen Potentials, auf das sich der Nationalsozialismus stützen konnte. Ein solches Potential existierte nach Ansicht von KPD und KPD/ML gar nicht, da der Nationalsozialismus in erster Linie das deutsche Volk unterdrückt hatte (vgl. Schwiedrzik 1975a: 26) und die deutsche Monopolbourgeoisie "...bis zum Schluß das Mark aus den Knochen des eigenen Volkes...saugte" (Semler 1975: 8). Daher sei der 8. Mai "...für die deutsche Arbeiterklasse und das deutsche Volk..." (ebd.: 27)[16] ein Tag der Befreiung, während er lediglich für die alleinigen Täter und Verantwortlichen des Nationalsozialismus, für die Monopolbourgeoisie, "...die Quandt, Oetker, Krupp, Thyssen und Flick..." (Schwiedrzik 1975a: 28) und "...die mörderische Faschistenbande um Hitler, Göring und Goebbels" (ebd.) einen Tag der Niederlage darstelle. Die Wahl personifizierender Begrifflichkeiten in den Publikationen über den Nationalsozialismus treibt die intendierte Exkulpation der Deutschen hervor. So war es der "Hitlerfaschismus" (Kaiser 1975: 17), der im "Hitlerstaat" (Semler 1975: 9) "Hitlerdeutschland(s)" (Aust 1975: 24) mit Hilfe der "Hitlerarmeen" (Semler 1975: 9) und der "Hitlerclique" (ebd.) die "Hitlertyrannei" (ebd.) errichtete.

Hintergrund dieser intensiven Entlastungsbemühungen ist die politische Gesamtkonzeption der Organisationen, die in ihrer Betonung der führenden Rolle des Proletariats Züge kulthafter Anbetung der Arbeiterklasse annimmt und sich daher nicht mit einer differenzierten Betrachtung der Befindlichkeit der Arbeiterklasse im Nationalsozialismus verträgt. Mit dem Einbezug der Majorität des Bürgertums in die antifaschistischen Reihen kann das deutschlandpolitische Primat nationaler Befreiung und Einheit legitimiert werden, das - unter der Annahme eines faschistischen Bürgertums - weitaus schwieriger zu rechtfertigen wäre und die Forderung nach einer nationalen Einheitsfront als schwer vermittelbar erscheinen ließe. Daher wird der Eindruck hervorgerufen, daß der damalige Widerstand geschlossen vom Proletariat und von großen Teilen des nicht der Monopolbourgeoisie zurechenbaren Bürgertums getragen wurde (vgl. Semler 1975: 11): "An allen Fronten des antifaschistischen Kampfes in Europa standen deutsche Kommunisten und Antifaschisten in der vordersten Reihe" (ebd: 13). Die

---

16 Diese Formulierung ist typisch für die willkürliche, inhaltlich nicht festgelegte Verwendung des Begriffs 'Volk', worunter mal alle Bevölkerungsteile außer der 'Monopolbourgeoisie' subsumiert werden (vgl. Weg der Partei 1/1974: 5), während an anderer Stelle die gesamte Bourgeoisie aus dem Volk ausgeklammert wird (vgl. ebd.: 19) oder die Exklusion - wie hier - die Arbeiterklasse betrifft.

eklatante Diskrepanz, wie es "...einer Handvoll Imperialisten..." (KPD 1978: 29) gelingen konnte, sich gegen dieses breite antifaschistische Bündnis 12 Jahre lang ohne Momente wirklicher Herrschaftsgefährdung an der Macht zu halten, bleibt zwangsläufig ungeklärt. Lediglich in der Erklärung der KPD/ML zur nationalen Frage wird in einem Nebensatz von dem "...unechten (sic; A.L.) und pervertierten Nationalbewußtsein..." (KPD/ML 1974: 19) gesprochen, das im Nationalsozialismus selbst Teile der Arbeiterklasse erfasst habe und bis heute noch nicht gänzlich der Vergangenheit angehöre. Da jedoch sowohl einige Seiten später als auch in den sonstigen Publikationen explizit das Gegenteil behauptet wird, kann dieser Aussage wenig Gewicht beigemessen werden.

Während die NS-Rezeption von KB und KBW in ihrer Fixierung auf die Entwicklung des Kapitalismus als Ursache des Faschismus und der damit verbundenen Ignoranz gegenüber dem Antisemitismus identisch mit der von KPD/ML und KPD ist, unterscheidet sich ihr Ansatz insofern, als die in Dimitroffs Definition enthaltene Einschränkung, daß lediglich Teile des Kapitals an der Errichtung der faschistischen Diktatur beteiligt seien, als unzutreffend zurückgewiesen wird (vgl. Unser Weg 30/1979: 2 f.). Anders als KPD und KPD/ML, die nur Teile des Bürgertums als Träger und Profiteure des Nationalsozialismus klassifizieren, um darauf ihre These von der anti- bzw. nicht-faschistischen Mehrheit zu stützen, spielt das Bemühen um die Exkulpation der Deutschen bei KB und KBW in dieser Offensichtlichkeit keine Rolle. So wird von seiten des KB konzidiert, daß die nationalsozialistische Ideologie "...auf Massenebene *verankert* werden konnte..." (ebd.: 8). Dieses Zugeständnis an historische Realitäten wird jedoch dadurch relativiert, daß an anderer Stelle das Proletariat explizit aus der Masse ausgegliedert wird und einzig als Opfer des Nationalsozialismus erscheint:

"'Vergangenheitsbewältigung' ist ein Begriff, den die Arbeiterklasse nicht nötig hat. Sie hat doch die Leiden des Faschismus und des Krieges am grausamsten und krassesten am eigenen Leib verspürt" (Arbeiterkampf 58-59/1975: 45).

Ähnlich der KBW, der aus der nationalsozialistischen Vergangenheit die Lehre zieht, daß die Arbeiterklasse, die "...am wenigsten anfällig für die deutschnationale...Reaktion (ist)" (Kommunismus und Klassenkampf 5/1977: 192), "...in allen Fragen des Klassenkampfes die Führung übernehmen und die Einheit der Volksmassen gegen den imperialistischen Staat herstellen muß" (kommunistische volkszeitung 1977: 2). Dagegen sei die nationalsozialistische Ideologie insbesondere beim Kleinbürgertum auf fruchtbaren Boden gefallen und präge bis heute seine positive Erinnerung an den Nationalsozialismus als einer "...glorreichen Zeit()..., wo es angetan mit der Offiziersuniform den Herren Europas gespielt hatte" (Maier 1973: 56). Grundsätzlich bleibt festzuhalten, daß die von KPD und KPD/ML vertretene Auffassung, daß nur eine Handvoll Imperialisten Anhänger des Nationalsozialismus waren, so nicht geteilt wird, sondern auch das (Klein)Bürgertum als Parteigänger gilt.

Der Unterschied ergänzt sich mit den differierenden Positionen im deutschlandpolitischen Bereich. Während die These vom klassenübergreifenden Antifaschismus geeignet ist, die Forderung nach dem gemeinsamen Kampf für nationale Befreiung zu unterstützen, läßt sich mit der von KB und KBW konstatierten faschistischen Disposition des Bürgertums die Vordringlichkeit der sozialen Befreiung des Proletariats von ihren bürgerlichen Unterdrückern begründen.

Gemeinsames Element ist die Delegation der letztendlichen Verantwortung an die Köpfe der NSDAP und an die großbürgerlichen Imperialisten, die es verstanden haben, mit ihrer Ideologie "...an Vorstellungen an(zu)knüpfen, die aufgrund der Entwicklung der objektiven Verhältnisse...*spontan* und massenhaft entstanden sind" (Unser Weg 30/1979: 7). Im Rekurs auf äußere Beeinflußung und die sog. objektiven Verhältnisse zeigt sich jene - für die K-Gruppen - charakteristische Negierung der Möglichkeit subjektiver Verweigerung, womit das Individuum von jeder Verantwortung für sein Handeln freigesprochen wird.

2.2.2 Faschismus und Faschisierung als stigmatisierende Begrifflichkeiten

Die Tendenz zum inflationären Gebrauch der Begriffe ʼFaschismusʼ und ʼFaschisierungʼ zur Kennzeichnung sehr unterschiedlicher historischer und aktueller Herrschaftsformen bzw. zur Charakterisierung von Prozessen, die im Verdacht standen, zu einer dieser Herrschaftsformen zu führen, läßt sich bei allen K-Gruppen konstatieren. Hinsichtlich der Häufigkeit ihrer Verwendung kann jedoch differenziert werden.

Einen merkwürdigen Kontrast bildet die Tatsache, daß KPD und KPD/ML als diejenigen, die den Großteil der Bevölkerung selbst im Nationalsozialismus als immun gegen dessen Ideologie wähnen, gleichzeitig die Organisationen sind, die - der völlig undifferenzierten Verwendung des Verdikts Faschismus nach zu urteilen - die Gefahr einer dahin gehenden Entwicklung am höchsten einschätzen, bzw. sie in der größten Anzahl von Staaten als bereits abgeschlossen sehen. Neben der allgemein geteilten Kategorisierung nicht-kommunistischer Regierungen wie denen Chiles,

Griechenlands (bis 1974), Spaniens (bis 1975) und Israels als faschistisch ist die Bezeichnung von östlichen Staaten wie der DDR und der UdSSR als sozialfaschistische Mächte (vgl. KPD 1976: 18) ein Spezifikum dieser beiden Organisationen. Die aus der Logik ideologischer Anbindung an den Maoismus resultierende These von der UdSSR als aufsteigender und daher aggressiverer Supermacht ist der Grund für die wesentlich zahlreicheren Faschismus-Vorwürfe an ihre Adresse.[17] Begründet wird die Auffassung, daß sich die UdSSR "...in den Fußstapfen Hitlers" (KPD 1975b: 143) bewege, mit der imperialistischen Außenpolitik, konkret: mit der "...hemmungslose(n) Ausplünderung der durch sie unterdrückten und militärisch besetzt gehaltenen Länder Osteuropas und der Mongolei..." (KPD/ML 1976?: 5) sowie mit der neokolonialistischen Politik gegenüber den Ländern der Peripherie. Innenpolitisch wird die Bildung einer neuen Bourgeoisie, die "...eine erbitterte Terrorherrschaft gegen die Werktätigen aus(übt)..." (ebd.), als Beleg für den dort herrschenden Faschismus angeführt. Dementsprechend gilt die DKP als eine Organisation, die faschistische Ziele verfolge, da sie als "...Agentur dieser sozialimperialistischen Supermacht" (KPD 1976: 17) eine "sozialfaschistische Diktatur a la Breschnew und Honecker" (ebd.: 18) anstrebe.

Ein weiteres Charakteristikum ist die fehlende Differenzierung zwischen CDU/CSU und SPD, die unterschiedslos als Betreiber der Faschisierung in der BRD bezeichnet werden (vgl. KPD/ML 1976?: 15). Diese Position wird vom KB als Versuch, die - schon damals falsche - Sozialfaschismus-These der KPD vor 1933 neu aufzulegen, kritisiert (vgl. Unser Weg 30/1979: 11). Die ihr gegenübergestellte Auffassung, daß "...die SPD Wegbereiter dieser Tendenz, die CDU/CSU jedoch als deren letzte(r) Vollstrecker, als reaktionärere Variante bürgerlicher Politik" (ebd.: 10) zu begreifen sei, deutet zwar eine diesbezüglich differenziertere Sichtweise an, von der jedoch hinsichtlich des Umgangs mit dem Begriff der Faschisierung, der als Bezeichnung für alle Formen von Unterdrückung in bürgerlichen Demokratien verwendet wird, nichts zu spüren ist. Auch nach Auffassung des KB führt der in bürgerlichen Demokratien herrschende Kapitalismus zwangsläufig zum Faschismus, da kapitalistische Krisenerscheinungen ebenso gesetzmäßig aufträten, wie der darauffolgende Versuch, das System durch eine Diktatur zu retten.

Mit der Charakterisierung der Vokabel von der Faschisierung als "...eine(r) brauchbare(n) Agitations-Formel..." (ebd.: 11) wird die Intention

---

[17] Beispielhaft für die Intensität, mit der der sog. Faschismus in der UdSSR angeprangert wird, ist eine 381 (!) Seiten dicke Publikation der KPD, die allein diesem Zweck dient (vgl. KPD 1975b).

offensichtlich, die mit ihrem häufigen Gebrauch verfolgt wird. Die Suggestion, daß eine faschistische Diktatur unmittelbar drohe, sollte der politischen Mobilisierung dienen, wobei Faschismus keine spezifische Herrschaftsform bezeichnet, sondern als Synonym für ein gesellschaftliches 'worst-case-Szenario' fungiert, dessen Eintreten nur durch die Revolution zu verhindern sei.

2.3 Israel und der Nahost-Konflikt aus maoistischer Sicht - Über eine unzweideutige Rezeption

Die Haltung der K-Gruppen zu dem hier interessierenden Aspekt des Nahost-Konflikts - dem Verhältnis zu Israel - ist in zweifacher Weise von einer Eindeutigkeit gekennzeichnet, die es erlaubt, dieses Kapitel kurz zu halten. Erstens herrscht in diesem Punkt eine seltene Einmütigkeit unter den maoistischen Organisationen sowie eine - von den sonst häufigen Kurswechseln ausgenommene - Konstanz, die eine organisations- resp. phasenspezifische Differenzierung überflüssig macht. Zweitens kennzeichnet den vertretenen Antizionismus eine schablonenhaft dogmatische Radikalität, die die Wiedergabe seiner politischen Ziele in Form von Parolen ermöglicht und die seiner Begründungen auf wenige Argumentationsmuster reduziert.[18]

Das bei einer Minorität im SDS auch nach 1967 noch existente Bewußtsein, daß der Nahost-Konflikt sich nicht im gleichen Maß wie der Vietnam-Krieg zur eindeutigen Parteinahme eignet, ist bei den K-Gruppen nicht ansatzweise konstatierbar. Beispielhaft hierfür ist die vorbehaltlose Unterstützung des KBW von Zielen radikaler palästinensischer Organisationen, deren Selbstcharakterisierung unmißverständlich ist:

> "Wir sind diejenigen, die kämpfen, um den Staat Israel zu vernichten, das zionistische, kolonisatorische und koloniale Gebilde zu zerstören und es mit seinen Wurzeln herauszureißen" (Hawatmeh 1973?: 2).

Ähnlich die Auffassung des KB, der das Existenzrecht Israels negiert, da seine Anerkennung bedeute, die Vertreibung der Palästinenser, die gewaltsame Okkupation des Landes und ständige militärische Aggression zu legitimieren und zu verewigen (vgl. Arbeiterkampf 54/1975: 3). Jenseits des Streits über die Frage, welche der palästinensischen Organisationen der

---

18 Erst ab Ende der 80er Jahre sind beim KB - der einzigen zu diesem Zeitpunkt noch bestehenden Organisation - Ansätze einer Selbstkritik und partiellen Neuorientierung konstatierbar, was sich u.a. in der Veröffentlichung einer Diskussion linker Gruppierungen über die sog. Palästina-Solidarität niederschlug (vgl. Redaktion "Arbeiterkampf" 1988).

Solidarität am würdigsten sei, wobei Arafats "Al Fatah" aufgrund ihrer relativ gemäßigten Position und Verhandlungsbereitschaft zunehmend in Mißkredit gerät, herrscht Einigkeit über das Ziel der Beendigung der staatlichen Existenz Israels zugunsten eines binationalen Staats, in dem Juden und Araber zusammenleben. Als Begründung dient das bereits durch die Staatsgründung entstandene Unrecht an den Palästinensern, die nationalistische und rassistische Staatsideologie Zionismus sowie die Funktion Israels als imperialistischer Brückenkopf im Nahen Osten. Die Tatsache, daß nicht allein die Besetzung zusätzlicher Gebiete 1967 und 1973 als rückgängig zu machendes Unrecht gesehen wird, profiliert die vollständige Identifikation der K-Gruppen mit dem Blickwinkel der Palästinenser. Aus palästinensischer Sicht muß der Umstand, daß sie von den Folgen der Gründung Israels primär betroffen sind, ohne für deren Ursachen verantwortlich zu sein, als Unrecht erscheinen. Dahingegen kommt im fehlenden Einbezug der Shoah bei einer politischen Organisationen des Auslands jener Manichäismus zum Ausdruck, der der Geschichtslosigkeit bedarf, um das "flugblattgerechte" Weltbild" (Baier zit. bei Claussen 1988: 22) aufrechtzuerhalten.

Auch wenn über die These "Ohne Auschwitz kein Israel" und über die darin enthaltene Auffassung, daß Israel alleiniges Produkt der Shoah ist, gestritten werden kann, so bleibt doch evident, daß die Umstände und der Zeitpunkt der Staatsgründung in ebenso engem Zusammenhang mit diesem nationalsozialistischen Verbrechen stehen, wie die Erfahrung des Antisemitismus mit der Entstehung der zionistischen Ideologie und ihrer nationalstaatlichen Umsetzung. Die von jedem Hinweis auf die Shoah freie Geschichtsinterpretation über die Gründung Israels ergänzt die 'judenreinen' Faschismus-Analysen der K-Gruppen. Kennzeichnend für jene Publikationen, die sich explizit mit den historischen Hintergründen beschäftigen, ist, daß der Nationalsozialismus nur im Kontext der Zusammenarbeit zionistischer Organisationen mit NS-Vertretern Erwähnung findet (vgl. KB 1977: 17)[19] und damit als Element einer Indizienkette

---

19 Die gemeinte Zusammenarbeit von Zionisten und Nationalsozialisten geschah im Rahmen des "Haavara-Abkommens", durch das von 1933-1939 die Ausreise jüdischer Deutscher nach Palästina geregelt wurde, wobei das nationalsozialistische Interesse darin bestand, die Juden aus Deutschland zu vertreiben, während das der Zionisten dahin ging, sie zum Aufbau einer Heimstätte in Palästina zu sammeln. Die Darstellung dieses Abkommens als Ausdruck der Geistesverwandschaft von Nationalsozialismus und Zionismus ist eine besonders perfide Form der Geschichtsklitterung, da nicht die Zionisten, sondern die Nationalsozialisten die Juden zur Einsicht in die Notwendigkeit der Emigration zwangen, und das Abkommen nicht die Emigration in andere Länder behinderte oder die jüdische Situation in Deutschland verschlimmerte, sondern es den "...bedrängten deutschen Juden eine Emigrationsmöglichkeit in einer Zeit schuf, als ihnen die Tore Westeuropas und Amerikas keineswegs offenstanden" (Schölch 1983: 68), auch wenn die Zionisten diese - von ihnen nicht zu verantwortenden - Umstände

fungiert. Diese gelangt von der Charakterisierung des Zionismus als einer Ideologie kleinbürgerlicher Herkunft und "...als Zwillingsbruder de(s) Antisemitismus..." (ebd.) über die Kooperation und Interessengleichheit von Zionisten, Nationalsozialisten und britischen bzw. später US-amerikanischen Imperialisten zur Definition des Zionismus als rassistischer Faschismus, gegen den ein gerechter Krieg geführt werde (vgl. Rote Fahne 41/1973: 1).

Die Assoziation von Zionismus und israelischem Staat mit Faschismus und nationalsozialistischem Staat ist allgegenwärtig und in vielfältiger Form präsent. Davon zeugen die Behauptung von der "...nur noch mit der Besatzungspolitik der deutschen Faschisten zu vergleichen(den)" (Arbeiterkampf 30/1973: 19) israelischen Besatzungspolitik, Begriffe wie "Völkermord" (Rote Fahne 41/1973: 1) als Bezeichnung für den israelischen Umgang mit den Palästinensern, Titel wie "Na-Zionismus" (Roter Morgen 9/1969: 69), "Zionisten: Die Nazis unserer Tage !" (Rote Fahne 9/1973: 1), "Israel - ein einziges KZ für Araber" (Roter Morgen 21/1972) und die Charakterisierung Israels als ein Staat, "...der selber in den Fußstapfen des Hitlerfaschismus Verbrechen gegen die arabischen Länder verübt..." (Roter Morgen 2/1973: 4). Das Paradoxon, daß die deutsche NS-Vergangenheit zum Vergleich mit der israelischen Politik häufig herangezogen wird, während zwischen dem Nationalsozialismus und der Entstehung Israels keine Verbindung hergestellt wird und dieser Zeitpunkt mit den Worten, daß seit 1945 die Juden ins Land strömten, abgehandelt wird (vgl. Rote Fahne 41/1973: 7), veranschaulicht in selten klarer Weise das Bemühen um ein Gut-Böse-Schema und die Rolle von Projektionen im Bild der K-Gruppen vom Nahost-Konflikt.

Die unterschiedlichen Blickwinkel, unter denen die Kontrahenten im Nahen Osten gesehen werden, spiegeln sich in der Wahl der Begrifflichkeiten. Die bei der Berichterstattung der Springer-Presse kritisierte Darstellung, in der "...`die Araber´ stets eine diffuse, drohende Masse bleiben, (während) die Israelis dem Leser in `menschlichen Episoden´ nahe gebracht (werden)..." (Arbeiterkampf 35/1973: 13), wird unter entgegengesetzten Vorzeichen übernommen. So wird die palästinensische Seite durch Interviews und Fotos von Freiheitskämpfern personalisiert und auch dann, wenn von Einzelpersonen abstrahiert wird, bleibt gegenwärtig, daß es sich bei Palästinensern um Menschen handelt, indem vom palästinensischen Volk die Rede ist. Demgegenüber firmiert der israelische Gegner vorwiegend unter den Bezeichnungen Zionismus und Israel, unter Begriffen für eine Ideologie bzw. einen Staat, die den Kampf der Palästinenser als Kampf

---

gleichzeitig dazu nutzten, ihr Besiedlungsprojekt voranzutreiben.

gegen einen körperlos und a-menschlich bleibenden Feind erscheinen lassen. Sofern die Träger des Zionismus überhaupt näher identifiziert werden, handelt es sich dabei um die herrschende Klasse Israels, die versuche, die eigentlichen Klasseninteressen, die die israelischen Werktätigen mit denen der arabischen Welt teile und im Wunsch nach einem gemeinsamen sozialistischen Staat eine, in rassistische und nationalistische Aggression zu transformieren. Damit soll erstens der Vorwurf des Antisemitismus entkräftet werden, da die Feindschaft sich nicht gegen die Gesamtheit der Juden, sondern gegen die "zionistische Klasse" richte, und zweitens der Glaube an die prinzipielle Interessenidentität aller Unterdrückten in Klassengesellschaften aufrechterhalten werden. Das Problem ist jedoch, daß eine solche Annahme in diesem Fall haltlos ist, da die Tatsache, daß die überwältigende israelische und jüdische Mehrheit Zionisten im Sinn der Befürwortung eines jüdisch dominierten Staates sind, nicht ursächlich Produkt der herrschenden Klasse, sondern des herrschenden Antisemitismus ist. Der Zionismus konnte deshalb seine breite Überzeugungskraft erlangen, weil die Erfahrung der Shoah die Hoffnung zunichte machte, daß Juden unter Nicht-Juden - ohne den Fluchtpunkt Nationalstaat - leben könnten.[20]

Im Zusammenhang mit diesem Fehlschluß steht die Bewertung des Nationalismus, die von unterschiedlichen Perspektiven auf ein Phänomen zeugt. Der palästinensische Nationalismus gilt u.a. deshalb als unterstützenswert, da davon ausgegangen wird, daß er von der ganzen Bevölkerung getragen werde, d.h. Ausdruck des Selbstbestimmungsrechts des palästinensischen Volkes sei, während der jüdische Nationalismus als Angelegenheit und Ausdruck der Interessen einer imperialistischen Machtelite verstanden wird. Selbst wenn die Prämisse zutrifft, daß das palästinensische Ziel die Errichtung eines gemeinsamen sozialistischen Staates war, so bedeutet seine Verwirklichung die Negierung des realiter gleichfalls klassenübergreifend vertretenen Rechts der Juden auf Selbstbestimmung in einem eigenen Staat.

Angesichts des von KPD, KPD/ML und später auch vom KBW vertretenen Nationalismus, der für die Deutschen vehement das Recht auf staatliche Existenz ohne Fremdbestimmung fordert, ohne die Definition des Deutschen aufgrund von Blutsverwandschaft zu thematisieren, erscheint die Verweigerung dieses Rechts für Juden und der Rassismus-Vorwurf als

---

20 Damit soll keineswegs behauptet werden, daß die Shoah Israel zu einer von wahrgenommenen Klassen-Antagonismen freien Gesellschaft macht. Es zeugt jedoch von extremer Geschichtsblindheit, wenn ausgerechnet von der israelischen Bevölkerung gefordert wird, jene weltweit überwiegende Tendenz zu durchbrechen, der Erhaltung des Nationalstaats Priorität gegenüber sozialen Widersprüchen einzuräumen.

widersinniges Anlegen verschiedener Maßstäbe. Das Selbstbestimmungsrecht bleibt den ehemaligen Tätern vorbehalten, während es denjenigen abgesprochen wird, die mehrheitlich der massiven 'Überzeugungsarbeit' der Deutschen bedurften, um den eigenen Nationalstaat als erstrebenswert anzusehen und die - neben Sinti und Roma - die längste Zeit versucht hatten, ohne einen solchen zu leben.

3. Die Grünen

3.1 Konzeptionen einer grünen Deutschlandpolitik

Den Ausführungen dieses Kapitels sei eine semantische Bemerkung vorangestellt. Der Begriff 'Deutschlandpolitik' wurde von allen Grünen mit divergierenden Begründungen abgelehnt. Stand bei den einen das Argument, daß damit ein weites, z.B. auch friedenspolitisch relevantes Politikfeld in ein zu enges Schema gepreßt werde, im Vordergrund (vgl. Stolz 1985: 32 f.), so wurde von anderer Seite insbesondere die in diesem Begriff implizierte "...Fiktion und Vision von der Wiedervereinigung Deutschlands" (Probst/Schnappertz 1986: 1) abgelehnt. Da dieser Ausdruck dennoch in zahlreichen Verlautbarungen Verwendung findet und eine sprachlich handlichere Alternative zur 'deutsch-deutschen Politik' ist, wird im folgenden von ihm gleichfalls Gebrauch gemacht.

3.1.1 Zum Stellenwert deutsch-deutscher Politik

Die Frage, welche Bedeutung dem deutschlandpolitischen Thema innerhalb der gesamtpolitischen Konzeption der grünen Partei zuzumessen ist, läßt sich nicht eindeutig beantworten. Auf der einen Seite ist festzuhalten, daß die Deutschlandpolitik nicht zu den Bereichen gehört, die das Profil der *Grünen* in der Öffentlichkeit prägen und sie auch in ihrem Bundesprogramm nicht erwähnt wird. Die Tatsache, daß die *Grünen* im Bundestag über einen deutschlandpolitischen Sprecher verfügten, dürfte einer breiten Öffentlichkeit erst durch die 1991 aufgedeckte Zusammenarbeit des ehemaligen Amtsinhabers Dirk Schneider mit der DDR-Staatssicherheit bekannt geworden sein.[21] Der zu geringe Stellenwert wurde darüber hinaus überein-

---

21 Die im Gefolge dieser Aufdeckung verlautbarten Thesen von der Verantwortlichkeit Schneiders für die Konzeptlosigkeit der *Grünen* beim Fall der Mauer sind wenig plausibel, da die von ihm

stimmend von allen mit diesem Thema Beschäftigten beklagt.[22] So beginnt Schnappertz, deutschlandpolitischer Kopf der grünen Bundestagsfraktion (vgl. Bredow/Brocke 1985?: 13) sein Papier "Zur deutschlandpolitischen Arbeit der Fraktion" mit der Feststellung: "Es gibt keine grüne oder alternative Deutschlandpolitik..." (Schnappertz 1984: 1). Ursache sei das fehlende Bemühen, die bisherigen "vage(n) Vorstellungen" (ebd.) und "Gedankensplitter" (ebd.) zu einem politischen Konzept zu formen. Eine drastischere Kritik formuliert Stolz (1985a: 5 f.) in dem von ihm herausgegebenen Buch "Ein anderes Deutschland: grün-alternative Bewegung und neue Antworten auf die deutsche Frage". Er sieht in der Behebung des deutschlandpolitischen Defizits die unabdingbare Voraussetzung für die weitere Existenz der grünen Bewegung.

Auf der anderen Seite läßt die Fülle der Thesen- und Positionspapiere sowie die Existenz zweier über das Stadium des Gedankensplitters hinausgekommener Ansätze darauf schließen, daß es unter den Mitgliedern und Anhängern der *Grünen* eine rege Debatte gab (vgl. Bredow/Brocke 1985?: 1). Auch wenn sich daran nur Teile der *Grünen* beteiligten, so läßt sich in Partei und Fraktion ein grundlegender Konsens über die Notwendigkeit eines aktiven deutschlandpolitischen Engagements feststellen. Daß dies zwar innerhalb der bundesdeutschen Parteienlandschaft, jedoch keineswegs in der "Neuen Linken" eine Selbstverständlichkeit war, zeigt die bewußte Beendigung der eigenen deutschlandpolitischen Aktivitäten durch den SDS. Eine kritische Thematisierung dieses stillschweigenden Einvernehmens bei den *Grünen* findet sich nur in einem Papier mit dem Titel "*Alternative* zum *Nationalismus* oder *Nationalismus Alternativ* - zur Kritik der grünen Deutschlandpolitik", in dem anhand von Äußerungen grüner Politiker der darin implizierte Nationalismus als Beleg für einen "...notwendigen Zusammenhang zwischen jeder Art positiver Deutschlandpolitik und Nationalismus..." (Kolodziejs o.J.: 2) angeführt wird. Mit seinem Plädoyer für den Abschied aus der Deutschlandpolitik erweist sich der Autor als Vertreter eines sehr eigenen Ansatzes innerhalb der grünen Diskussion.

Ein letzter und entscheidender Grund, weshalb der Deutschlandpolitik ein größerer Stellenwert als auf den ersten Blick erkennbar einzuräumen ist, leitet sich aus dem für die *Grünen* konstitutiven friedenspolitischen Bereich ab. Die auf diesem Gebiet entwickelten Argumentationsmuster besitzen in

---

vertretene Festschreibung der Zweistaatlichkeit von einer grünen Mehrheit geteilt wurde. Einer vorbehaltlosen Verwendung seiner Papiere in diesem Kapitel steht somit nichts im Weg.

22 Ein nicht quantifizierbarer Faktor dieser Klage ist die menschliche Eigenschaft, den eigenen Tätigkeits- und Interessenbereich als vorrangig und somit zumeist als von der Allgemeinheit zu wenig berücksichtigt anzusehen.

ihrer Majorität gleichzeitig deutschlandpolitische Relevanz: "Wer aber über Friedens- und Sicherheitsprobleme nachdenkt, wird um eine Antwort zur 'deutschen Frage' nicht herumkommen" (Schneider 1984: 17). Die unter der Rubrik europäischer Friedenspolitik aufgestellten Forderungen nach Auflösung der Militärblöcke, nach Schaffung einer (atom)waffenfreien Zone in Ost- und Westeuropa sowie nach Abzug aller Truppen von fremden Territorien (vgl. Die Grünen o.J.: 19) sollten explizit die Grundlage schaffen, "...um die Teilung Europas und damit auch die deutsche Spaltung zu überwinden" (ebd.). Darin spiegeln sich zwei Argumentationsmuster wider, die in der K-Gruppen-Szene zentrale Bestandteile deutschlandpolitischer Konzeptionen waren:
- BRD und DDR sind aufgrund ihrer geographischen Lage an der Nahtstelle des Ost-West-Konflikts in besonderem Maß durch die Existenz der gegnerischen Militärböcke bedroht.
- Beide deutsche Staaten sind besetzte Länder, deren fehlende Souveränität mit erhebliche Nachteile für die Bevölkerung mit sich bringt.

Die bis zur Konvergenz gehende Verflechtung friedens- und deutschlandpolitischer Konzeptionen zeigt, daß das Fehlen eines deutschlandpolitischen Teils im grünen Bundesprogramm nicht allein als Ausdruck der Bedeutungslosigkeit dieses Themenbereichs für die Partei gewertet werden kann, sondern auch mit der Einbindung deutschlandpolitischer Argumentationen in friedenspolitische Konzeptionen zusammenhängt.

3.1.2 Deutsch-deutsche Betroffenheiten als gemeinsame Basis unterschiedlicher Lösungsansätze

Die deutschlandpolitischen Konzeptionen der *Grünen* lassen sich grob in zwei Modelle einteilen. Dem von der Mehrheit getragenen "realpolitischen" Ansatz, der zuvörderst auf eine Veränderung des Klimas zwischen beiden deutschen Staaten abzielt,[23] steht der "nationalpolitische" Ansatz gegenüber. Unterscheidungsmerkmal und grüninterne Streitfrage sind weniger die Ziele als vielmehr der Weg, d.h. die Bestimmung der politischen Prioritäten, mit denen eine Verbesserung des Status quo erreicht werden soll. Während die Vertreter des erstgenannten Ansatzes der Intensivierung der Beziehungen beider Staaten auf allen Ebenen den Vorrang vor einer Veränderung der

---

23 Obwohl die von Bredow/Brocke (1985?: 9) übernommene Charakterisierung dieses Ansatzes als "realpolitisch" angesichts des realpolitischen Faktums der Wiedervereinigung aus heutiger Sicht nicht unbedingt treffend erscheint, wird er hier beibehalten, da seine Realisierungschancen bis 1989 - nicht nur von den *Grünen* - höher veranschlagt wurden.

territorialen Ordnung Europas geben, ist "Die Konföderationsidee als strategische Leitlinie" - so der Kapiteltitel eines Papiers der AG Berlin- und Deutschlandpolitik der Alternativen Liste Berlin - konstitutiv für den nationalpolitischen Ansatz (s. Standort: Grünen-Archiv).[24]

Wie bereits erwähnt, besteht bei den *Grünen* ein strömungsübergreifender Konsens über die Notwendigkeit aktiv betriebener Deutschlandpolitik und damit über die Besonderheit der Beziehungen zwischen BRD und DDR. Davon zeugt allein die Existenz spezieller Arbeitsgruppen - auf Bundesebene die "AG für deutsch-deutsche Beziehungen der *Grünen* im Bundestag" als Domäne der Realpolitiker, sowie auf Landesebene z.B. die betriebsame "AG Berlin- und Deutschland-Politik in der Alternativen Liste Berlin" als nationalpolitisch ausgerichteter Verband.[25]. Das Besondere am Verhältnis zwischen BRD und DDR basiert auf der Annahme, daß es spezifisch deutsch-deutsche Gemeinsamkeiten gebe. Zu den unter dem Begriff der "Deutsch-Deutsche(n) Gefahrengemeinschaft" (Stolz 1985: 27) subsumierten Gemeinsamkeiten zählt - nach Ansicht der Nationalpolitiker - neben dem Identitätsverlust als Deutsche und der Gefahr, daß ein zukünftiger Krieg hauptsächlich auf dem Territorium der deutschen Staaten stattfinden würde, auch "...die weitere Zuspitzung der ökologischen Katastrophe westlich und östlich der Elbe" (ebd.). Insbesondere die letztgenannte Argumentationsfigur erscheint aufgrund der völlig willkürlichen Verortung der ökologischen Katastrophe, die sich z.B. östlich und westlich des Rheins gleichermaßen zuspitzt, als untaugliche Begründung für spezifisch deutsch-deutsche Politik. Dennoch handelt es sich dabei um eine auch von realpolitischer Seite angeführte Legitimation. So wird im Entwurf eines Grundsatzpapiers das grüne Verständnis deutsch-deutscher Beziehungen dahin gehend charakterisiert, daß DDR-Politik ein Teil der weltweiten Auseinandersetzung um menschliche Lebensweise sei, innerhalb derer "...das Bedürfnis nach einem ökologisch geregelten Austausch mit der Natur" (Probst/Schnappertz 1986: 1) zentrale Bedeutung habe.

Eine weitere deutsch-deutsche Gemeinsamkeit ist die beschränkte nationale Souveränität von BRD und DDR, in der die Nationalpolitiker das

---

24 Von Bredow/Brocke (1985?: 3ff.) wird zusätzlich ein dritter "bewegungspolitischer" Ansatz genannt, der jedoch weniger als inhaltlich eigenständiger Ansatz denn als Form politischen Handelns zu bewerten ist. Darin wird einer Zusammenarbeit mit oppositionellen Gruppierungen in der DDR der Vorzug vor Kontakten auf staatlicher Ebene gegeben. Da jedoch von der dazu notwendigen längerfristigen Kooperation mit DDR-Oppositionsgruppen keine Rede sein konnte, ergeben sich aus diesem Ansatz keine neuen inhaltlichen Impulse.

25 Mit dem 1987 erfolgten Parteiaustritt der AG Berlin- und Deutschland-Politik verschwindet zwar der nationalpolitische Protagonist, ohne daß jedoch dadurch das Fortbestehen einer solchen Ausrichtung innerhalb der *Grünen* beenden gewesen wäre (vgl. II/Kap. 3.1.3).

zentrale Hindernis für ein friedliches demokratisches Deutschland sehen. Die Auffassung, daß es sich dabei um einen schwerwiegenden und in ausschließlich negativem Sinn folgenreichen Mangel handle, beschränkt sich nicht auf den nationalpolitischen Kreis. So spricht Vollmer (1984: 66) in einer deutschlandpolitischen Bundestagsdebatte davon, daß mit dem Nachrüstungsbeschluß "...etwas äußerst Wertvolles,...nämlich unsere nationale Souveränität" weiter abgebaut werde.

Die Auffassung, daß das Territorium von BRD und DDR im Kriegsfall zum Hauptschlachtfeld würde, gehört ebenfalls zu den gemeinsamen Überzeugungen von Real- und Nationalpolitikern, mit denen beide die Relevanz deutsch-deutscher Politik begründen. Selbst wenn von der Richtigkeit dieser These ausgegangen wird[26], ist zu konstatieren, daß weder das realpolitische noch das nationalpolitische Modell Lösungsmöglichkeiten bieten, deren Schwerpunkt innerhalb des Rahmens deutsch-deutscher Politik liegt und dessen Existenz als eigenständiges Politikfeld plausibilisieren könnten. Der von den Nationalpolitikern geforderte Austritt beider Staaten aus ihren jeweiligen Militärbündnissen, innerhalb derer die Deutschen von sowjetischer bzw. US-amerikanischer Seite und ihren eigenen Regierungen gezwungen würden, ihren nationalen Interessen zuwiderzuhandeln (vgl. Stolz 1985: 24 ff.), ist ein politisches Ziel, zu dessen Verwirklichung logischerweise zunächst an der Position der bundesdeutschen Regierung und der der USA anzusetzen wäre. Die Frage, wieso hierbei der Suche nach gesamtdeutschen Auswegen Priorität einzuräumen sei (vgl. ebd: 27), bleibt ungeklärt. Ähnlich fragwürdig erscheint die Bedeutung deutsch-deutscher Politik für die von den Realpolitikern angestrebte Überwindung der Blockzugehörigkeit durch Auflösung der Militärblöcke (vgl. Probst/Schnappertz 1986: 2). Die zentrale Rolle, die der "...deutsche(n) Frage (als) Problemkern einer neuen...Friedenspolitik" (Volmer o.J.: 13) von beiden Seiten zugesprochen wird, ist bei genauerer Betrachtung der friedenspolitischen Vorstellungen von keineswegs zwingend logischer Immanenz.

Aufgrund des Fehlens letztendlich rational stichhaltiger Argumente für die Existenz eines spezifisch deutsch-deutschen Politikfelds verbleibt seitens der Nationalpolitiker die rational kaum erfaßbare Berufung auf eine gemeinsame deutsche Identität, während auf Seiten der realpolitischen Gegner dieser These eine Art Begründungsvakuum für die selbst betriebene Deutschlandpolitik zu verzeichnen ist. Nach realpolitischer Auffassung

---

26 Zweifel an dieser These meldet z.B. Bredow (1983: 42) an, der den "...topos von der besonderen Gefährdung der Deutschen..." als einen merkwürdigen Anachronismus bezeichnet. Aufgrund waffentechnischer und nuklearstrategischer Entwicklungen sei "...die Idee von Frontterritorien ebenso absurd...wie die von national definierten Bedrohungsgraden" (ebd.).

könnte den tatsächlich vorhandenen Gemeinsamkeiten - "...familiäre Bindungen, das Bewußtsein gemeinsamer, kultureller und historischer Tradition, der Wunsch nach freier Kommunikation..." (Probst/Schnappertz 1986: 7) - durch eine Normalisierung der innerdeutschen Grenze hinreichend Rechnung getragen werden. Die von den Nationalpolitikern beschworene gesamtdeutsche Identität sei eine Fiktion, da sich seit 1945 unterschiedliche Identitäten herausgebildet hätten (vgl. Schneider 1984: 13), und die daraus abgeleitete Forderung nach Abschaffung der Grenze zeuge von fehlender historischer Lernfähigkeit (vgl. ebd.: 16 f.).

Neben den Differenzen über die territoriale Ordnung markieren die auseinandergehenden Auffassungen über die Entwicklung der Identität(en) und über die aus der deutschen Geschichte zu ziehenden Konsequenzen eine greifbare Differenz zwischen real- und nationalpolitischem Ansatz. Während die Realpolitiker von der ursächlichen Verantwortlichkeit der Deutschen für die Teilung ausgehen und darin - angesichts der dreimaligen Entfesselung von Kriegen durch "Großdeutschland" - eine akzeptable und wünschenswerte Verhinderung zukünftigen Großmachtchauvinismus sehen (vgl. Volmer o.J.: 12 f.), wird von nationalpolitischer Seite die Einschätzung vertreten, die Teilung sei keine "...*direkte* Konsequenz des 2. Weltkriegs" (Ammon 1985: 37), sondern ein historisches Verbrechen der Alliierten (vgl. Stolz 1985: 23). Die von Blockzugehörigkeit, Teilung und fehlender Souveränität ausgehende Gefahr, daß aus den Deutschen ein "...im Holocaust ausgerottete(s) Volk..." (ebd.: 28) wird, rechtfertige einen deutschen Sonderweg zu Paktfreiheit und Konföderation auch gegen den Willen der Nachbarstaaten, von denen "...Vertrauen in den friedlichen Charakter des deutschen Zentrums in Europa..." (Brandt/Ammon 1981: 56) erwartet wird. Das in der Tradition von KPD und KPD/ML stehende nationalpolitische Geschichtsbild basiert auf der Annahme, daß der Ablauf der jüngeren deutschen Vergangenheit auf die Unterdrückung des tatsächlichen Willens der Deutschen durch die eigenen Regierungen bzw. durch externe Mächte zurückzuführen sei. Nach der Erlangung von Souveränität und Selbstbestimmung werde sich dieser Wille in dem demokratischen Votum für Neutralität und Konföderation bzw. Vereinigung artikulieren und damit den Weg in eine friedliche Zukunft sichern.

3.1.3 Die Wiedervereinigung als Auslöser grüner Irritationen

Die sich überschlagenden Ereignisse im Umfeld des Falls der Berliner Mauer am 9.11.89 überraschten alle Parteien. Während sich SPD und

CDU/FDP schnell auf die Lage einstellten, indem sie sich zu Herren selbiger machten, war die Situation bei den *Grünen* von monatelanger Desorientierung geprägt. Ursache ist weniger die z.B. im Bundestagswahlprogramm von 1987 nachzulesende Festschreibung der Zweistaatlichkeit an sich als vielmehr der unerwartete Wegfall einer der sie tragenden argumentativen Säulen. Bezogen auf die im Bundestagswahlprogramm geforderte "...unzweideutige Aufgabe aller territorialen und staatlichen Alleinvertretungsansprüche der Bundesrepublik..." (zit. bei Hammerbacher 1989: 1) und die Anerkennung der Eigenstaatlichkeit der DDR durch die BRD weist Hammerbacher (ebd.) auf ein entscheidendes Manko hin:

> "Die Formulierungen des Bundestagswahlprogrammes 1987 sind im wesentlichen aus Sicht einer Bundesrepublik, die die Wiedervereinigung unter westdeutscher Hegemonie will, gedacht. Sie wären vollkommen hinfällig in dem Moment, in dem eine demokratische Mehrheit in der DDR die Wiedervereinigung zu ihrem Ziel erklären würde".

Zwar ist die Verwirklichung der Wiedervereinigung als ideologischer, sich selbst genügender Wert weder Triebfeder noch vorrangiges Ziel der Demonstranten und Oppositionsgruppierungen in der DDR gewesen. Die Vereinigung läßt sich eher als Hebel charakterisieren, mit dessen Hilfe die Wünsche nach politischer und materieller Verbesserung der Lebensverhältnisse leichter verwirklichbar schienen. Dennoch ist unübersehbar, daß die Forderung nach Einheit in den Vordergrund rückte und das Erscheinungsbild der DDR-Opposition veränderte. Die Umwandlung des ursprünglichen Demonstrationsslogans "Wir sind das Volk" in "Wir sind ein Volk" versinnbildlicht diese Entwicklung. Der zunehmende Eindruck, daß die Vereinigung erklärtes Ziel der Mehrheit in der DDR sei, stellt die bislang herrschenden Grundannahmen der *Grünen* in Frage und löst die Verwirrung aus.

Aus den deutschlandpolitischen Anträge auf der außerordentlichen Bundesversammlung im März 1990 (s. Standort: Archiv "Grünes Gedächtnis") kristallisieren sich drei Grundrichtungen heraus: erstens eine Minderheit, die an der Zweistaatlichkeit festhält und ihre Position unter der Parole "Nie wieder Deutschland" mit den historischen Erfahrungen und der daher rührenden Furcht vor einem neuen Nationalismus begründet; zweitens eine Minderheit, deren freudiges Eintreten für die Vereinigung unschwer den nationalpolitischen Hintergrund erkennen läßt; drittens die Mehrheit der Anträge, die durch ambivalente Gefühle angesichts der Perspektive Vereinigung ebenso gekennzeichnet sind wie durch das Plädoyer für eine konföderative Strukturierung von BRDDR. Angesichts der weder von Real- noch Nationalpolitikern einkalkulierten Einseitigkeit der primär von seiten der DDR-Bevölkerung betriebenen Vereinigung und der dahinterstehenden

Motivation, die - abgesehen vom Wunsch nach demokratischen Freiheiten - nicht den grünen Beweggründen für deutsch-deutsche Politik (Ökologie, Kriegsgefahr, gesamtdeutsche Identität) entspricht, kann nicht von der Bestätigung eines deutschlandpolitischen Ansatzes gesprochen werden. Die behauptete Bestätigung der Nationalpolitiker ist vordergründig, da sie sich allein auf die Tatsache der erfolgten Vereinigung stützt, das von ihnen selbst betonte Kriterium ihrer Qualität jedoch ignoriert.

3.2   Reflexionen zum linken Internationalismus

Die Krise des Internationalismus in der BRD deutete sich bereits Mitte der 70er Jahre an. Offensichtlich wurde sie durch die Herausgabe einer Reihe von selbstkritischen Publikationen linker Provenienz wie dem 1979 erschienenen Kursbuch "Der Mythos des Internationalismus" und dem Schwerpunktheft zum Internationalismus der "blätter des iz3W" von 1982. Hintergrund der Krise war zum einen die Enttäuschung über unerwartete Entwicklungen in Ländern der Peripherie, wobei vor allem Vietnam als ehemaliger Focus des linken Internationalismus zum Exempel wurde. Bereits mit dem Sieg der vietnamesischen Befreiungsfront 1975 kamen Zweifel auf, ob der dortige Sozialismus die in ihn gesetzten Erwartungen erfüllen könne. Die folgenden Repressionen gegen die eigene Bevölkerung und die Aggression gegen das ebenfalls sozialistische Kambodscha ließen diese Zweifel zur Gewißheit werden (vgl. Buro/Grobe 1984: 245). Eine ähnlich desillusionierende Wirkung hatte der lange geforderte Sturz des Schahs von Persien durch eine in dieser Form weder einkalkulierte noch erwünschte islamische Revolution (vgl. Cohn-Bendit 1979: 202).

Ein anderer Grund für die Krise des Internationalismus war die Behandlung dieses Themas durch die K-Gruppen. Der dogmatische Anspruch, "...eine angeblich für den ganzen Erdball gültige Linie (zu) vertreten" (Müller-Plantenberg 1978: 93), bedingte eine dem Willen gehorchende Sichtweise der Realität, deren Unhaltbarkeit zunehmend deutlich wurde. Um die Wirklichkeit der Ideologie anzupassen, mußten zwangsläufig reale Ereignisse geleugnet oder bis zur Unkenntlichkeit interpretiert bzw. im schlimmsten Fall die Position innerhalb der Ideologie gewechselt werden, was nur ausnahmsweise mit einem selbstkritischen Bezug auf eigene Fehler verbunden wurde. Die in einem Dossier mit dem treffenden Titel "Die ewigen Sieger" (Staadt 1979: 175) zusammengetragenen Beispiele veranschaulichen das Maß an Realitätsverlust und an fehlender Glaubwürdigkeit, das zur Infragestellung bisheriger Internationalismus-Vorstellungen beitrug.

3.2.1 Grüne Selbstkritik und Neuorientierung im Internationalismus-Bereich

Bewußt oder unbewußt charakterisiert das Fehlen des Worts 'Internationalismus' im grünen Bundesprogramm eine in diesen Jahren verbreitete Grundstimmung in der Linken, die auf Distanz zu den früher mit diesem Begriff verbundenen Ideen geht. In dem nun als "Partnerschaftliche Beziehung mit den Völkern der 'Dritten Welt'" bezeichneten Bereich verweist die Betonung des - weder vom SDS noch von den K-Gruppen berücksichtigten - Aspekts der Wahrung von Kultur und spezifischen Wertvorstellungen in der Peripherie auf die Richtung der Neuorientierung (vgl. Die Grünen o.J.: 17/20 f.). Dieses Thema ist unter dem Titel "Kulturimperialismus" ein Schwerpunkt des 1. Internationalismus-Kongresses der *Grünen* 1985. Übereinstimmend wird dort die Mißachtung kultureller und nationaler Unterschiede verantwortlich für Fehleinschätzungen, darauf folgende Desillusionierung und falsche Ansätze in der Solidaritätsarbeit gemacht. Diese Mißachtung hänge u.a. mit dem bislang primär als Antiimperialismus begriffenen Internationalismus zusammen, der in seiner Konzentration auf externe Faktoren die Verhältnisse innerhalb der Länder der Peripherie vernachlässigt habe (vgl. Mármora 1985: 107). Die Ignoranz gegenüber dem als irrelevant betrachteten kulturell-nationalen Faktor ist neben der Überbetonung der Gewaltfrage und der Annahme, daß Befreiungsbewegungen in der Peripherie durch ihre Gegnerschaft zum Imperialismus zwangsläufig sozialistisch seien, zentrales Element linker Selbstkritik weit über grüne Parteigrenzen hinaus.

Die Frage nach den Hintergründen dieser Ignoranz verbindet sich mit der Frage nach der unterschwelligen Funktion des Internationalismus für die Träger der Solidaritätsarbeit. Hierbei wird implizit und explizit auf das Identitätsproblem rekurriert. Die Behauptung einer humanitären Motivation für "Dritte-Welt"-Arbeit diene vor allem der Verbesserung der Befindlichkeit und des Selbstbildes des "Helfenden". Die Kompensation von Schuldgefühlen über die eigene Unfähigkeit und fehlende Bereitschaft, an den wirklichen - im eigenen Land liegenden - Ursachen zu arbeiten, münde in die unreflektierte Ersatzhandlung "Entwicklungshilfe" (vgl. Krämer/Lucas/Schmidt 1985: 131), die wiederum eine unvermeidliche "...Ausrichtung der 'Unterstützten' auf westliche Werte..." (ebd.: 132) und damit die "...Zerstörung der traditionellen Kulturen in 'Entwicklungsländern'" (ebd.) nach sich ziehe.

Was hier als allgemeine Kritik am vorgeblich selbstlosen humanitären Engagement genannt wird, findet sich in ähnlicher Form in anderen Texten zum grünen Internationalismus-Kongreß bezogen auf die spezifischen Funktionen des Internationalismus für die "Neue Linke". Zu der Suche nach Ersatz-Revolutionen in der Peripherie komme das Motiv versuchter Abkopplung vom eigenen - durch den Nationalsozialismus diskreditierten - nationalen und kulturellen Kontext, indem eine grundsätzliche Irrelevanz dieses Kontextes behauptet werde.[27] Angefangen mit der Identifikation mit Vietnam präge das gestörte Verhältnis der Linken zu ihrer Nation die Beschäftigung mit der Peripherie, was sich in der Adoption der Kämpfe anderer Völker, d.h. in der Flucht in geliehene Rollen ausdrücke (vgl. Mercker 1985: 114 f.). Das eher durch Fiktion denn durch Fakten bestimmte Bild von den Verhältnissen in der Peripherie beruhe u.a. auf dem fehlenden Bewußtsein für nationale und kulturelle Unterschiede. Deutlich werde dies in der umstandslosen Übertragung westlich-linker Kriterien der Identifikationswürdigkeit auf Befreiungsbewegungen der Peripherie (vgl. Mármora 1985: 107) und in dem von linken "Dritte-Welt"-Experten - unter Berufung auf den wissenschaftlichen Universalitätsanspruch - betriebenen Kulturimperialismus, der von ihnen selbst - mangels Problembewußtseins - nicht wahrgenommen werde (vgl. Mercker 1985: 118 ff.).

Die auf dieser Kritik an (un)bewußt eurozentristischem Denken basierenden Vorstellungen über die Zukunft internationalistischer Arbeit reichen vom Einbezug kulturspezifischer Differenzen als Grundsatz alternativer Entwicklungspolitik (vgl. AK Internationalismus der *Grünen* Baden-Würt(!)emberg/AK-Entwicklungspolitik Tübingen 1985: 135) bis hin zur Überzeugung von der Sinnlosigkeit grüner Entwicklungshilfe und dem Plädoyer "...für eine vorübergehende 'politische Abkoppelung' der Grünen von den Befreiungsbewegungen der Dritten Welt..." (Mercker 1985: 116). Der wirksamste Beitrag zur Verbesserung der Situation in der Peripherie sei die Konzentration auf eine innergesellschaftliche Veränderung, was voraussetze, daß "...wir aus dem Namen einer Neurose ('Deutschland') wieder einen Begriff machen, der uns zu einer neuen konstruktiven Identität verhilft" (ebd.: 117). Der zu gewinnenden nationalen Identität komme eine Schlüsselfunktion zu, da nur sie in der Lage sei, Projektionen und Illusionen in der "Dritte-Welt"-Arbeit zu verhindern und dieser zu größerer Kontinuität zu verhelfen (vgl. Mármora 1985: 107).

Der Internationalismus-Kongreß der *Grünen* markiert das Ende einer breiten selbstkritischen Auseinandersetzung mit den Versäumnissen und

---

27 Bei der Flucht vor dem nationalsozialistischen Hintergrund konnte sich die Linke auf 'objektive' - weil marxistische - Glaubenssätze berufen, wonach die Gleichberechtigung kulturell-nationaler Faktoren mit denen der sozialen Klasse "...einem Sieg der 'zufälligen Erscheinung' über das Wesen (gleichkomme)" (Nairn 1979: 161).

Defiziten der bis dahin herrschenden Internationalismus-Vorstellungen und den Beginn einer partiellen Neuorientierung. Neben der Warnung vor "...alternativ angehauchte(r) Bevormundung aus dem Westen..." (Die Grünen 1990: 42) gegenüber den Ländern der Peripherie und der Erweiterung des Emanzipationsbegriffs auf den Bereich der Kultur (vgl. Volmer 1989: 48) ist eine zunehmende Konzentration auf die Rolle internationaler Organisationen festzustellen. Dadurch soll der Zersplitterung der Solidaritätsbewegung in isoliert arbeitende, länderzentrierte Gruppen entgegengewirkt werden (vgl. ebd.) und konkrete Ansatzpunkte für Handlungs- und Einwirkungsmöglichkeiten im eigenen Land geboten werden. Praktisches Beispiel sind die großangelegten Kampagnen gegen die Politik von Weltbank und Internationalem Währungsfond anläßlich deren Tagung in West-Berlin 1988. Während die Rolle dieser Organisationen als Garanten des "...bestehenden Weltwirtschaftssystems mit seinen Ausbeutungsstrukturen..." (ebd.) verurteilt und eine Beschränkung ihres Einflusses gefordert wird, avanciert die UNO erstmals in der Geschichte der "Neuen Linken" zur zentralen weltpolitischen Instanz: "Die Vereinten Nationen (VN) sind als multilaterale Regelungsebene für eine solidarische Weltgesellschaft ohne Alternative" (Die Grünen 1990: 42) und daher müsse ihr Einfluß gestärkt werden (vgl. ebd.). Die - wenige Monate nach Veröffentlichung dieses Satzes - entstehende Kontroverse um den Golfkrieg, bei der die Berechtigung des von der UNO gebilligten Angriffs der Westmächte in Frage gestellt wird, zeugt jedoch von dem Fortbestehen einer kritischen Distanz gegenüber den Entscheidungen dieser Organisation.

3.2.2 Sonder- oder Regelfall des Internationalismus? Die Schwierigkeiten linker Deutscher mit Israel und dem Nahost-Konflikt

Es ist eine bemerkenswerte Tatsache, daß die in der Phase selbstkritischer Reflexion des eigenen Internationalismus erschienenen Publikationen sich häufig auf Vietnam und den Iran beziehen, während das Verhältnis der Linken/Grünen zu Israel und dem Nahost-Konflikt in diesem Zusammenhang nicht thematisiert wird. Dies ist um so erstaunlicher, als die Rolle von Identifikationen und deutscher Nationalität für Projektionen, verzerrte Realitätswahrnehmung und internationalistische Krise an keinem Beispiel so deutlich wird wie am Fall Israels.[28] Die Auseinandersetzung mit der

---

28 Z.T. kann dieses Defizit auf den rückwärtsgewandten Charakter der Internationalismus-Diskussion zurückgeführt werden. Über der Konzentration auf bereits offensichtliche Fehleinschät-

Rezeption des Nahost-Konflikts wurde separat geführt und bedurfte äußerer Anstöße wie des Antisemitismus-Vorwurfs anläßlich links-grüner Reaktionen auf den Libanon-Krieg 1982 und der Nahost-Reise einer *Grünen*-Delegation 1984.

Im folgenden soll versucht werden, anhand einiger Aspekte der grünen Israel-Diskussion diejenigen Argumentationsstrukturen herauszuarbeiten und zu analysieren, die sich spezifisch auf die Rolle deutscher Vergangenheit und Identität beziehen. Im Mittelpunkt stehen hierbei die unterschiedlichen, oftmals konträren Folgerungen, die aus dem Postulat vom 'Lernen aus der Geschichte' gezogen werden, und deren Konsequenzen für die Form der Israel-Debatte.

Dabei handelt es sich um komplexe, einander kreuzende Argumentationsstränge, die sich nicht auf die Gegenüberstellung zweier Positionen reduzieren lassen. Erstens ist hier eine Haltung zu nennen, für die Nationalsozialismus und Israel zwei getrennte Bereiche darstellen. Deutlich formuliert dies die ehemalige Bundestagsabgeordnete Gottwald gegenüber einem heute in Israel lebenden Opfer der Shoah, indem sie den Nationalsozialismus und den Zweiten Weltkrieg als "...eine Angelegenheit zwischen unserer Generation und der Generation unserer Eltern" (Dokumentation der Nahost-Reise 1985: Teil VII, 31) bezeichnet. Charakteristisch für diese Position ist eine spezifische Form des 'Lernens aus der Geschichte', die sich in der Ablehnung der Selbst- und Fremddefinition nach nationalen Kategorien manifestiert, an deren Stelle die Eigenkategorisierung als a-nationale Linke tritt:

> "Damit verliert die Frage (nach der Bedeutung der eigenen deutschen Nationalität bei der Rezeption des Nahost-Konflikts; A.L.) eine bestimmte Spezialität, denn die Verantwortung der Linken und Antiimperialisten in der BRD gegenüber dem palästinensischen Volk ist mit Sicherheit keine andere, als die, die wir auch in anderen Regionen haben, wo wir damit konfrontiert sind, daß deutsche Politik und deutsches Kapital zur Aufrechterhaltung imperialistischer Einflußzonen und damit zur Vorenthaltung von Selbstbestimmung und Unabhängigkeit beitragen" (Reents 1985: 27).

Zweitens eine Auffassung, die auf einem explizit hergestellten Zusammenhang basiert wie z.B. anläßlich des Libanon-Kriegs mit den Worten: "Wer zu dem, was im Libanon geschieht, schweigt, hat aus Auschwitz nicht gelernt" (Heinrich zit. bei Broder 1986: 121). Die Vertreibung der Palästinenser wird als indirekte Folge der Shoah gesehen und gefolgert:

---

zungen von Entwicklungen in der Peripherie wurde die Auseinandersetzung mit noch offenen Konflikten vernachlässigt.

"Gerade als Bürger eines Landes, dessen Rechtsvorgänger 'III. Reich' für den organisierten Massenmord am jüdischen Volk verantwortlich ist, sind wir auch für das Schicksal des palästinensischen Volkes in besonderem Maße verantwortlich" (dies. 1984: 12).

Drittens eine Position, die vor dem Hintergrund der gleichen Ausgangsverknüpfung zu einem anderen Schluß kommt. Danach verpflichte die Tatsache, daß Israel nicht zuletzt aus Auschwitz hervorgegangen sei, "...zu Konsequenzen für jede Kritik aus Deutschland an Israel" (Wetzel 1983: 10) in dem Sinn, daß die bedingungslose Solidarität mit den Palästinensern auf der Folie dieses historischen Hintergrunds sowie durch die Bewußtmachung von Projektionen und des Antisemitismus als integraler Bestandteil der europäischen Zivilisation relativiert werden müsse.

Trotz der differierenden - internationalen bzw. nationalen - Bestimmung des eigenen Ausgangspunkts bei den erstgenannten Haltungen, ist ihre politische Quintessenz identisch. Während die Solidarität mit den Palästinensern im ersten Fall auf der tradierten internationalistischen Trennung in den mit Israel identifizierten Imperialismus und dem daraus abgeleiteten zwangsläufigen Anti-Imperialismus der palästinensischen Gegenseite fußt, wird sie im zweiten Fall mit der "Ziehharmonikathese" (Brumlik 1985: 27) von der deutschen Schuld an der Shoah, die zur Gründung Israels und damit zur Vertreibung der Palästinenser führte, begründet.

Festzuhalten ist, daß hier weder der Rekurs auf die deutsche Nationalität noch auf die historischen Entstehungsbedingungen Israels bzw. ihr Fehlen in erkennbarem Zusammenhang mit der Position im Nahost-Konflikt zu stehen scheinen. Bei genauerer Betrachtung der argumentativen Wendung schält sich jedoch ein zentrales gemeinsames Element von Antiimperialismus- und Ziehharmonikathese heraus, dessen Kern die Fixierung auf die gegenwärtige Situation bildet. Die Geschichtslosigkeit wird bei der Reduktion auf den globalen Gegensatz zwischen Antiimperialismus und Imperialismus offensichtlich, während sie im zweiten Fall durch den verbalen Bezug auf die Shoah verdeckt wird. Faktisch dient diese Bezugnahme als eine Art Sprungbrett zu einer Position, deren Anspruch auf historische Herleitung durch die fehlende Wahrnehmung des Fortwirkens der Geschichte konterkariert wird. Das abstrakte Wissen um den Zusammenhang zwischen Antisemitismus, Auschwitz und Israel existiert losgelöst vom Bewußtsein seiner andauernden, real wirksamen Folgen. Ein solcher Bewußtseinsprozeß verlangt die Empathie in die Situation von Israelis und Palästinensern. Empathie, verstanden als Grundlage der Entwicklung einer eigenen Position, grenzt sich sowohl von der These ab, daß Deutsche sich aufgrund ihrer Geschichte jeder Stellungnahme zum Nahost-Konflikt enthalten sollten als auch von der identifikatorischen Aneignung der

Perspektive einer der Konfliktparteien. Bei der Forderung nach einem Bemühen um beidseitige Empathie handelt es sich nicht primär um eine moralische, sondern um eine politische Kategorie, da die historischen und aktuellen Hintergründe, die das Bewußtsein der Kontrahenten prägen, sich als handlungsbestimmende Faktoren in praktische Politik umsetzen, d.h. als gesellschaftliche Wirklichkeit manifest werden und von daher Eingang in eine politikfähige Nahost-Diskussion finden müssen.

Zur Illustration des Umstands, daß der Wille, sich in die Einstellung Anderer einzufühlen und einzudenken, anders als bei den Israelis im Fall der Palästinenser vorhanden ist und für die Solidarisierung mit letzteren praktisch relevant wird, sei auf eine weitere Argumentationsfigur verwiesen.

Ein Text zur grüninternen Palästina-Debatte (vgl. Olms/Schulze-Marmeling 1987) problematisiert die selektive Anwendung des grünen Postulats der Abkehr vom Nationalstaat anhand deutschlandpolitischer Konzepte und nahostpolitischer Ansichten. Dabei wird die fehlende argumentative Logik und Konsequenz bei der Ablehnung einer deutschen Wiedervereinigung kritisiert, da sie einerseits mit der prinzipiellen Überkommenheit des Nationalstaates begründet wird, andererseits dieses Postulat für die nationalstaatliche Existenz der BRD nicht gilt und deren "Selbstanerkennung" (Probst/Schnapperz 1986: 9) gefordert wird. Gegenübergestellt werden grüne Positionen, die die Aufgabe der nationalstaatlichen Ambitionen der Palästinenser wegen der Priorität des israelischen Sicherheitsbedürfnisses fordern, und konstatiert: "Es bleibt der fade Beigeschmack, daß die Parole von der Abkehr vom Nationalstaat auf die Option der Wiedervereinigung sowie auf die Völker ohne Staat beschränkt bleiben soll" (Olms/Schulze-Marmeling 1987: 7).

Die Fragwürdigkeit beginnt dann, wenn auf dieser berechtigten Kritik am Anlegen unterschiedlicher Maßstäbe und an der Ausschließlichkeit, mit der den Palästinensern der Verzicht auf einen Nationalstaat abverlangt wird, eine eigene Position aufgebaut wird, die aufgrund der Auffassung, daß "...wir unsere alten/neuen Erkenntnisse (über den Anachronismus von Nationalstaaten; A.L.) nicht unbedingt an solchen Völkern exekutieren, die sich in dieser Hinsicht noch überhaupt nichts zu Schulden haben kommen lassen" (ebd.: 14), das Recht auf nationalstaatliche Organisation den Palästinensern zugesteht, während es Israel und der BRD unisono bestritten wird (vgl. ebd.: 9/13).

Die Argumentation, daß das Bestehen auf einem bundesdeutschen Staat und einem jüdischen Israel "...einem besonderen historischen Zynismus (entspräche)..." (ebd.: 13), da dadurch "...nicht die Deutschen, sondern das palästinensische Volk für deutsche Verbrechen zu büßen hätten" (ebd.), zeugt gleichermaßen von der Bereitschaft, sich die palästinensische Perspektive anzueignen, und vom Unwillen, die jüdisch-israelischen Motive für die Gründung und Aufrechterhaltung eines Nationalstaats mit zu berücksichtigen. Aus diesem Unwillen resultiert die nicht weniger zynische Haltung, den nationalsozialistischen Opfern und Tätern unterschiedslos die Legitimation zur nationalstaatlichen Organisation abzusprechen.

Einer der verbreitetsten und umstrittensten Begriffe zur Charakterisierung des Verhältnisses der Deutschen zum Nahost-Konflikt ist der der historisch bedingten besonderen Verantwortung für eine der Konfliktparteien. Allein die Tatsache, daß dieser Terminus sowohl in bezug auf das Schicksal der Palästinenser, als auch auf das der Israelis verwandt wird, zeigt seine Untauglichkeit zur inhaltlichen Bestimmung einer spezifischen moralischen Leitlinie in der Rezeption des Nahost-Konflikts. Darüber hinaus stehen seinem Gebrauch prinzipielle Einwände entgegen, wie der Widersinn, für etwas Verantwortung zu übernehmen, was sich außerhalb des eigenen Einflußbereichs befindet, und die Ansicht, daß es für "...die deutsche Linke...immer fatal (war), die Fahne der Verantwortung hochzuheben, auf die in der Regel die Identifizierung folgte" (Cohn-Bendit 1985: 28).

Der Terminus der besonderen Verantwortung erfüllt die Funktion eines Schlüsselbegriffs in argumentativen Kontexten, in denen die für die Rezeption des Nahost-Konflikts typische Vermischung zweier Bedürfnisebenen der Rezipienten paradigmatisch zum Ausdruck kommen. Er dient der Einräumung umfassender Handlungs- und Verhaltensboni gegenüber der betreffenden Partei, was in der Extremform bedeutet, der israelischen Politik aufgrund der antisemitischen Verfolgung bzw. der der Palästinenser aufgrund ihrer Schuldlosigkeit am europäischen Antisemitismus kritiklos gegenüberzustehen und sie monokausal auf die Geschichte zurückzuführen, zu erklären und zu rechtfertigen. Damit wird die eigenständige Dimension des palästinensisch-israelischen Konflikts und der - trotz einzubeziehender Wirkkraft der Geschichte - existente Handlungsspielraum der Kontrahenten verkannt, d.h. ein Determinismus zur Grundlage gemacht, dessen implizierte Auswegslosigkeit die Sicht auf zukünftige Perspektiven verbaut. Die Wahrnehmung, daß es "...im menschlichen Handeln keine Ursache-Wirkung-Beziehung, sondern nur Bedingungen und Handlungsmöglichkeiten (gibt)" (Reemtsma 1990: 27), wird dem Wunsch nach Eindeutigkeit preisgegeben.

Auf der zweiten Ebene fungiert die Übernahme einer - praktisch bedeutungsleeren - Verantwortung als entlastende Selbsttäuschung, da mit diesem Tunnelblick auf die Vergangenheit dem geschichtlichen Lernen scheinbar

Genüge getan wird, während es sich dabei faktisch um das Abwälzen der weitaus schwierigeren und lebenslänglichen Auseinandersetzung mit eigenen Projektionen, Wahrnehmungs- und Denkmustern handelt. Das manichäische Weltbild als Resultat der Übernahme besonderer Verantwortung demonstriert diesen Sachverhalt nachdrücklich. Die Inhaltsleere und Biegsamkeit des Verantwortungspostulats macht es zu einer mit allem verbindbaren Phrase, die es z.B. im Golfkrieg 1991 ermöglichte, die Kriegsschuldzuweisung an Israel und die Ablehnung von Defensivwaffenlieferungen als Ausdruck der deutschen Verantwortung gegenüber den Juden zu empfinden (vgl. Damus/Ströbele 1991: 142).

Die von Wetzel (1983: 10) angemahnte Konsequenz für jede deutsche Israel-Kritik meint nicht die Übernahme von Verantwortung für andere, sondern die für das eigene Denken und Handeln. Dabei spielt die Tatsache Deutscher zu sein insofern eine Rolle, als daß die Versuchung der Belastung durch die nationalsozialistischen Verbrechen mittels einfacher Schuldzuweisungen im Nahost-Konflikt zu entfliehen, eine Gefahr ist, die nur Deutsche betreffen kann.

3.3 Die grüne Auseinandersetzung mit und über Rassismus, Rassismen[29] und Migrantenpolitik

Unverkennbar in der Tradition der "Neuen Linken" sind weder Shoah noch Antisemitismus Themen, denen von der Mehrzahl der *Grünen* sui generis, unabhängig von aktuellen Kontexten, Bedeutung beigemessen wird. Voraussetzung einer Auseinandersetzung sind stets äußere Anlässe. Hierunter fallen u.a. der Antisemitismus-Vorwurf an die Mitglieder einer Delegation, die 1984 in den Nahen Osten reiste, Gedenktage, wie der 40. Jahrestag des Endes des Zweiten Weltkrieges 1985, der eine Gruppe von *Grünen* zu einem Auschwitz-Besuch bewegte, und eine Reihe von Einzelereignissen wie Bundeskanzler Kohls Berufung auf die Gnade der späten Geburt, dessen Treffen mit US-Präsident Reagan auf dem Bitburger Friedhof sowie eine Welle antisemitischer Ausschreitungen 1985, die die *Grünen* zur Einbringung einer großen Bundestagsanfrage zum Antisemitismus in der BRD veranlaßte. In deren Rahmen wurden einige Fragen formuliert, die sich auf mögliche Zusammenhänge zwischen gegenwärtigen antisemitischen und anderen rassistischen Tendenzen bezogen (vgl. Bundestagsdrucksache 1986: 7). Abgesehen von einem 1988 veranstalteten Antisemitismus-Kongreß,

---

29 Der Begriff 'Rassismen' steht zur Kennzeichnung der unterschiedlichen Formen, in denen sich Rassismus konkret in der gesellschaftlichen Realität manifestiert.

dem singulären Höhepunkt diesbezüglicher Beschäftigung, ist in den folgenden Jahren weder eine Weiterverfolgung dieser gedanklichen Linie konstatierbar noch eine Thematisierung der Möglichkeit, das vielbeschworene 'Lernen aus der Geschichte' praktisch umzusetzen, d.h. aus der Auseinandersetzung mit dem historischen Antisemitismus und dessen nationalsozialistischer Ausprägung gegenwartsrelevante Erkenntnisse über Rassismen zu gewinnen.

3.3.1 Zur Diskussion über Hintergründe und Ursachen des Rassismus in der BRD

Zur Wiederaufnahme der Beschäftigung mit der Rassismus-Problematik bedurfte es eines von vielen *Grünen* als Schock empfundenen Ereignisses (vgl. Fiedeler 1989: 17): der Wahlerfolge der Deutschen Volksunion (DVU) und der Republikaner in Bremen, Berlin und Hessen 1989. Daraufhin setzt eine rege Debatte bei den *Grünen* ein. Dem Thema 'Immigration' kommt dabei eine herausragende Bedeutung zu, da die zentrale Rolle "massiver Ausländerhetze" (Krieger u.a. 1989: 29) für die Programmatik dieser Parteien offenkundig ist und eben darin die Attraktivität für die Wähler liegt, was u.a. in empirischen Umfragen deutlich zum Ausdruck kam (vgl. Spiegel 16/1989: 151-163). Bei den *Grünen* herrscht nach den rechtsextremen Wahlerfolgen schlagartig Gewißheit darüber, daß es sich dabei nur um die Spitze eines bislang nicht wahrgenommenen Eisbergs handelt (vgl. Buntenbach 1989; Krieger u.a. 1989: 28; Trenz 1989: 57). Das Interesse gilt der Frage nach Ursachen, Hintergründen und funktionellem Nutzen rechtsextremer resp. rassistischer Orientierungen und schlägt sich in einer Fülle diesbezüglicher Thesen nieder.

Ein häufig genannter Grund sind materielle Motive. Die ökonomische Krise in der BRD und deren Folgen - fehlende Wohnungen und Arbeitsplätze, Rückgang sozialstaatlicher Leistungen - träfen vor allem die ohnehin sozial Schwachen (vgl. Trenz 1989: 57). Diese sähen in den Immigranten Konkurrenten um Arbeit und Wohnraum und setzten ihre Angst vor dem endgültigen Verlust an gesellschaftlicher Teilhabe in rassistische Aggressionen um. Auch bei den sozialen Schichten, die in keiner direkten Konkurrenz zu den Einwanderern stehen, sei das in den Begriff des Wohlstandschauvinismus gefaßte Motiv der Sorge um den Lebensstandard meinungs- und verhaltensbestimmend (vgl. Cohn-Bendit 1993: 92). Bei der Entstehung von Rassismus mischten sich materielle Gründe mit dem "...Interesse an einer Kontinuität des Vertrauten" (Trenz/Bethscheider 1989: 22). Ein "...in allen Bevölkerungsteilen stark ausgeprägtes Ordnungs- und Besitzstandsdenken..." (Scheuerer 1989: 34) und eine darauf basierende "...kollektive Identität der Bundesdeutschen..." (Trenz/Bethscheider 1989: 22) stehe gegen die Interessen der Immigranten an materieller und sozialer gesellschaftlicher Partizipation.

Im Prozeß der Moderne wird eine weitere Ursache rassistischen Denkens vermutet. Der Bedeutungsverlust sozialer Strukturen wie der Familie und die Individualisierungstendenzen würden von vielen als fehlende Orientierung und wachsende Isolierung wahrgenommen und mit der Hinwendung zu dem identitätsstiftenden Angebot der "Volksgemeinschaft" beantwortet (vgl. Krieger u.a. 1989: 29 f.). Darüber hinaus wird auf das kollektive rassistische Erbe Europas (vgl. Dingel 1986: 30) sowie auf die nicht geleistete Aufarbeitung der nationalsozialistischen Vergangenheit verwiesen, wodurch sich "...heute die Mentalitätsbestände des 'Dritten Reiches' erhalten können" (Trenz 1989: 58). Letztere erfahren ihre Bestätigung und Konsolidierung durch die auf politischer (Stichwort 'Bitburg') und auf wissenschaftlicher Ebene (Stichwort 'Historikerstreit') konstatierbaren Bemühungen um eine Relativierung und Normalisierung des Nationalsozialismus.

Zusammengefaßt lassen sich die von seiten der *Grünen* angeführten Gründe für rassistische Orientierungen als 'materielle und soziale Verelendung' bzw. 'Wohlstandschauvinismus', 'Nationalismus' und 'mentalitätsgeschichtliche Kontinuität' bezeichnen.

Hinsichtlich der Gewichtung dieser Thesen ist bei den *Grünen* kein Konsens erkennbar - ein Umstand, der um so schwerer wiegt, als daß ein derart weitgestreutes Ursachen-Spektrum die Entwicklung von Anknüpfungspunkten für gegensteuernde Konzepte behindert und in der Öffentlichkeit ein höchst zwiespältiges Bild vermittelt wird. Einerseits heißt es: "Die Ursachen (für den Rassismus; A.L.) liegen auf der Hand: Soziale und wirtschaftliche Talfahrt im Osten, Angst vor Wohlstandsverlusten im Westen" (Bündnis 90/Die Grünen 1991: 1). Andererseits wird explizit davor gewarnt, das im Kontext rechtsextremer Orientierungen auftretende Phänomen Rassismus in traditionell antifaschistischer Manier auf ökonomische Krisensituationen zurückzuführen (vgl. Krieger u.a. 1989: 28 f.). Ähnlich kontrovers wird die Bedeutung mentalitätsgeschichtlicher Kontinuitäten für gegenwärtige rassistische Denkstrukturen eingeschätzt. Während in der 1986 verabschiedeten Resolution zu alternativer Flüchtlingspolitik von einem engen Zusammenhang zwischen Rassismus und dem Versuch, die nie geleistete Vergangenheitsaufarbeitung endgültig ad acta zu legen, gesprochen wird (vgl. Fraktion der AL Berlin 1986a: 61), heißt es andernorts:

"Wir wissen, daß es Antisemitismus gibt, daß die Naziverbrechen verdrängt, verharmlost und sogar geleugnet werden, daß die Überlebenden beleidigt und erneut bedroht werden. Aber das hat mit den Erfolgen der Republikaner nichts zu tun" (Knapp/Kretschmann: 1989: 45).

Hintergrund dieser unterschiedlichen Auffassungen ist die Frage, ob der Rassismus in der BRD vor allem als Bestandteil eines gesamteuropäischen Phänomens zu bewerten sei, oder ob es sich nicht in weiten Teilen um ein deutsches Spezifikum handle, das zusammen mit dem Nationalismus "...aus dem Schatten Hitlers heraus(tritt)..." (Demonstrationsaufruf "Nie wieder Deutschland" 1990: 236) und somit direkt auf den Nationalsozialismus zurückführbar ist.

Quer zu diesen Diskrepanzen über die Ursachen steht das Problem, inwieweit rassistische Orientierungen auf externe Einflüsse rückführbar sind, konkret: auf die "Ausländerpolitik" der Regierung sowie auf die gezielte Verbreitung rassistischer Argumentationsmuster durch Politik und Medien zur Deutung gesellschaftlicher Fehlentwicklungen und Defizite. Innerparteilich unumstritten ist die Existenz solcher Einflüsse:

"Indem die Bundesregierung Panikmache vor angeblicher `Überfremdung´ betreibt, falsch(!) Zahlen und Informationen über Flüchtlinge verbreitet und das Asylrecht aushöhlt, den EinwanderInnen jegliche Rechtsansprüche verweigert und die Rechte von EinwanderInnen immer neu zu beschneiden sucht, hat sie die Verbreitung rechtsextremer Auffassungen nicht nur nicht bekämpft, sondern den Rassismus in diesem Punkt zur Regierungspolitik gemacht" (GAL-Rundbrief 1989: 25).

Hinsichtlich des Stellenwerts dieser Form externer Beeinflussung für die Herausbildung eines rassistischen Bewußtseins und für die Vertretung rassistischer Positionen lassen sich unterschiedliche Nuancierungen feststellen. In dem Aufruf der *Grünen* "Gegen Gewalt und Fremdenhaß" reduzieren sich die Gründe für Rassismus darauf, daß "...die Köpfe...gefüllt (werden) von den Reden der Politiker, mit den Überschriften der Zeitungen, die jetzt die Asylfrage instrumentalisieren" (Standort: Archiv "Grünes Gedächtnis"). Eine vergleichbar dominante Bedeutung wird der regierungsamtlichen "Ausländerpolitik" beigemessen, indem in einer veränderten Politik - z.B. durch Verwirklichung eines Einwanderungsgesetzes - ein Mittel zum Abbau von Rassismus gesehen wird (vgl. Ceyhun 1991: 46).

Diese Argumentation birgt zwei umstrittene Implikationen. Erstens die Auffassung, daß Rassismus als Reaktion auf aktuelle Politik und gegenwärtig propagierte Denkmuster zu verstehen sei, woraus die Annahme eines kurzfristig möglichen Abbaus von Rassismus durch andere gesetzliche Regelungen resultiert. Demgegenüber geht z.B. Cohn-Bendit (1989: 25) davon aus, daß rassistisches Bewußtsein langfristig in den Köpfen haften bleibt. Zweitens kommt in der oben skizzierten Ansicht ein Menschenbild zum Ausdruck, das von der Überzeugung prinzipieller menschlicher Gutartigkeit bei gleichzeitiger Wehrlosigkeit gegen politische Propaganda 'von oben' geprägt ist. Gegen eine solche Sichtweise wenden sich Krieger u.a. (1989: 29), wenn sie schreiben, daß es "...keinen Grund (gibt) anzunehmen, daß Menschen, die eine Partei wählen, die mit massiver Ausländerhetze Wahlkampf macht, nicht auch genau das wollen, was ihnen von dieser Partei angeboten worden ist(,)...(sondern) von Demagogen verführt worden seien...". Deutlich wird die Brisanz einer Rassismus-Deutung, die den Aspekt der 'Verführung' in den Vordergrund stellt durch die Gegenüberstellung des primär von konservativer Seite gepflegten "Mythos des verführten Volkes" (Vollmer 1985: 3) im Nationalsozialismus.

Die hier aufgezeigten Widersprüchlichkeiten und fragmentarischen Denkansätze hängen damit zusammen, daß die Auseinandersetzung mit historischen und jetzigen Rassismen bei den *Grünen* zu keinem Zeitpunkt über den Rahmen tagespolitischer Diskussion hinausging. Hinzu kommt ein - im zweiten Arbeitsteil - behandeltes Grundsatzproblem links-grüner Politik: das ambivalente Verhältnis der deutschen Linken zu ihrem Volk.

3.3.2 Einwanderungsbeschränkungen vs. 'Offene Grenzen' - Über eine prototypische Kontroverse der *Grünen*

Die Kontroverse über Sinn und Zweck von Einwanderungsgesetzen und -quoten nimmt einen wichtigen Platz in der grünen Migrantenpolitik ein. Angesichts der oft verwirrenden Terminologie, der sich Medien und Politiker bedienen, muß vorab klargestellt werden, daß diese Auseinandersetzung den Umgang mit sog. Wirtschaftsmigranten betrifft. Das nach Auffassung einer grünen Mehrheit nicht zur Disposition stehende Recht auf Asyl für Hungernde und Verfolgte wird von dieser Diskussion nicht berührt.

Faktoren wie rechte Wahlerfolge, der zunehmende Rassismus in der bundesdeutschen Bevölkerung bzw. die steigende Bereitschaft, sich offen und z.T. gewalttätig dazu zu bekennen, sowie die damit einhergehende restriktive "Ausländerpolitik" der Regierung üben einen wachsenden Druck auf die *Grünen* aus, ein eigenes Konzept zu entwickeln und überzeugend, innerparteilich konsensuell zu vertreten. Konsequenz ist eine steigende Heftigkeit in der Debatte um Einwanderungsbeschränkungen und offene Grenzen, wobei das wiederholte Vorbringen gleicher Argumente weder einen greifbaren Diskussionsfortschritt zuläßt noch die Spaltung der *Grünen* über diesen Punkt überwinden hilft, was zuletzt durch den mit äußerst knapper Mehrheit erfolgten Beschluß zu offenen Grenzen auf der Bundesdelegiertenkonferenz im Mai 1992 nachdrücklich demonstriert wird.

Ursprung und Hintergrund der Forderung nach offenen Grenzen ist die Einschätzung, "...daß die Beschränkung auf eine defensive Flüchtlingspolitik - Verteidigung des Grundrechts auf Asyl, Verhinderung von Abschiebungen in Kriegs- und Krisengebiete u.ä. -..." (Schwarzrock 1989: 9) nicht ausreiche, um gegen die 1986 - unter Federführung des damaligen Innenministers Zimmermann - betriebene Verschärfung der "ausländerpolitischen" Maßnahmen und gegen die damit einhergehende Forcierung eines öffentlichen Klimas, innerhalb dessen MigrantInnen primär als Bedrohung und Belastung wahrgenommen wurden, anzugehen. Daher sei es notwendig - in Form der Forderung nach offenen Grenzen - eine offensive Antwort und radikale Gegenposition zur Regierungspolitik zu formulieren. Den Befürwortern von Einwanderungsbeschränkungen wird vorgeworfen, daß ihre Haltung ein Zugeständnis an die Akzeptanz der deutschen Bevölkerung sei (vgl. Roth 1991: 31).

Die Kontroverse 'Offene Grenzen' vs. Einwanderungsquoten wird auf zwei Ebenen geführt. Erstens auf der Ebene direkt sachbezogener Auseinandersetzung, auf der die möglichen praktischen Konsequenzen, die sich aus der Verwirklichung der jeweiligen Konzepte ergeben, diskutiert werden. Im Zentrum steht hierbei die Frage nach der Anzahl der zu erwartenden Migranten. Während die eine Seite auf die - trotz bestehender Freizügigkeit innerhalb der EG - ausbleibende Massenemigration aus den wirtschaftlich schwachen EG-Ländern Spanien, Portugal und Griechenland verweist und daher den Glauben an eine quantitativ nicht bewältigbare Immigration in die BRD als unrealistische Unterstellung bezeichnet (vgl. Meneses-Vogl 1989: 53), prognostizieren die Vertreter von Einwanderungsquoten eine hohe Zahl Immigrationswilliger und halten ihre Beschränkung und Lenkung daher für notwendig. Im Zusammenhang damit steht der Streitpunkt, ob und mit welchen Konsequenzen von der Existenz einer ökonomischen Belastbarkeitsgrenze des bundesdeutschen Wirtschafts- und Sozialsystems gesprochen werden kann.[30] Auf der ersten Diskussionsebene bewegt sich das Argument der Quoten-Gegner, daß eine solche Grenze nicht quantifiziert werden könne und der Eindruck ihrer Existenz auf die wohnungs-, arbeitsmarkt- und sozialpolitische Inaktivität der Bundesregierung zurückzuführen sei, d.h. auf einem bewußt und selbst geschaffenen Notstand beruhe (vgl. Meneses-Vogl 1989: 53).

---

30 Die von einer grünen Minderheit ausgemachte ökologische Belastbarkeitsgrenze der BRD als Argument gegen offene Grenzen (vgl. Kang 1989: 10) soll wegen ihres bizarren Charakters zumindest erwähnt werden.

Ein weiteres Argument - die Ausbeutung der Peripherie durch die Industriestaaten betreffend - führt direkt auf die zweite Diskussionsebene, in deren Zentrum Fragen der Moral und des grünen Selbstverständnisses stehen. In diesen Kontext gehört u.a. die globale politisch-moralische Verantwortung der Industriestaaten für das Elend in der Peripherie und deren Verpflichtung, "...für dessen `Folgekosten´ aufzukommen" (Schwarzrock 1989: 10). Der Bruch mit der herrschenden Politik nationaler Interessenvertretung sei Voraussetzung einer alternativen Migrantenpolitik, die "...beim Kampf für die Verwirklichung der Menschenrechte keine Kompromisse und keine Grenzen...kenne()" und "...sich für die vollständige rechtliche, politische, soziale und ökonomische Gleichheit aller Menschen einzusetzen (habe)" (ebd.). Dem wird entgegengehalten, daß dieser "hohe idealistische Anspruch" (Trenz 1989: 2) bei gleichzeitigem Fehlen konkreter Ausgestaltungskonzepte bedeute, Immigranten zu mißbrauchen, "...um hehre Forderungen an die BRD zu stellen..." (ebd.: 3). Eine solche Position sei lediglich geeignet, sich selbst die richtige Gesinnung zu attestieren.

Neben der ökonomischen Belastbarkeitsgrenze ist die Existenz einer kulturellen "Zumutbarkeitsgrenze" zentraler Streitpunkt. Dieser Terminus rekurriert auf den Grad der in der deutschen Bevölkerung herrschenden Bereitschaft, mit Menschen, die in anderen Kulturen aufgewachsen sind, zusammenzuleben, m.a.W. auf die Frage, in welchem Verhältnis die Zahl der Immigranten zur Verbreitung von Rassismus steht. Von den Vertretern offener Grenzen wird dem Argument einer politisch zu berücksichtigenden Zumutbarkeitsgrenze mit widersprüchlichen Aussagen begegnet. Auf der einen Seite steht der Verweis auf den Rassismus in den migrantenarmen neuen Bundesländern, der die "...einfache Gleichung `Weniger Ausländer = weniger Rassismus´...als Milchmädchenrechnung entlarvt..." habe (Roth 1991: 31), d.h. die Existenz eines Zusammenhangs und eines daraus resultierenden Konfliktpotentials wird bestritten. Andererseits wird eine solche Kohärenz angedeutet, wenn von der offenen multikulturellen Gesellschaft als einem sehr konfliktreichen Gebilde mit notwendig harten innergesellschaftlichen Auseinandersetzungen die Rede ist (vgl. Meneses-Vogl 1989: 54) oder wenn von der durch Einwanderungsbeschränkungen möglichen Befriedigung des "...allgemeine(n) Sicherheitsbedürfnis(ses) der ansässigen Bevölkerung..." (Scheuerer 1991: 37 f.) gesprochen wird.

Wegen der erwarteten Probleme auf die Forderung nach offenen Grenzen zu verzichten, bedeute jedoch, "...die politisch-moralische Mitverantwortung für die weltweite Barbarei aus unserem Bewußtsein zugunsten einer lokalen, regionalen oder nationalen `Idylle´ auszublenden" (Schwarzrock 1989: 11). In den gleichen Kontext gehört der Vorwurf, daß der gesamten

Diskussion um ein Einwanderungsgesetz eine eurozentristische Perspektive zugrundeläge, die die Interessen der wohlhabenden Deutschen/Europäer für wichtiger erachte als die der Migranten (vgl. Scheuerer 1991: 39). Demgegenüber sei es notwendig, daß die *Grünen* "...klarmachen, daß sie auf der Seite der Flüchtlinge stehen..." (Roth 1991: 33).[31]

In der Debatte Einwanderungsquoten vs. 'Offene Grenzen' treten in einer für die *Grünen* charakteristischen Weise die sachbezogenen Argumente hinter moralische Anschuldigungen zurück, zu deren Begründung auf das grüne Selbstverständnis rekurriert wird. Es ist nicht verwunderlich, daß die moralische Dimension von den Befürwortern offener Grenzen in die Diskussion eingebracht wurde, da sich radikale Forderungen durch ihre Affinität zu moralischen Postulaten auszeichnen und in ihnen ihre Rechtfertigung finden. Die Berufung auf eine moralische Verpflichtung wird verbunden mit dem Hinweis auf programmatische Grundsätze der *Grünen* wie Menschenwürde, Menschen- und Selbstbestimmungsrecht (vgl. Kukielka 1989: 2) und allgemeine grüne Ziele, wie die Überwindung nationalstaatlichen Denkens, denen ein in der "...Logik klassischer Nationalstaatspolitik" (Scheuerer 1991: 39) bewegendes Einwanderungsgesetz widerspräche. Seitens der Vertreter von Einwanderungbeschränkungen sind offensive Entgegnungen wie die, daß jede Quotierung bedeute, sich "die Hände schmutzig" (Trenz 1989a: 5) zu machen, selten. Stattdessen wird die Argumentation der anderen umgedreht, die Unmoral beim innerparteilichen Gegner verortet, der die Migranten für eigene politische Zwecke instrumentalisiere (vgl. Knapp 1988) und der Verrat am grünen Prinzip Menschenwürde in der Ignoranz gegenüber der notwendigen Schaffung menschenwürdiger Lebensbedingungen gesehen (vgl. Trenz 1989a: 3).

Auch der Vorwurf einer Mißachtung des grünen Grundsatzes schlechthin - gemeint ist das in Satzung und Bundesprogramm an erster Stelle stehende Postulat "Wir sind die grundsätzliche Alternative zu den herkömmlichen Parteien" - findet sich spiegelbildlich bei den Kontrahenten. Während die einen in der Tatsache, daß die *Grünen* ebenso wie CDU und SPD über Einwanderungsgesetze nachdenken, ein Indiz für ihre Bereitschaft, sich in den politischen 'mainstream' einzuordnen, sehen (vgl. Scheuerer 1991: 34 f.), weisen die anderen auf die gemeinsame Gegnerschaft von linken Grünen und Regierungsvertretern in punkto Einwanderungsgesetzen hin (vgl. Ceyhun 1991: 46). Nicht zuletzt wird von beiden

---

31 Der sich aufdrängende Eindruck, daß die unterschiedlichen Positionen sich entlang der Front zwischen grünen 'Realos' und Linken bewegen, ist nicht durchgängig belegbar. So ist z.B. Trenz gleichzeitig eine der engagiertesten Vertreterinnen von Einwanderungsgesetzen und Mitbegründerin des "Linken Forums".

Seiten die Ansicht vertreten, daß die andere Position dazu dient, den Rassismus in der deutschen Bevölkerung zu schüren (vgl. Knapp 1988 und als Gegenposition Roth 1991: 30).

3.3.3 Die multikulturelle Gesellschaft als Perspektive - Probleme und Widersprüche bei der inhaltlichen Ausgestaltung

So kontrovers die Frage von Einwanderungsbeschränkungen innerhalb der *Grünen* diskutiert wird, so übereinstimmend propagieren alle Seiten die multikulturelle Gesellschaft als Ausgangspunkt und Ziel von Immigrantenpolitik. Ausgangspunkt insofern, als dieser Begriff die bereits stattgefundene Immigration ausdrückt, während die Beseitigung der rechtlichen Ungleichstellung und der gesellschaftlichen Außenseiterposition der Immigranten zu den Zielvorgaben grüner Politik gehört. Weitgehende Einigkeit scheint auch darüber zu bestehen, daß der seit Mitte der 80er Jahre bei allen Parteien kursierende Begriff der multikulturellen Gesellschaft als "Allheilmittel" (Trenz 1989a: 5) für gesellschaftliche Konflikte bzw. "...als Allzweck-Barbiturat gegen die Rechtextremisten und Konservativen..." (Meneses-Vogl 1989: 54) Verwendung findet und eher Symbol politischer Willenserklärung denn gesellschaftspolitisches Konzept ist.

Basis der multikulturellen Gesellschaft ist nach Ansicht der *Grünen* die rechtliche Gleichstellung der Immigranten, zu deren Verwirklichung eine Reihe von Gesetzesentwürfen ausgearbeitet wurde. So z.B. ein Einbürgerungsgesetz, wonach Immigranten und ihren Kindern durch fünfjährigen Aufenthalt bzw. Geburt in der BRD die deutsche Staatsbürgerschaft zusteht, und ein Gesetzesentwurf, der eine Beschränkung des Nachzugs von Ehegatten in die BRD verbietet und diesen ein eigenständiges Aufenthaltsrecht zuerkennt. Während im rechtlichen Bereich seit 1989 einige konkrete Konzepte vorliegen, bleiben die Bemühungen, die gesellschaftliche Dimension der multikulturellen Gesellschaft zu erfassen, ungenau und widersprüchlich. Klar ist nur, was multikultureller Gesellschaft nicht ist [32]:

> "'Multikulturelle Gesellschaft' bezeichnet keine 'Minderheitenpolitik', die kulturelle Eigenheiten als folkloristische Beigabe zur Lebensart der Mehrheit duldet und sie auf Bauchtanz, Kepab und exotisches Outfit reduziert, sondern steht für ein Gesellschaftskonzept, das die Umgestaltung aller Lebensbereiche umfaßt" (Bethscheider 1990: 19).

---

[32] Mit dem Ende 1992 erschienenen Buch "Heimat Babylon" liegt mittlerweile der erste Versuch einer Konturierung des Projekts einer multikulturellen Gesellschaft vor. Inwieweit die Auffassungen der Autoren Cohn-Bendit und Schmid für die *Grünen* repräsentativ sind, bleibt abzuwarten.

Da eine solche Umgestaltung alle betrifft, gilt das gegen die Position der offenen Grenzen angeführte Argument, daß damit ein hoher idealistischer Anspruch an die Gesellschaft gerichtet würde, offenkundig generell für die multikulturelle Gesellschaft. Das Ziel einer umfassenden Umgestaltung von Arbeit, öffentlichen Ämtern, Medien und Bildungspolitik (vgl. Trenz/Bethscheider 1990: 3), verlangt in jedem Fall eine breite Akzeptanz in der deutschen Bevölkerung erscheint der Streit um das Für und Wider von Einwanderungsbeschränkungen über diesen Punkt als sekundär erscheinen.

Bezogen auf den angestrebten, tiefgreifenden gesellschaftlichen Wandel und dessen weitreichende Folgen für die deutsche Mehrheit wirken die Antworten der *Grünen* auf die bereits offensichtlichen und in Zukunft zu erwartenden Akzeptanz-Probleme hilflos und undurchdacht. Die Vorschläge zur Verbesserung der Akzeptanz lassen sich auf zwei Muster reduzieren: erstens der Appell an die Deutschen, Konfliktfähigkeit und Toleranz zu lernen (vgl. Bethscheider 1990: 17); zweitens der Verweis auf die Vorteile einer multikulturellen Gesellschaft, da "...das Zusammentreffen unterschiedlicher Kulturen als Bereicherung für die gesellschaftliche und kulturelle Entwicklung hierzulande..." (Trenz/Bethscheider 1989a: 27) zu betrachten sei. Zusammengenommen ergibt sich daraus die Möglichkeit, "...den Reiz an kultureller Vielfalt...als Entwicklungshebel für kulturelle Toleranz zu nutzen" (Vollmer/Ulrich 1989: 34). Derartige Entgegnungen stehen in einem auffälligen Kontrast zu den Zweifeln Grüner an der Bereitschaft der eigenen Parteimitglieder und Sympathisanten, sich ihr deutsches Weltbild bewußt zu machen und es in Frage zu stellen (vgl. Trenz 1989a: 3). Der Umgang mit dem Problem der Akzeptanz, das nichts anderes als das positiv gewandte Rassismus-Problem ist, verdeutlicht, daß eine der zentralen Schwierigkeiten bei dem grünen Verständnis von multikultureller Gesellschaft daraus resultiert, "...daß darin der Abbau von Rassismus mitgedacht ist, was auf eine diffuse Rassismus-Vorstellung hinweist" (Kalpaka/Räthzel 1990: 77).

Ein zweites schwer faßbares und von Widersprüchen durchzogenes Themenfeld innerhalb der grünen Bemühungen um eine inhaltliche Ausgestaltung der multikulturellen Gesellschaft betrifft die Frage nach der Rezeption des Kultur-Begriffs, nach dem Verhältnis von Individuum und Kultur und der kulturellen Basis der angestrebten Gesellschaft. Weitgehende Einigkeit und Eindeutigkeit besteht über die Ablehnung des Zwangs zur kulturellen Integration von Minderheiten (vgl. GAL-Rundbrief 1989: 25) sowie darüber, daß Kultur sich nicht auf Kunst und folkloristische Beigabe beschränken lasse, sondern die gesamte Lebensweise umfasse (vgl.

Trenz/Bethscheider 1989a: 28). Hieraus resultieren jedoch Forderungen, die ihrem Inhalt nach inkompatibel sind. So wird von der "...Notwendigkeit einer interkulturellen Erziehung für alle in der Bundesrepublik lebenden Menschen,...d.h. eine(r) völlige(n) Änderung der Bildungspolitik und ihrer Bildungsinhalte" (Trenz 1990: 3) gesprochen, während im nächsten Satz eine Unterstützung ethnischer Minderheiten verlangt wird, "...um autonom in ihrer Tradition und Kultur leben zu können". Die in dem Begriff der Interkulturalität mitgedachte Aufweichung tradierter kultureller Muster wird durch die zwangsläufig geförderte Verfestigung selbiger innerhalb eigengesetzlich lebender Minderheiten konterkariert. Zudem verbirgt sich hinter der Vorstellung einer möglichen kulturellen Autonomie innerhalb einer Gesellschaft ein statisches Verständnis von Kultur, das auch im Terminus der multikulturellen Gesellschaft impliziert ist. Dies widerspricht der von den *Grünen* geforderten interkulturellen Auseinandersetzung ebenso wie der explizit angestrebten Überwindung des statischen Kultur-Begriffs (vgl. Trenz/Bethscheider 1989a: 28).

Eine aus den Reihen der *Grünen* stammende Kritik an der Verwendung des Begriffs der multikulturellen Gesellschaft wendet sich gegen die konservative Besetzung dieses Ausdrucks als "...Instrument zur Entpolitisierung einer in Wirklichkeit eminent politischen Debatte" (Schmidt/Schwarzrock 1989: 54). Der Weg dieser Entpolitisierung verlaufe über die Verdrängung der öffentlichen Diskussion über Maßnahmen zum Abbau von Diskriminierungen durch rechtliche Änderungen hin zur Anpreisung der Vorteile kultureller Vielfalt (vgl. ebd.).

Interessanterweise wird mit dieser Entwicklung gleichzeitig die Verlagerung des Schwerpunkts in der migrantenpolitischen Diskussion der *Grünen* beschrieben. In der ersten - 1984 erschienenen - Broschüre, die den Versuch unternahm, grüne Positionen zur Migrantenpolitik programmatisch zu formulieren, fehlte zwar nicht das Bekenntnis zur multikulturellen Gesellschaft, ihre Verwirklichung wurde jedoch ausschließlich unter dem Aspekt rechtlicher Gleichstellung und der Bekämpfung rassistischer Diskriminierungen gesehen (vgl. GAB 1984). Gleiches gilt für die 1986 verabschiedete Resolution zur alternativen Flüchtlingspolitik. Spätestens mit dem Beschluß "Mut zur multikulturellen Gesellschaft" von 1989 ist die Verdrängung der angeführten Aspekte aus dem Zentrum der politischen Diskussion offensichtlich, an deren Stelle die kulturellen Implikationen des Themas treten. Die Entpolitisierung ist somit eine von den *Grünen* mitzuverantwortende Entwicklung.

Um dieser Tendenz entgegenzuwirken, wird von Teilen der *Grünen* gefordert, daß "...das Ziel der Verwirklichung einer `multikulturellen

Gesellschaft' immer mit der politischen Perspektive der Realisierung einer `nationenüberwindenden Demokratie' verbunden werden (soll)" (Schmidt/Schwarzrock 1989: 55), die Raum für die Entfaltung eines nicht mehr national, sondern individuell definierten Selbstbestimmungsrechts bietet. Konsequent weitergedacht kann mit der Einführung eines individuellen Selbstbestimmungsrechts der grünen Tendenz, Immigranten als "homogene Blöcke" (Cohn-Bendit 1989: 34) wahrzunehmen, begegnet und dem Umstand Rechnung getragen werden, daß sich trotz gleicher kultureller Prägung und ethnischer Herkunft die zu bewältigenden Probleme und die Art des Umgangs mit ihnen bei Immigranten völlig verschieden darstellen (vgl. Kalpaka/Räthzel 1990: 50 f.). Gleichzeitig bedeutet der Einbezug des Individuums eine Relativierung der Auffassung, daß die determinierenden Demarkationen innerhalb einer solchen Gesellschaft entlang der Fronten zwischen kulturellen Kollektiven verlaufen, wie es der Begriff der multikulturellen Gesellschaft suggeriert.

Der von den Vertretern dieser Position intendierte Weg zu einer solchen Gesellschaft in Form einer "...interkulturelle(n) Auseinandersetzung in gegenseitiger Toleranz" (Schmidt 1989: 31) beinhaltet jedoch widersprüchliche und problematische Elemente. Widersprüchlich insofern, als sich in dem Begriff der interkulturellen Auseinandersetzung das Denken von kulturellen Unterschieden als primäre Trennlinien der Lebenswelten von Deutschen und Immigranten reproduziert. Problematisch insofern, als diese Formulierung zwei Deutungen zuläßt, die sie gleichermaßen fragwürdig erscheinen lassen: erstens, daß der Toleranzbegriff als uneingeschränkter verstanden wird und damit auf das Paradoxon einer Auseinandersetzung in völliger Toleranz hinausläuft, d.h. auf eine Auseinandersetzung, die keine ist, weil a priori nichts zur Disposition steht; zweitens, daß in diese Auseinandersetzung weitreichende, nicht-verhandelbare Werte eingehen, wie es die Forderung nach einem gemeinsamen Kampf gegen Faschismus, Rassismus und Sexismus und für die Abschaffung des statischen Kulturverständnisses (vgl. ebd.) vermuten läßt. Dies würde in der Praxis bedeuten, daß es sich nicht um eine (inter-)kulturelle Auseinandersetzung, sondern um eine politische Kontroverse handelt, da faschistische, rassistische und sexistische Einstellungen bei Deutschen und Nicht-Deutschen ebenso zu finden sind wie die Forderung nach Bewahrung der `eigenen' Kultur[33].

---

33 Der Grund, weshalb hier wie im folgenden Begriffe wie `eigene' resp. `eine' Kultur in halbe Anführungszeichen gesetzt werden, beruht auf dem darin zum Ausdruck kommenden Kulturverständnis, nach dem sich diese entlang einer festen - zumeist ethnisch oder national definierten - Abstammungsgrenze als homogene und statische Einheit determinieren läßt. Dabei handelt es sich nicht nur unter Immigrationsbedingungen um ein zwar wirkungsmächtiges,

Für die überwiegende Zahl der Publikationen gilt jedoch, daß die Antworten auf die Frage nach der inhaltlichen Gestaltung der multikulturellen Gesellschaft vom Denken in Kultur-Kollektiven dominiert sind. Dies findet seinen offensichtlichsten Ausdruck in der Vorstellung von der multikulturellen Gesellschaft als einer, in der es nicht um die Durchsetzung linker Inhalte gehe, sondern in der "... verschiedene Werte und vor allem verschiedene Zeiten...anerkannt sind und koexistieren" (Schmid 1989: 543). Fraglich bleibt, inwieweit es sinnvoll erscheint, dieses Konzept einer Addition kultureller Kollektive, das nicht auf der interaktiven Auseinandersetzung um eine gemeinsame Basis, sondern auf einem vorbehaltlosen Werterelativismus beruht, in den Begriff Gesellschaft zu fassen, der gerade durch die Existenz von Interaktionen zwischen Individuen bzw. Bevölkerungsgruppen definiert ist (vgl. Strasser 1985: 288 f.).

Eine weitere grüne Position kommt - ausgehend vom gleichen kulturellen Blockverständnis, jedoch unter Verneinung des Werterelativismus - zu einer anderen Auffassung über die anzustrebende Gesellschaft. Dabei wird explizit davor gewarnt, "...die eigene europäische Kultur und die universellen Standards der Menschenrechte (zu) verbeliebig(en)" (Knapp/Kretschmann 1989: 44), d.h. ihr Kernstück bilden nicht zur Disposition stehende Werte, die als eigene identifiziert werden. Die als Beispiel angeführte Unmöglichkeit einer Koexistenz "zwischen dem Menschenrechtskatalog des Grundgesetzes und schiitischem Fundamentalismus..." (ebd.) ist zweifellos berechtigt, beruht jedoch auf einer - für diese Position charakteristischen - unredlichen Gegenüberstellung. Hier wird eine Ausprägung des Islams gegen einen Aspekt europäischer Kultur aufgerechnet, wobei letztere ebensogut mit der ihr entstammenden Ideologie des Rassismus identifiziert werden könnte (vgl. Poliakov/Delacampagne/Girard 1984: 166).

Das Bemühen, dem Vorwurf des politischen Indifferentismus, dem der Relativismus als eigener Wert gilt und der von daher auf eine inhaltliche Gestaltung der Gesellschaft verzichtet, ebenso zu entgehen wie dem des Eurozentrismus, der die europäische Kultur allein mit den Menschenrechten gleichsetzt und daraus seinen Anspruch auf Dominanz ableitet, drückt sich

---

jedoch fiktives Konstrukt: erstens weil Kultur "...nur in dem gegebenen Feld der Möglichkeiten und Zwänge..." (Clarke zit. bei Kalpaka/Räthzel 1989: 94) reproduziert und vermittelt wird, d.h. einem beständigen Wandlungsprozeß unterworfen ist, der auf die Veränderung der aktuellen Lebensbedingungen reagiert und daher selbst die Re-Islamisierungswelle in den moslemischen Staaten aufgrund ihrer Prägung durch diese Folie und entgegen ihres Anspruchs kein identisches Abbild vorkolonialer Gesellschaft hervorbringen kann; zweitens stellt sich die Art und Weise so unterschiedlich dar, wie Kultur erfahren wird - z.B.geschlechtsspezifisch - , daß die Behauptung *einer* Wahrnehmung die reale Komplexität nicht erfasst.

in dem Versuch aus, die Vermeidung beider Positionen als neue Konzeption zu formulieren. Kennzeichnend hierfür ist die Anerkennung von Toleranzgrenzen bei gleichzeitiger Betonung der "...prinzipielle(n) Gleichwertigkeit der Kulturleistungen aller Völker..." (Trenz/Bethscheider 1989a: 28), wobei die Idee einer gesellschaftlichen Auseinandersetzung bei der "...weder ausgegrenzt noch akklamiert wird" (ebd.) in einem unlösbaren Spannungsverhältnis zur beschränkten Toleranz steht. Dezidierter ist die Auffassung, daß 'multikulturelle Demokratie' "...ein gemeinsames Verständnis verbindlicher Werte (braucht), über die Einigkeit hergestellt werden muß" (Cohn-Bendit/Schmid 1992: 319), die eine nicht nur strukturelle Vorstellung vom Verlauf dieser Toleranzgrenzen vermittelt.

Für die *Grünen* hat das Thema 'Kultur' nicht nur im Internationalismus-Bereich eine zentrale Bedeutung erlangt. Durch die hier skizzierte, bislang nicht abgeschlossene Diskusssion über die kulturellen Aspekte der Einwanderungsgesellschaft ist die Problematik der rechtlichen Gleichstellung in den Hintergrund gedrängt worden. Dieser Verdrängungsprozeß läßt sich zumindest partiell damit erklären, daß es bei der Auseinandersetzung über Kultur(en) und Identität(en) um 'weiche' Begrifflichkeiten geht, bei denen es - anders als bei Rechtsfragen - nicht nur ein Für und Wider, sondern ein ganzes Spektrum an differierenden, selten konkret faßbaren Interpretationen und Anschauungen gibt.

4. Zusammenfassung: Nationale und internationale Perspektiven der "Neuen Linken" - Veränderungen, Verzahnungen und Brüche

In der Auseinandersetzung der "Neuen Linken" mit den behandelten Politikfeldern lassen sich im Verlauf ihrer 30jährigen Geschichte Kontinuitäten und Diskontinuitäten feststellen, die zwei Ebenen der Rezeption betreffen: erstens die des Inhalts der in den jeweiligen Themenbereichen vertretenen Positionen sowie zweitens die Meta-Ebene der Perspektive und des Kontextes, in dem sich diese Positionen bewegen. Obwohl zwischen beiden Ebenen Verknüpfungen bestehen, die eine exakte Trennung verunmöglichen, ist die - primär auf eine der Ebenen - beschränkte Herangehensweise besser in der Lage, übergreifende Entwicklungslinien aufzuzeigen. Da sich der zweite Teil der Arbeit überwiegend den inhaltlichen Aspekten widmet, ist der Ausgangspunkt dieses Kapitels die Frage nach der o.g. Meta-Ebene.

Bei Betrachtung der Entwicklung des SDS ist durchgängig, alle untersuchten Politikfelder betreffend, eine perspektivische Veränderung zu verzeichnen, die als Wechsel vom kleinen zum großen Bereich oder vom Konkreten zum Abstrakten charakterisiert werden kann. Dies betrifft die Rezeption innerhalb der Themenkomplexe ebenso wie deren Bedeutung für den SDS.

Während in der ersten Hälfte der 60er Jahre die Deutschlandpolitik breiten Raum einnimmt, wird die Beschäftigung mit dieser begrenzten und spezifischen Thematik danach von der Konzentration auf internationale Zusammenhänge abgelöst. Im Mittelpunkt des deutschlandpolitischen Engagements steht die Veränderung der bundesrepublikanischen Verhältnisse, deren Stagnation auf den tradierten Antikommunismus und seine Verfestigung durch den mit der DDR identifizierten Kommunismus zurückgeführt wird. Mit der Entdeckung des Internationalismus verliert der Blick auf die BRD und auf bundesdeutsche Spezifika seine Bedeutung. In der nun dominant werdenden Perspektive auf den Gegensatz zwischen Metropolen und Peripherie erscheint die BRD lediglich als *ein* Element der imperialistischen Front gegen die Befreiungsbestrebungen der Peripherie, das zudem im Schatten der imperialistischen Großmacht USA steht.[34] Mit diesem Wechsel des Blickwinkels geht die Veränderung einer Determinante im politischen Weltbild einher. Ein wichtiger Bestandteil der deutschlandpolitischen Aktivitäten ist das Bemühen, die Reduzierung der Systemalternativen auf zwei Möglichkeiten und den daraus resultierenden Zwang zu einem Entweder-Oder-Bekenntnis als propagandistisches Herrschaftsinstrument zu entlarven, das differenziertes Denken verhindert. Das in dieser Intention enthaltene Element der Ablehnung des manichäischen Gut-Böse-Schemas verliert mit dem Übergang zur globalen Perspektive seine Gültigkeit. Die klare Einteilung in imperialistische und antiimperialistische Kräfte läßt jenen Manichäismus zum konstitutiven Element werden, der in der Deutschlandpolitik als eine Ursache für Denkverbote galt.

Die Entwicklung weg vom konkreten Bezug auf die bundesdeutsche Gesellschaft und Wirklichkeit, hin zur davon abstrahierenden Rezeption von Politik wird auch am veränderten Blick auf die Rolle Israels offensichtlich. Bis Mitte der 60er Jahre wird das Thema Israel ausschließlich im Zusammenhang mit dem deutsch-israelischen Verhältnis behandelt und das Fehlen offizieller Beziehungen als Indikator des deutschen Problems mit der Aufarbeitung des Nationalsozialismus gesehen. Dementsprechend liegt der Schwerpunkt auf der Auseinandersetzung mit der bundesdeutschen Gesellschaft und Politik, während Israel unter Berücksichtigung der dem deut-

---

34 Die Tatsache, daß die verbreitetsten, von SDSlern stammenden Bücher über Vietnam "...die Rolle der Bundesrepublik im Vietnamkrieg...mit keinem Wort (erwähnen)" (Bauß 1977: 204), verdeutlicht diesen Sachverhalt nachdrücklich.

schen Geschichte als Staat der Opfer erscheint. Ab Mitte der 60er Jahre setzt ein Prozeß der Verlagerung ein, der im Gefolge des Sechstage-Kriegs 1967 seinen Abschluß findet. Die deutsch-israelischen Verknüpfungen werden in doppeltem Sinn irrelevant: zum einen durch die erfolgte Aufnahme offizieller Beziehungen, die den behaupteten Zusammenhang zwischen ihrer bisherigen Verweigerung und der fehlenden Auseinandersetzung mit der Vergangenheit widerlegte; zum anderen durch die nun dominant werdende Wahrnehmung, daß es sich bei Israel um eine der Konfliktparteien im Nahen Osten handelt, deren Einordnung in die weltweite Auseinandersetzung zwischen Imperialismus und Antiimperialismus die Entstehungsgründe für diesen Staat sekundär machte.

Eine gleichläufige Entwicklung ist bei der Beschäftigung mit den Hinterlassenschaften des Nationalsozialismus zu verzeichnen. Die zunächst im Zentrum stehende Auseinandersetzung mit personellen Kontinuitäten in den politischen und justitiellen Institutionen der BRD wird durch den Blick auf die Institutionen selbst abgelöst. Die Rückführung der nationalsozialistischen Herrschaft auf das System des Kapitalismus läßt die konkreten Spezifika der deutschen Geschichte und des Umgangs mit ihr in den Hintergrund treten. Die ab Mitte der 60er Jahre durchgängig konstatierbare Fixierung auf internationale und nicht mehr national begrenzte Zusammenhänge findet ihren Niederschlag in der Subsumtion des Nationalsozialismus unter das Phänomen Faschismus und der Kategorisierung des Faschismus als zwangsläufige Konsequenz des Kapitalismus. Horkheimers (1939: 8) Diktum "Wer aber vom Kapitalismus nicht reden will, sollte auch vom Faschismus schweigen" wird in verabsolutierter und pauschalisierter Form zum Glaubenssatz der Studentenbewegung. Die Tatsache, daß dieser Satz 1939 geschrieben wurde, d.h. zu einem Zeitpunkt, als das zentrale Spezifikum des Nationalsozialismus - die systematische Ermordung der Juden - noch nicht absehbar war, bleibt unberücksichtigt.

Die mit der Entdeckung der ´großen´ Theorien einhergehende Entfernung der "Neuen Linken" von ihrem nationalen Umfeld als Konkretum, dessen Geschichte und Gegenwart mit dem Blick auf internationale und verallgemeinerungsfähige Entwicklungsgesetze nurmehr als *ein* Beispiel für deren globale Gültigkeit erscheint, findet bei den K-Gruppen ihre Fortsetzung und Verstärkung.

Anders als beim SDS, der das Thema Deutschlandpolitik zugunsten der Beschäftigung mit dem Verhältnis zwischen Peripherie und Metropolen gänzlich fallen läßt, wird dieser Bereich von den K-Gruppen in den Internationalismus eingebunden. Die Einreihung von BRD und DDR in die Rubrik der kolonisierten Länder verbunden mit der unisono erhobenen

Forderung nach dem Ende kolonialer Herrschaft, stellt ein neues Element dar. Mit Ausnahme des KB, der bis zuletzt hinsichtlich der Kategorisierung der BRD als unterdrückender Staat mit dem SDS konform geht, gilt die BRD den anderen maoistisch orientierten Organisationen als unterdrückter Staat. Damit bleibt die Abstraktion von den Besonderheiten des bundesdeutschen Staats bestehen, die BRD wechselt jedoch die Seite im internationalen Machtgefüge. Mit dieser Veränderung wird ein weiterer Schritt auf dem Weg zur Entfernung von der Wahrnehmung der konkreten historischen Hintergründe zurückgelegt. Die Unvergleichbarkeit der primär selbstverschuldeten 'Kolonisation' der beiden deutschen Staaten mit der kolonialen Herrschaft über die Peripherie, wird ausgeblendet.

Das Motiv der Verantwortungsentlastung der Deutschen und der dadurch möglichen Stilisierung zum Opfer, die in die Normalisierung der deutschen Geschichte und Gegenwart eingebettet ist, durchzieht alle behandelten Politikfelder. Als Mittel dient einmal eine Ignoranz, die am oben angeführten Beispiel der Kolonisationsthese ebenso offensichtlich wird wie im Zusammenhang mit der gänzlich fehlenden Verbindung von Shoah und israelischer Staatsgründung. Ein anderes Mittel ist die Geschichtsfälschung in Form der These vom breiten deutschen Widerstand gegen die nationalsozialistische Herrschaft, m.a.W. die Leugnung des zweiten Spezifikums des deutschen Faschismus: seine bis zuletzt weitgehend unangefochtene Akzeptanz in der Bevölkerung, die in dieser Form weder den italienischen noch den spanischen Faschismus kennzeichnete.

Der im Fall Deutschlands am eklatantesten sichtbaren Verantwortungsenthebung, liegt in Gestalt der "Supermächte-Theorie" ein allgemeingültiges Prinzip zugrunde. Mit der Fixierung auf USA und UdSSR als Hauptgegner der restlichen imperialistischen und antiimperialistischen Staaten ist nicht nur das Feindbild klar, sondern auch die Vereinheitlichung dieses Restes der Welt durch Abstraktion von der realen Komplexität des Machtgefüges weiter fortgeschritten und damit die Frage der Verantwortlichkeit definitiv geklärt. Theoretisch löst diese Konstellation den Widerspruch zwischen einem die Welt auf zwei Lager reduzierenden Schema und der zentralen Bedeutung, die der Nation als Positivfaktor innerhalb dieses Musters beigemessen wird. Mit den Supermächten USA und UdSSR existiert ein äußerer Feind, der wegen seiner Macht den jeweiligen Regierungen übergeordnet ist und gegen den zum nationalen Zusammenschluß und Widerstand aufgerufen wird.

Der Unterschied zwischen dem SDS in der zweiten Hälfte der 60er Jahre und den K-Gruppen läßt sich in zwei Punkten zusammenfassend konkretisieren: erstens, die Versöhnung mit der deutschen Nation, deren

Rezeption als Opfer im Seitenwechsel innerhalb des internationalen Systems ihren Ausdruck findet; zweitens, der generelle Bedeutungszuwachs des nationalen Bereichs innerhalb des globalen Zusammenhangs.

Hervorzuheben ist, daß das Verhältnis zwischen kleinem und großem Bereich in der Rezeption der K-Gruppen nicht dem in der Entwicklung des SDS aufgezeigten Wechsel vom Konkreten zum Abstrakten entspricht. Während die politische Konzeption des SDS in der ersten Hälfte der 60er Jahre von dem Bemühen um eine Auseinandersetzung mit den historisch bedingten Besonderheiten der BRD geprägt ist, spielt eine vergleichbar konkrete Beschäftigung mit der Nation bei den K-Gruppen keine Rolle. Nation und Internationalismus bleiben der gleichen Abstraktionsebene verhaftet. In der Position zu Israel und Deutschland findet die ahistorische Perspektive auf die Kategorie der Nation ihren deutlichsten Ausdruck.

Die Krise des Internationalismus ist nicht zuletzt darauf zurückzuführen, daß das theoretische Konstrukt der Synthese von nationalem und internationalem Kontext in der Praxis zu Spannungen führt, die nur mit Hilfe von Realitätsverlusten ausgleichbar sind. Um die Nation als revolutionäre Einheit zu retten und das Feindbild zu wahren, muß die Existenz reaktionärer Kräfte in Staaten, die zu den Gegnern der Supermächte zählen, geleugnet werden. Der Satz: "Die arabische Reaktion ist eine Erfindung der Sowjetunion" (KBW zit. bei Nahost-Kommission 1977: 53) veranschaulicht beispielhaft das Bemühen, die Realität der Theorie anzupassen und die Vereinigung von kleinem und großem Paradigma als global gültiges Prinzip zu erhalten.

Das bei der Anwendung auf Einzelfälle offensichtliche Konfliktpotential zwischen kleinem und großem Deutungsmuster ist ein grundsätzliches Problem, das sich nicht auf die formale und inhaltliche Interpretation dieser Bereiche durch die K-Gruppen beschränkt. Dies wird anhand der *Grünen* deutlich, bei denen die Existenz dieser unterschiedlichen Perspektiven in allen behandelten Politikfeldern nachweisbar ist. Dabei steht die Deutschlandpolitik für ein Gebiet, in dem sich der Blick auf den durch ost-westliche Gegensätze bedrohten Weltfrieden mit dem auf die besondere Lage beider deutscher Staaten an der "Nahtstelle" des Konflikts vereinigt. Diese - beiden deutschlandpolitischen Ansätzen zugrundeliegende - Synthese legitimiert und begründet gleichzeitig die globale Relevanz und die Existenz von Deutschlandpolitik als eigenständiges Feld.

Das Verhältnis von großem und kleinem Bereich gestaltet sich im Internationalismus-Bereich weniger harmonisch und eindeutig. Dazu trägt das darin dominante Kulturparadigma wesentlich bei, dem die Spannung zwischen seinem Anspruch auf universelle Gültigkeit und der Betonung der

Verschiedenheit immanent ist. Konsens herrscht über die Differenz zwischen westlichem und nicht-westlichem Kulturverständnis sowie über die im Begriff `Kulturimperialismus´ versinnbildlichte Bestrebung des Westens, seine Lebensformen und Werte als Maßstab und Vorbild für die Peripherie durchzusetzen. Geographisch deckt sich diese Entgegensetzung von westlich-kapitalistischen Metropolen und Peripherie weitgehend mit dem tradierten ökonomisch und machtpolitisch definierten Imperialismus/Antiimperialismus - Schema. Dagegen ist ihre inhaltliche Stoßrichtung anders gelagert, da nicht der weltweite Sieg des einen bzw. die Abschaffung des anderen Kulturverständnisses intendiert ist, sondern ihre Gleichberechtigung.

In der Frage der Übertragbarkeit dieses Prinzips der Koexistenz und Nicht-Einmischung auf die nationale Ebene stehen sich unterschiedliche Auffassungen gegenüber, die sich in der Diskussion über die multikulturelle Gesellschaft widerspiegeln. Mit der Interpretation einer solchen Gesellschaft als Summe eigenständiger kultureller Kollektive behauptet die Dominanz kultureller Unterschiede ihre nationsinterne Gültigkeit. Der kulturinternationalistische Makrokosmos reproduziert sich hier im nationalen Mikrokosmos. Anders bei der Idee der Interkulturalität, mit der sich die Vorstellung einer wechselseitigen Durchdringung und Vermischung der Kulturen auf nationaler Ebene verbindet.

Der Aspekt der Übertragbarkeit und Relevanz globaler Deutungsmuster für Nationen ist auch in der Kontroverse über offene Grenzen und Einwanderungsbeschränkungen von Bedeutung. Eine Verbindung zwischen den Migrationsbewegungen von Menschen in die Metropolen und der Ausbeutung ihrer Herkunftsländer durch die Metropolen wird von keiner der beiden Seiten bestritten. Streitpunkt ist vielmehr die Frage, ob dieser internationale Zusammenhang höher bewertet werden soll und die Übernahme kapitalistischer `Folgekosten´ in Form der Grenzöffnung wichtiger ist als die daraus resultierenden nationalen Konsequenzen.

Das der Existenz zweier Perspektiven innewohnende Problem der Gültigkeit und Reichweite großer Kontexte bei der Anwendung auf konkrete Fälle drückt sich am deutlichsten bei der Rezeption des Nahost-Konflikts aus. Die dabei gängigen Argumentationslinien beziehen sich direkt auf eine der Perspektiven. Der Auffassung, daß sich dieser Konflikt als Normalfall in die weltweite Auseinandersetzung zwischen Imperialismus und Antiimperialismus einreihe und daher keine gesonderten Bewertungsmaßstäbe erfordere, liegt der globale Blickwinkel zugrunde. Demgegenüber stehen jene Argumentationsformen, die dem israelisch-palästinensischen Konflikt - aufgrund seiner historischen Entstehungsgründe - eine Sonderrolle zuweisen oder die aus der Nationalität der Rezipienten die Verpflichtung zur Einnahme einer spezifischen Perspektive auf diesen Konflikt ableiten. Diesen ist - trotz z.T. entgegengesetzter Schlußfolgerungen - die Überzeugung gemein, daß es im Konkreten Fälle gibt, die sich einer einheitlichen Kategorisierung entziehen.

In der Hinwendung des SDS und der K-Gruppen zu großen abstrakten Zusammenhängen läßt sich unschwer die bereits 1963 vom SDS kritisierte Neigung kleinerer linker Organisationen erkennen, "...aus der innenpolitischen Isolierung in die Weltpolitik zu flüchten und sich so anderen wichtigen Aufgaben zu entziehen" (zit. bei Jahn 1990: 17). In dieser Flucht ist die Distanzierung vom eigenen nationalen Kontext angelegt, der im Rahmen des ahistorischen Internationalismus eine Normalisierung erfährt. Die vereinheitlichende Perspektive auf die Welt, in die diese Normalisierung eingebettet ist, verliert Ende der 70er Jahre an Überzeugungskraft und hat die Infragestellung der gängigen globalen Erklärungsmuster in der "Neuen Linken" zur Folge. Unerwartete Entwicklungen in der Peripherie lassen bislang ignorierte Konfliktlinien und -potentiale unübersehbar werden und führen in Verbindung mit dem von Immigranten und Vertretern der Peripherie erhobenen Eurozentrismus-Vorwurf zur Infragestellung des Postulats von der Gleichheit der Motive und Ziele von Befreiungsbewegungen und Linken. Das Kulturparadigma, mit dem der Existenz verschiedener, nicht hierarchisierbarer Wertsysteme Rechnung getragen werden soll, ist eine Antwort darauf, die wiederum andere Spannungsmomente beinhaltet.

Das Verhältnis zwischen Universalismus und Partikularismus, konkret: die Frage nach Existenz und Bestimmung von übergreifenden Werten, die neben den anerkannten Unterschieden bestehen, konturiert die grundlegenden Spannungspole. Die Tatsache, daß ein umfassender Wertrelativismus, "...diese Selbstrelativierung...selbst noch einmal Ausdruck des europäischen Universalismus" (Spaemann 1988: 708) ist, zeigt, daß die Ambivalenz dieses Problems sich einfachen Lösungen in Form der Gleichsetzung von Eurozentrismus und Anspruch auf globale Gültigkeit 'eigener' Werte verweigert. Neben diesem prinzipiellen Dilemma ist die Hinwendung zur Einheit 'Kultur' mit spezifischen Implikationen verknüpft, die einmal mehr auf die Bedeutung von Geschichtsbewußtsein verweisen. Mit dem Rekurs auf die Kategorie der Kultur steht jenes Element im Mittelpunkt, durch das das nationale Selbstverständnis von Deutschland als Kulturnation bis heute geprägt und definiert ist. Die damit verbundenen Konsequenzen gehören zum Thema des folgenden Teils.

III Nationalismus - Rassismus/Kulturalismus - Identität: Aspekte ihrer Rezeption im wissenschaftlich-gesellschaftlichen Diskurs und in der "Neuen Linken"

1. Nationalismus

1.1 Der Beitrag der Wissenschaft zur Dichotomisierung von Nation und Nationalismus

Die wissenschaftliche Bestimmung des Begriffs 'Nationalismus' hat sich als extrem schwierig erwiesen. Obwohl der "...immense() Einfluß, den der Nationalismus auf die moderne Welt ausübt..." (Anderson 1988: 13), in der Forschung unbestritten ist und der Untersuchung dieses Phänomens bereits seit Jahrzehnten große Aufmerksamkeit gewidmet wird, gelang es bis heute nicht, eine allgemein akzeptierte Definition zu umreißen (vgl. Alter 1985: 13).

Der Grund liegt insbesondere in der Vielfältigkeit der Erscheinungsformen des Nationalismus. So unterliegt der Nationalismus in Europa nicht nur seit 200 Jahren einem Wandel, der sich obendrein länderspezifisch unterscheidet, sondern verbreitet sich "...als ideologische Begleiterscheinung des Emanzipationsprozesses der Kolonialvölker..." (Tibi 1971: 24 f.) weltweit. Auch der Nationalismus in der Peripherie entwickelt unterschiedliche Ausprägungen, deren Subsumtion unter einen Begriff sich ähnlich schwierig gestaltet wie die der europäischen Nationalismen.[1] Die begriffliche Erfassung wird desweiteren dadurch erschwert, daß der Nationalismus theoretisch und praktisch an keine spezifische Weltanschauung oder Staatsform

---

[1] Hinzu kommt, daß zwar der Nationalismus als Ideologie ein Exportartikel Europas in die Peripherie ist, und seine dortigen Formen einige Parallelen zu europäischen Nationalismen aufweisen (vgl. Tibi 1971: 46-57), er jedoch aufgrund anderer Voraussetzungen und Strukturen ebenso häufig Entwicklungen aufweist, die denen in Europa nicht entsprechen. Konkret sei hier auf die Rolle der aus der kolonialen Wirtschaft hervorgegangenen 'bürgerlichen' Schicht hingewiesen. Anders als z.B. im revolutionären Frankreich des Jahres 1789 fungiert diese Schicht in der Peripherie selten als Überwinder bestehender Gesellschaftsformationen, sondern versucht, nach der Dekolonisation die Rolle der Kolonialherren zu übernehmen (vgl. ebd.: 50).

geknüpft ist und sich somit auch einer solchen eingrenzenden Zuordnung entzieht. Der in Europa mit der Entstehung bürgerlich-kapitalistischer Ordnungen herausgebildete Nationalismus beschränkt sich im 20. Jahrhundert nicht mehr auf diese Gesellschaftssysteme: "The blending of nationalism and socialism has taken place in democratic countries as well as in Fascist or Communist dictatorships" (Snyder 1968: 33). Darüber hinaus ist die Forschung mit immer neuen Formen der Manifestation des Nationalismus konfrontiert, wie sie z.b. nach dem Ende des real existierenden Sozialismus und dem Zerfall der UdSSR zu beobachten sind.

Der Versuch einer Definition des Nationalismus sieht sich demnach mit der Schwierigkeit konfromtiert, ein historisches und aktuelles Phänomen zu beschreiben, dessen Erscheinung weder ideologie- oder systemabhängig ist noch einer territorialen Beschränkung unterliegt.

Entsprechend dieser Vielfalt sind zahlreiche Bemühungen um ihre Klassifikation zu verzeichnen. So werden z.B. von Francis und Baron die Nationalismen nach den Zielvorstellungen der nationalen Bewegungen getrennt, wobei Francis zwischen demiotischem, integralem und ethnischem Nationalismus unterscheidet, während Baron nach kulturellem, politischem, ökonomischem und religiösem Nationalismus kategorisiert (vgl. Sturm 1985: 591). Eine andere Trennung schlägt Snyder (1968: 65 ff.) vor, der nach regionaler Herkunft typologisiert und von der Existenz sieben differierender Nationalismen ausgeht. So dürfte eher dieser Facettenreichtum denn die Abgehobenheit von spezifischer gesellschaftlicher Entwicklungsanalyse dafür verantwort lich sein, daß "...die Bewertung des Nationalismus zu einem der umstrittensten Probleme der Nationalismusforschung (wurde)" (Sturm 1985: 590). Dieses Problem wird im folgenden zunächst anhand der zwei geläufigsten Dichotomisierungen von Nation und Nationalismus untersucht. Im Zentrum des letzten Kapitels stehen die Begrifflichkeiten, die zur ambivalenten Wertung von Nationalismen gebräuchlich sind.

Sofern in diesem Arbeitsteil nicht auf den Nationalismus-Begriff anderer rekurriert wird, liegt ihm die Definition zugrunde, daß Nationalismus eine Ideologie ist, die "...einer sozialen Großgruppe ihre Zusammengehörigkeit bewußt macht und dieser Zusammengehörigkeit einen besonderen Wert zuschreibt, mit anderen Worten: diese Großgruppe integriert und gegen ihre Umwelt abgrenzt" (Lemberg zit. bei Alter 1985: 14), wobei die Orientierung auf die Nation als zentralem Wert ihr Spezifikum ausmacht.

1.1.1 Nationalstaatliche Konstituierung als ideologischer Wendepunkt des Nationalismus

Die Klassiker der traditionellen, ideengeschichtlich orientierten Nationalismusforschung Hayes und Kohn prägten zwei bis heute immer wieder aufgegriffene Typologien. Die in diesem Kapitel interessierende Kategorisierung von Hayes unterscheidet zwischen einem ursprünglichen, humanistisch geprägten Nationalismus im 19. Jahrhundert und einem daraus abgeleiteten Nationalismus der bestehenden Nationen im 20. Jahrhundert, dessen Charakteristika Militarismus, Intoleranz und Chauvinismus seien. In seiner Tradition stehen u.a. Dann (1978: 212-220) und Winkler (bezogen auf Deutschland,1992: 12 f.), die im "genuinen" bzw. "emanzipatorischen" Nationalismus ein Instrument zur Durchsetzung progressiver Ziele wie (nationale) Selbstbestimmung und sozialer Wandel sehen. Nach der Errichtung des Nationalstaats wandle sich die Funktion des Nationalismus, der nun nicht mehr als Apologet emanzipatorischen Tendenzen fungiere, sondern der Verschleierung von sozialen Gegensätzen sowie der Macht- und Staatskonsolidierung diene.

Demnach ist der Nationalismus eine Ideologie, die so lange einen progressiven Charakter trägt, bis ihre erste Forderung - die Schaffung eines eigenständigen Nationalstaats - erreicht ist. Der Funktionswandel hin zu einem Instrument der Reaktion ist zwangsläufige Folge ihrer Existenz in einem Nationalstaat.[2] Dieser Befund wird auch von Elias (1990: 175) geteilt:

> "Während sie (die europäischen Mittelklassen; A.L.) in der Zeit ihres Aufstiegs, wie andere aufsteigende Klassen, vorwärtsgeschaut hatten, gründeten nun, nachdem sie in die Stellung herrschender Klassen aufgerückt waren, ihre Spitzenkader und intellektuellen Eliten, wie die anderer Herrschaftsgruppen, ihr ideales Selbstbild zunehmend auf die Vergangenheit und nicht mehr auf die Zukunft. Der Blick zurück ersetzte als Quelle emotionaler Befriedigung den Blick nach vorn".

Der "...zutiefst entwicklungsbezogene() und dynamische() Charakter..." (ebd.: 164) ihrer vornationalstaatlichen Einstellung werde zunehmend durch "...den Glauben an den unveränderlichen Wert nationaler Eigentümlichkeiten und Traditionen..." (ebd.: 176) ersetzt, woraus der Schluß gezogen werden könne, daß "...nationalistische Glaubens- und Wertsysteme in

---

[2] Die hier konstatierte Veränderung trifft in ihrem Grundzug auch auf die Peripherie zu: "Der einst progressive Nationalismus wandelt sich in der postkolonialen Phase zur herrschaftsstabilisierenden Ideologie..." (Tibi 1971: 50).

hochentwickelten Ländern...in der Regel rückwärts orientiert (sind)" (ebd.: 193).[3]

Diese Erklärung für den Richtungswechsel nationaler Glaubenssysteme ist hinsichtlich des Bürgertums einleuchtend, da sie als im Nationalstaat zur Macht gekommene Klasse primär an einer Konsolidierung der bestehenden Verhältnisse interessiert sein mußte, um ihren bestimmenden Einfluss zu sichern. Eine andere Frage ist, wieso sich die "...Nationalisierung des Ethos und des Empfindens..." (ebd.: 200) nicht auf die bürgerlichen Schichten beschränkt, sondern in der Lage ist, weite Teile der Gesellschaft für unterschiedlichste Ziele zu mobilisieren. Von zentraler Bedeutung sind hierbei die Spezifika, die der Nationalismus im Vergleich mit anderen Ideologien aufweist, und die damit zusammenhängende Qualität der Bindung des Individuums an die Nation. Anhand der Definition von Nationalismus als einer Integrationsideologie von Großgruppen, bei der die Nation den zentralen Wert, "...die allein verbindliche Sinngebungs- und Rechtfertigungsinstanz" (Alter 1985: 15) darstellt, wird das für den Nationalismus charakteristische Fehlen konkreter politischer Zielvorstellungen deutlich. Anders als z.B. Konservatismus und Kommunismus, die auf der Verfolgung bestimmter Interessen und Gesellschaftsvisionen basieren, läßt sich der Nationalismus mit beliebigen Inhalten füllen.[4] Sein einziger Fixpunkt - die Anbindung an die Nation - ist zur Präzisierung untauglich, da nationales Interesse nur ein "...subjektivistisches Konzept sein (kann)" (Woyke 1985: 590).

Da diese Bindung nicht auf einer benennbaren Gemeinschaft von Interessen beruht, womit ihrer Instrumentalisierbarkeit Grenzen gesetzt wären, muß eine andere Form der Beziehung dafür verantwortlich sein, daß "...Millionen von Menschen für so begrenzte Vorstellungen...bereitwillig gestorben sind" (Anderson 1988: 17). Dabei handelt es sich um ein starkes emotionales Band "...von der Art, die wir gewöhnlich als `Liebe´ bezeichnen" (Elias 1990: 196).[5] Emotionale Beziehungen sind ihrem Wesen nach

---

3 Im Zusammenhang mit dieser Orientierung auf die Vergangenheit steht der Bedeutungszuwachs von Geschichte und die Aufwertung der Geschichtswissenschaft, die insbesondere im Deutschen Reich nach 1871 ins Auge fallen. Die Bemühungen, eine kollektive nationale Vergangenheit der Deutschen zu konstruieren, umfaßten alle Lebensbereiche und führten dazu, "...daß eine Geisteshaltung wie der Historismus weit über den Bereich der Fachwissenschaft hinaus Einfluß gewann" (Thadden 1983: 53).

4 Den gleichen Sachverhalt faßte Tillich 1942 in den Satz: "Das Geheimnis des reinen Nationalismus ist, daß er keinen Inhalt hat und darum als reiner Wille zur Macht enthüllt wird" (zit. bei Schmid 1990: 135).

5 Der Charakter dieser Bindung und die Tatsache, daß es außer der Religion bislang keinem anderen Glaubenssystem gelungen ist, eine vergleichbare Unterordnung und Opferbereitschaft von Kollektiven zu erreichen, hat einige Wissenschaftler dazu veranlaßt, die enge Beziehung zwischen Nationalismus und Religion zu betonen (vgl. Hayes 1960; Nipperdey zit. bei Alter

einer Instrumentalisierung leichter zugänglich, da das Charakteristikum von Liebe in ihrer dem Liebenden selbst unmöglichen letztlichen Begründbarkeit liegt. Somit existiert in einer solchen Beziehung eine Art Freiraum, der - solange dies unter dem Postulat des Dienstes am Wohl der Nation geschieht - mit den unterschiedlichsten Vorstellungen besetzt werden kann. Hinzu kommt, daß die Liebe zur Nation gleichzeitig eine Form von Liebe zu sich selbst als einem Bestandteil dieses Kollektivs ist (vgl. ebd.: 197), deren Infragestellung als persönlichkeitsbedrohend wahrgenommen wird. Diese Angst trägt dazu bei, daß selbst eine vom Einzelnen wahrgenommene Instrumentalisierung des Nationalismus für von ihm persönlich abgelehnte Zwecke nicht zwangsläufig zur Abkehr vom nationalen Empfinden führt.

In der abgrenzenden Funktion des Nationalismus liegt eine weitere Besonderheit, die entscheidend zu seiner Entstehung, Beständigkeit und fortlaufenden Erneuerung beiträgt. Existenzvoraussetzung des Nationalismus ist das Andere - in Form anderer Nationalstaaten oder/und in Gestalt eines als fremd definierten inländischen Kollektivs. Im Unterschied zu den Anhängern von Ideologien wie Konservatismus, Liberalismus, Sozialismus oder Kommunismus träumen selbst "...die glühendsten Nationalisten...nicht von dem Tag, da alle Mitglieder der menschlichen Rasse ihrer Nation angehören werden..." (Anderson 1988: 16).

Abgrenzung als notwendige ideologische Daseinsbedingung produziert andere Nationalismen, deren Existenz dann wiederum der Legitimation des eigenen Nationalismus dient bzw. zu einer wechselseitigen Verstärkung führt, wie sie insbesondere in Krisenzeiten zu beobachten ist. Die im deutsch-französischen Verhältnis Ende des 19. Jahrhunderts konstatierbare reziproke Verschärfung der Nationalismen ist hierfür ebenso ein Beispiel wie die virulent gewordenen Nationalismen im ehemaligen Jugoslawien.

1.1.2 Kultur- und Staatsnation als divergierende Gestaltungsprinzipien

Die Dichotomisierung in Kultur- und Staatsnation gehört zu den bekanntesten und ältesten Versuchen einer definitorischen Annäherung. Sie geht auf den deutschen Historiker Meinecke zurück, der in seinem 1908 erschienenen Buch "Weltbürgertum und Nationalstaat" dieses Begriffspaar einführte, das in modifizierter Form zur Grundlage zahlreicher Folgestudien wurde.

1985: 15; Anderson 1988: 15). Die in dem von Hayes geprägten Begriff der Ersatzreligion implizierte Beziehung zwischen abnehmender Bedeutung von Religion und Stärkung des Nationalismus ist jedoch keine zwangsläufige, wie das irische und baskische Beispiel zeigen (vgl. Alter 1985: 15 f.).

Hierzu zählt die Arbeit von Kohn (1950), der eindeutig wertend zwischen einem westlich-demokratischen und einem mittel- und osteuropäischem totalitären Nations- und Nationalismusverständnis unterscheidet (vgl. ebd. u.a.: 769 f.). Anders als bei der im vorangegangenen Kapitel behandelten Differenzierung nach progressiven und reaktionären Entwicklungsstadien ist eine solche Wertung kein zwangsläufiger Bestandteil der Teilung in Kultur- und Staatsnation.

Die Staatsnation leitet sich "...aus dem freien Willen und dem subjektiven Bekenntnis des Individuums zur Nation her" (Alter 1985: 19). Hieraus erklärt sich der synonyme Gebrauch der Begriffe 'Bewußtseins-' und 'Willensnation' (vgl. Löcherbach 1983: 200). Entscheidendes Kriterium für die Zugehörigkeit zur Nation ist die Unterstellung unter eine von der Mehrheit der Bürger bestimmte Staatsgewalt. Demgegenüber konstituiert sich die Kulturnation auf der Basis gemeinsamer Merkmale wie Muttersprache, Geschichte, Abstammung, Religion und Lebensweise, d.h. auf sog. objektiven Faktoren, die sich der willentlichen Beeinflussung mehrheitlich entziehen. Kurz: es ist der Unterschied zwischen objektiven und subjektiven Faktoren, zwischen einem offenen universalistischen und einem geschlossenen partikularistischen Konzept, der diesem Begriffspaar zugrundeliegt.

Das in der Wissenschaft gebräuchlichste Beispiel für beide Ausprägungen sind Deutschland und Frankreich als Prototypen von Kultur- bzw. Staatsnationen. Im Hinblick auf die Wertungsfrage hinterließ der Rekurs auf diese beiden Nationen deutliche Spuren in der Forschungsgeschichte. In den vor dem Nationalsozialismus erschienenen Werken von Meinecke und Hayes wurde in der kulturnational geprägten Herausbildung des deutschen Nationalstaats ein - gegenüber Frankreich - höherwertiger Weg gesehen (Meinecke) bzw. beide als gleichwertig betrachtet (Hayes). Die Erfahrung des Nationalsozialismus trug dazu bei, daß der mit Deutschland identifizierte Begriff der Kulturnation zunächst negativ besetzt wurde (vgl. Alter 1985: 21), da in dieser Form nationaler Selbstdefinition einer der Gründe für den Faschismus gesehen wurde. Beispielhaft für diese Veränderung ist Meineckes 1946 erschienenes Buch "Die deutsche Katastrophe", in dem er seine Überzeugungen aus der vorfaschistischen Zeit revidierte.[6]

Auch in der bundesrepublikanischen Politik wurde - zumindest vorerst - eine positive Bestimmung von Nation unter Anknüpfung an die kulturnationale Tradition vermieden (vgl. Mayer 1986, 29). "Es schien in der Tat so zu sein, als hätte sich der (kulturnationale; A.L.) Nationalismus erschöpft; jedenfalls war er marginalisiert, verleugnet und verdrängt" (Meuschel 1988:

---

6   Da die hier von Meinecke demonstrierte Fähigkeit zu öffentlicher Selbstkritik nicht nur in der Wissenschaft Seltenheitswert hat, verdient sie eine gesonderte Hervorhebung.

411). Demgegenüber hielt sich "...nach 1945 in der Bundesrepublik, die Meinung, eine *Willensnation* sei nach den nationalsozialistisch-rassistischen Nationsdeformationen eine harmlose Formel, auf die man sich einigen könne" (Mayer 1986: 29). Ungeachtet der hier offenkundigen Absicht, einen positiven Begriff der Nation für die politische Praxis zu retten, verweist die für möglich gehaltene Transformation einer prototypischen Kulturnation in eine Willensnation auf das Problem mangelnder Trennschärfe dieser Dichotomisierung. Anlaß zur Kritik ist nicht der offensichtliche Sachverhalt, daß sich in der Realität die Prinzipien Kultur- und Staatsnation überschneiden, da dies nicht gegen die Sinnhaftigkeit ihrer idealtypischen Konstruktion spricht. Vielmehr handelt es sich um die Problematik der einfachen Gegenüberstellung beider Konstruktionen als grundsätzlich gleichermaßen wirkungsmächtige Prinzipien, da in der Praxis das kulturnationale über das staatsnationale Prinzip dominiert:

> "Selbst die französische Nation, die Staatsnation *par excellence*, beruht letzten Endes eben falls auf sprachlichen, kulturellen und geschichtlichen Faktoren" (Alter 1985: 21).

Der Wille allein muß leer und ohnmächtig bleiben, solange keine weiteren kollektivbindenden Voraussetzungen vorhanden sind (vgl. ebd.). Die Existenz zusätzlicher Faktoren ist auch dann notwendig, wenn sie - wie bei den Anfängen der nationalen Konstituierung Frankreichs - nicht im Mittelpunkt stehen. Ihre Latenz wird spätestens bei der französischen Niederlage im 1871er Krieg deutlich. In deren Gefolge kam in Frankreich die Tendenz auf, die bisherige Orientierung auf universale Menschenrechte und Demokratie für die Niederlage verantwortlich zu machen und mit Hilfe der Beschwörung geschichtlich-kultureller Gemeinsamkeiten das Selbstverständnis der besiegten Nation auf eine neue Grundlage zu stellen (vgl. Lemberg 1950: 282 f.). Während das der Willensnation zugrundeliegende Nationalbewußtsein ohne kulturelle Bindungselemente nicht existenzfähig ist, trifft der Umkehrschluß nicht zu. Das deutsche Beispiel zeigt, daß die Bildung einer Nation ohne Berücksichtigung elementarer Bestandteile des Prinzips Willensnation wie dem Recht des Individuums auf freien Willen und politische Demokratisierung möglich ist (vgl. Elias 1990: 196).

Die Tatsache, daß es sich bei Kultur- und Staatsnation nicht um gleichermaßen wirkungsmächtige Leitvorstellungen handelt und auch in Frankreich auf die Betonung gemeinsamer Abstammung, Geschichte und Kultur - insbesondere in Krisenzeiten - als Mittel zur Stärkung des nationalen Zusammenhalts rekurriert wird, bedeutet jedoch nicht, daß die differierenden Ursprünge des deutschen und des französischen Nationalbewußtseins keine konkreten Konsequenzen gezeitigt hätte. Als plastisches Beispiel sei hier das gerade in jüngster Zeit durch die Migrationsbewegungen in den Blickpunkt geratene unterschiedliche Staatsbürgerrecht genannt. Dem in Frankreich ebenso wie in den zwei anderen klassischen Staatsnationen USA und England geltenden Recht auf Staatsbürgerschaft durch Geburt im Land (jus solis) steht in der BRD das über die Abstammung definierte Recht auf Zugehörigkeit zur deutschen Nation gegenüber (jus sanguinis).

Im Kontext der ab Ende der 70er Jahre in Politik und Wissenschaft auflebenden Diskussion über das Thema `deutsche Nation´ ist der Rückgriff auf objektive Faktoren als Basis des nationalen Zusammengehörigkeitsgefühls unübersehbar. Dies ist insofern wenig erstaunlich, als die sogenannte Einigung auf die harmlose willensnationale Formel von vornherein oberflächlich blieb, da der Verankerung eines staatsnationalen Selbstverständnisses in der Gesamtgesellschaft das Fundament einer selbsterworbenen, demokratisch erfolgten Herausbildung eines Nationalbewußtseins vor der staatlichen Konstituierung fehlte (vgl. Löcherbach 1983: 197). Eine solche Basis existierte im Vorfeld der Reichsgründung 1871 ebensowenig, wie in der `verordneten´ Demokratie nach 1945.

Hinzu kommt, daß die postulierte Willensnation in erster Linie ein Lippenbekenntnis war, das nicht mit konkreten politischen Maßnahmen wie der Abschaffung des jus sanguinis verbunden wurde und dem vor allem die nach außen gerichtete Funktion zukam, den Bruch mit dem nationalsozialistischen Verständnis von Nation herauszustreichen.

Von entscheidender Bedeutung für das Weiterleben der Idee der Kulturnation war der Umgang mit der deutschen Teilung. Mit der Aufrechterhaltung besonderer Beziehungen zwischen beiden deutschen Staaten hielt sich das Verständnis einer gemeinsamen Kulturnation über den Kreis derjenigen hinaus, die explizit eine Wiedervereinigung forderten (vgl. Meuschel 1988: 411). Bezogen auf eine im Auftrag der sozial-liberalen (!) Regierung 1974 erstellten wissenschaftlichen Begründung des westdeutschen Nationsverständnisses kommt Löcherbach (1983: 120) zu dem Schluß, daß darin "...trotz aller verbaler und deklamatorischer Rückgriffe auf das Demokratiepostulat und Selbstbestimmungsrecht des Grundgesetzes (diese) letztlich doch...nur als nicht-konstitutiver, als nur registrierender Reflex jener objektiven Kulturbestände von Nation angesehen (werden)". Ein solches objektivistisch begründetes Nationsverständnis fungiere zwangsläufig "...als Übermittler undemokratischer Traditionen..." (ebd.: 201) und beschwöre "...die Gefahr eines erneuten autoritären oder totalitären Nationalismus herauf..." (ebd.).

Abschließend sei hier auf das von Gellner (1991: 86-90) herausgearbeitete Phänomen der Täuschung und Selbsttäuschung des Nationalismus bzgl.

seiner kulturellen Basis hingewiesen. Seine Thesen sind für diese Untersuchung in doppeltem Sinn relevant, da sie für die Dauerhaftigkeit der deutschen Wiedervereinigungsaspirationen und für den kulturell begründeten Rassismus einen Erklärungsansatz bieten. Gellner zeigt auf, daß der Nationalismus entgegen seiner eigenen Behauptung nicht auf der Rückbesinnung auf eine bereits existente Volkskultur basiert, sondern selbst eine einheitliche Hochkultur erfindet, die sich mit Hilfe entsprechender Erziehung in der ganzen Bevölkerung durchsetzt. Ihre bereitwillige Rezeption als dominantes gesamtgesellschaftliches Identifikationsobjekt resultiert aus Einzigartigkeit als Surrogat für die im Übergang von der traditionellen zur modernen Gesellschaft aufgelösten Bindungen und Loyalitäten. Erst unter diesen Bedingungen werde erstens "...jede Verletzung kultureller Grenzen durch politische Einheiten als Skandal empfunden" (ebd.: 86) und wollen zweitens "...Menschen mit all jenen - und *nur* mit denjenigen - politisch vereinigt werden, die ihre Kultur teilen" (ebd.).

1.1.3 Nationalismus und Patriotismus / Nationale Identität und kollektive Identität - Synonyme oder unterschiedliche Phänomene? Über Probleme und Grenzen von Begriffsbestimmungen

Anhand der in den zwei vorangegangenen Kapiteln behandelten Forschungsansätze wurde bereits deutlich, daß ein weitverbreiteter Konsens über die Ambivalenz des Nationalismus herrscht, weshalb 'reine' Positionen im Sinne einer eindeutig positiven bzw. negativen Bewertung dieses Phänomens Seltenheitswert haben.[7] Ein häufig angewandtes Mittel zur begrifflichen Erfassung der unterschiedlichen Wertung ist die Verwendung von Derivaten des Nationalismus wie 'Nationalbewußtsein', 'Nationalgefühl' und 'nationale Identität', sowie von im Umfeld dieses Diskurses beheimateten Begriffen wie 'Patriotismus' und 'kollektive Identität', die der Bezeichnung positiver Ausprägungen des Nationalismus dienen.

Zu den o.g. Ausnahmen zählt die Position von Claussen (1988a), nach dessen Auffassung die normative Trennung des Nationalismus ignoriere, daß es sich dabei um ein identisches Phänomen handle: "Das Schlagwort 'Nationale Identität' verdeckt den Inhalt, um den es wirklich geht: *Nationalismus*" (ebd.: 12). Ähnlich Gellner (1991), der das Nationalgefühl als

---

[7] Die Frage, ob Wertungen in der Wissenschaft zulässig sind, ist nicht Gegenstand dieses Kapitels. M.E. läßt sich eine prinzipielle Verneinung dieser Frage heute weder aufrechterhalten noch rechtfertigen, da z.B. einer 'wertfrei' betriebenen Rassismus-Forschung die Wertung in Form eines Votums für Inhumanität inhärent ist.

Parteilichkeit, als "...die Tendenz, Ausnahmen zu den eigenen Gunsten zu machen..." (ebd.: 9), begreift und daraus folgert, daß ein nicht-egoistischer Nationalismus nur in der Theorie existieren kann, während in der Praxis viele Gründe "...gegen jeden unparteiischen, allgemeinen und hold vernünftigen Nationalismus (sprechen)..." (ebd.).

Bei solch einheitlichen Wertungen stellt die Tatsache, daß der Begriff Nationalismus im allgemeinen Sprachgebrauch pejorativ besetzt ist (vgl. Alter 1985: 11 f.), kein Problem dar. Da jedoch mehrheitlich differenzierte Positionen vertreten werden und gewissen Ausprägungen, Entwicklungsstadien oder Intensitätsgraden des Nationalismus positive Funktionen zugesprochen werden, muß ein diesem Sachverhalt Rechnung tragendes Begriffsinstrumentarium verwendet werden. So wird im Patriotismus in Abgrenzung zum expansiv-aggressiven Nationalismus eine Kraft gesehen, in der sich Vaterlandsliebe mit universalen Idealen verbindet (vgl. ebd.: 12): "Man konnte sehr wohl Patriot und Weltbürger zugleich sein " (ebd.). Eine in den Grundzügen ähnliche Unterscheidung findet sich bei Honolka (1986), der die Möglichkeit sieht, daß "...ein friedensbewegter Patriotismus...in einen friedenspolitisch gefährlichen Nationalismus mündet" (ebd.: 134), was ihn jedoch nicht davon abhält, die Stärkung eines solchen Patriotismus zu fordern.

Der in der zitierten Formulierung deutlich werdende fließende Übergang zwischen Patriotismus und Nationalismus verweist auf das grundsätzliche Problem fehlender Trennschärfe bei der Bestimmung von positivem und negativem Nationalismus. Gleiches gilt für die erstgenannte Umschreibung des Patriotismus als Verbindung von Vaterlandsliebe und menschlichen Idealen, mit der eine Lösung durch einfache Umbenennung versucht wird. Zwar liegt in dieser Verbindung formal kein Widerspruch, sie verfehlt jedoch das Kernproblem. So ist es gerade das in der Realität zwangsläufig auftretende Spannungsverhältnis zwischen der Verfolgung partikularer nationaler und universaler Interessen, das die janusköpfige Erscheinung des Nationalismus wesenhaft, d.h. in all seinen Varianten ausmacht und eine dauerhafte Synthese von Patriotismus und Weltbürgertum verunmöglicht. Der subjektive Charakter der Kriterien, die einer Aufteilung in `guten´ und `schlechten´ Nationalismus zugrundeliegt, läßt diese Dichotomisierung fragwürdig erscheinen. In diesem Sinn äußert sich auch Elias (1991: 159-222), der das willkürliche Element einer solchen Trennung hervorhebt und seinem "Exkurs über Nationalismus" explizit die wertfreie Verwendung der Begriffe `Nationalismus´ und `nationalistisch´ zugrundelegt. Zur Begründung wird auf den alltäglichen Sprachgebrauch verwiesen:

"Was aber 'Nationalismus' heißt, ist in vielen Fällen einfach der 'Patriotismus' anderer, und 'Patriotismus' die eigene Form von 'Nationalismus'" (ebd.: 198).

Übertragen auf die phasen- bzw. formspezifische Ambivalentisierung des Nationalismus in der Forschung müßte dieser Satz dahin gehend modifiziert werden, daß das, was der eine bereits als Nationalismus versteht, vom anderen noch als Patriotismus bezeichnet wird und umgekehrt. Bei Elias findet sich auch der Hinweis, daß der Begriff 'nationalistisch' häufig vom Wort 'national' abgegrenzt wird, "...wobei man mit Hilfe des ersteren Mißbilligung, mit Hilfe (des) letzteren Zustimmung bekundet" (ebd.).[8] Offenkundig wird dieser Sachverhalt durch den in den letzten zehn Jahren inflationär gebrauchten Terminus der nationalen Identität bzw. ihrer Subkategorie 'deutsche Identität'. Abgesehen von Minderheitspositionen, formuliert im angeführten Zitat von Claussen oder im Satz, daß eine "'deutsche Identität'nach 'Auschwitz'...nur eine *Nicht-Identität* sein (kann)" (Funke/Neuhaus 1989: 8), herrscht weitgehend Einigkeit, daß es sich um einen positiv besetzten Begriff handelt.

Ausgangspunkt der Identitätsdiskussion in der BRD war die Entdeckung einer Identitätskrise: "Ein breiter Konsens besteht, daß es eine 'deutsche Identität' geben soll, diese aber nicht vorhanden bzw. gefährdet ist" (Schönwälder 1985: 1451). In ihrem Literaturbericht "Auf der Suche nach der 'deutschen Identität'" nennt Schönwälder eine Fülle von wissenschaftlichen Publikationen, deren erklärtes Ziel die Schaffung resp. Stärkung einer nationalen Identität der (Bundes)Deutschen[9] ist. Hierzu wird in den angeführten Texten konservativer Provenienz auf traditionelle Werte und Funktionen der Nation zurückgegriffen, um der gesamtgesellschaftlichen Orientierungslosigkeit bewußt "affektive, diffuse" (Grieswelle zit. bei ebd.: 1454) Leitbilder entgegenzusetzen. Dementsprechend wenig konkret wird die Nation als Träger "sittliche(r) Norm" und "ethische(r) Imperativ" (Stürmer zit. bei Meuschel 1988: 407) bezeichnet, um daraus den Bedarf an "...jener höheren Sinnstiftung, die nach der Religion bisher allein Nation und Patriotismus zu leisten imstande waren" (ders. zit. bei ebd.), abzuleiten.

---

8 Anstelle dieser Trennung will Elias (1990: 199) seine Verwendung der Begriffe 'Nationalismus' und 'nationalistisch' als "...von Untertönen der Zustimmung oder Ablehnung (gereinigt)..." verstanden wissen. Daß er selbst dem Phänomen Nationalismus skeptisch gegenübersteht, wird implizit deutlich, wenn er z.B. nationalistische Werte als solche charakterisiert,"...die ein Idealbild des eigenen Landes und der eigenen Nation über allgemeinmenschliche und moralische Ideale (erheben)..." (ebd.: 174).

9 Da dieses Anliegen in bezug auf eine gesamtdeutsche und eine westdeutsche Identität formuliert wurde, ist hier von (bundes)deutscher Identität die Rede.

Der Wunsch nach Herausbildung einer bundesdeutschen Identität ist keine Domäne konservativer Wissenschaftler, auch wenn der Begriff der nationalen Identität wegen seiner assoziativen Verbindung mit einem traditionellen Nationsverständnis vermieden wird:

> "Man (sollte) auf die Begriffe 'Nationalbewußtsein' oder 'nationale Identität' verzichten und den historisch unbelasteten, wenn auch soziologisch spröden Begriff 'kollektive Identität' verwenden" (Honolka 1986: 5).

Honolkas Versuch, durch Einführung eines friedenspolitischen Identitätsfocus ein vernünftig legitimiertes nationales Selbstverständnis zu konzipieren, das sich vom tradierten Verständnis von Nation abgrenzt, verdeutlicht beispielhaft die Problematik eines solchen Unterfangens. Seine Arbeit ist deshalb von Interesse, da sie einen der raren Versuche darstellt, konkret faßbare Inhalte kollektiver Identität zu formulieren und nicht im Bereich diffuser Begrifflichkeiten zu verbleiben.

Die bisher in der BRD dominierende kollektive Identität, die sich auf westliche Werte wie Demokratie, Verfassung und Freiheit stütze, bezeichnet er als unzureichend, da sie nicht in der Lage sei, eine spezifisch bundesrepublikanische Identität zu stiften (vgl. ebd.: 113 f.), und die ihr fehlende affektive Besetzung ein Einfallstor für die Instrumentalisierung der Nation durch neo-konservative Kräfte darstelle (vgl. ebd.: 130). Dieser wird eine friedenspolitisch definierte Identität gegenübergestellt, durch die eigenes Profil gewonnen werden könne, die jedoch "...durch patriotische Komponenten angereichert..." (ebd.: 135 f.) und "...mit Stolz und Bewußtsein der eigenen Andersartigkeit verbunden..." (ebd.: 130) werden müsse.

Die hier offensichtliche Transformation der im Ansatz angestrebten vernünftigen Identitätsstiftung in eine affektiv besetzte, die rational nicht reflektierbare und strukturell identische Elemente mit dem konservativen Identitätsentwurf aufweist, veranschaulicht, daß der Entwurf einer vernünftig legitimierten nationalen Identität den Widerspruch in sich trägt. Vorstellbare Anknüpfungspunkte einer vernünftigen Identität wie Demokratie, Freiheit, Menschenrechte und auch Frieden eignen sich nicht zur Konstituierung spezifisch nationaler Identitäten, da sie prinzipiell universalistische Normen darstellen, die z.B. alle westlichen Demokratien für sich beanspruchen.

Das gleiche Argument läßt sich gegen den von Habermas (1987: 173 f.) vorgeschlagenen - an Demokratie und Menschenrechten orientierten - Verfassungspatriotismus als alternatives Identitätsangebot an die Nation anführen. Ein weiterer dem Begriff der vernünftigen kollektiven Identität immanenter Widerspruch besteht darin, daß sich ein vernünftiges Identitätsangebot gerade dadurch auszeichnet, daß seine Annahme oder Ablehnung durch das Individuum auf der Basis eines rational-reflektierten, subjektiv-interessegeleiteten Entscheidungsprozesses erfolgt. Dies heißt jedoch, daß ein solches Angebot nicht im eigentlichen Sinn kollektiv rezipiert werden kann, wie es bei einem affektiv besetzten Leitbild möglich ist. Zu letzterem kann eine wirklich kollektive Bindung existieren, da es sich dabei um eine prinzipiell jedem nachvollziehbare und zugängliche emotionale Beziehung handelt, die sich jenseits einer bewußten Rückkopplung des Einzelnen auf seine Überzeugungen und Interessenlagen konstituiert.

"Eine vernünftige Identität, ein Verfassungspatriotismus, also die Selbstdefinition des 'citoyen' wird nicht 'allgemein', sie wird im besten Fall mehrheitsfähig werden" (Meuschel 1988: 410).

Die wissenschaftlichen Vorschläge zur Stärkung resp. Herausbildung einer nationalen/kollektiven Identität lassen sich als konsistent charakterisieren, solange sie sich im Rahmen des tradierten Nationsverständnisses bewegen, während sich die Versuche, die Gefahr einer nationalistischen Renaissance durch vernünftig legitimierte Identitätsstiftung zu umgehen, als widerspruchsvoll erweisen. Gemeinsam ist diesen Ansätzen, daß sie von der Notwendigkeit einer solchen Identität ausgehen und ihr positive Impulse für die gesellschaftliche Entwicklung zuschreiben. Unabhängig von den differierenden Auffassungen über ihren Inhalt und über die politisch-gesellschaftlichen Zielvorstellungen, die mit Hilfe des Konzepts der nationalen Identität verfolgt werden, wird ihr Erfordernis mit dem Rückschluß von individueller Identität auf nationale Identität begründet. Man müsse "...den engen Verbindungen zwischen individueller und nationaler Identität, zwischen der Selbstachtung des einzelnen Individuums auf der einen und seiner Zugehörigkeit und Liebe zu einer bestimmten Nation auf der anderen Seite Rechnung...tragen" (Mármora 1983: 149).

Abschließend bleibt festzuhalten, daß der nicht ansatzweise hinterfragte Konsens über Notwendigkeit und positive Funktion einer Bindung der Bürger an ihr nationales Kollektiv in Diskrepanz zur gleichfalls herrschenden Einmütigkeit über die Ambivalenz des Nationalismus und der Erscheinungsformen der Nation steht. Dies ist gerade im Fall Deutschlands erstaunlich, in dessen Geschichte der Nationalismus - trotz zahlreicher gegenteiliger Bemühungen - zu keinem Zeitpunkt eine gesamtgesellschaftlich wirkungsmächtige emanzipatorische Funktion innehatte (vgl. hierzu III/Kap. 2.1.3.2), und allein darin eine taugliche Begründung für eine Absage an national definierte Identitätsstrukturen liegt.

1.2 Nation und Nationalismus als Orientierungspunkte der "Neuen Linken"

Die in der wissenschaftlichen Auseinandersetzung zentrale Frage der Bewertung des Nationalismus, die Teilung des Begriffs, so daß es "...immer einen 'guten' und einen 'schlechten' Nationalismus (gibt)" (Balibar 1992: 61), war und ist für die politischen Konzeptionen der "Neuen Linken" in impliziter oder expliziter Weise konstitutiv. Die gängige Assoziation der politischen Linken mit dem Denken in gesellschaftlichen Klassen-Kategorien hat zwar auch bei der "Neuen Linken" eine gewisse Berechtigung. Sie weist jedoch nur auf einen Aspekt ihrer Weltbilder hin, der im Vergleich zu dem der präfaschistischen deutschen Linken von geringerer Bedeutung ist, und lenkt von der zentralen Rolle ab, die darin der Nation - auch in der Vermischung mit tradierten und neu formulierten Klassen-Begriffen - zukommt.

1.2.1 Über die Bedeutung des Denkens in nationalen Kategorien für die politischen Weltbilder der "Neuen Linken"

Der Rekurs auf die Kategorie der Nation stellt sich beim SDS und seinem Umfeld als mittelbarer Bezug dar, der sich aus der Art erschließt, wie das deutsch-deutsche Politikfeld und der Bereich Internationalismus besetzt wurde. Vordergründig spielte die Nation im politischen Denken nur insoweit eine Rolle, als darunter die Grundlage eines überholten Organisationsprinzips verstanden wurde. Die Auffassung, daß aufgrund der übernationalen politischen, wirtschaftlichen, gesellschaftlichen und militärischen Verflechtungen der Nationalstaat zum Anachronismus geworden sei, wurde insbesondere im Kontext der Deutschlandpolitik betont und war Konsens im SDS. Gleichzeitig verwies der Umstand, daß den national begründeten "...Wunsch nach Einverleibung der DDR...jeder für legitim zu halten (scheint)" (Gäng 1966: 4), auf die Diskrepanz zwischen dem angenommenen Bedeutungsverlust der Nation und der fehlenden Veränderung des Bewußtseins der Bevölkerungsmehrheit.

In diesem Sinn bezeichnete Dutschke (1967a: 47) den Nationalstaat als Hemmnis für eine internationale Bewegung, da er "...im Bewußtsein der Menschen drin(steckt). Und unser Problem gerade (darin besteht), diese ideologische Hemmnis zu beseitigen, um die internationale weltweite Vermittlung sichtbar zu machen...". Die vom SDS betriebene Deutschlandpolitik war von dem weitgehend überzeugend umgesetzten Willen bestimmt, sich nicht in nationalen Denkschemata zu bewegen, was sich von dem Hintergrund des in den 60er Jahren allgemein unumstrittenen Wiedervereinigungspostulats besonders hervorhob.

Hingegen spielte die Nation innerhalb dessen, was im SDS unter der Formel des Internationalismus verstanden wurde, eine zugleich hintergründige und determinierende Rolle. Ausgangspunkt war die Einschätzung, daß die in der kapitalistischen Frühphase dominante Trennung in arm und reich innerhalb eines Landes sich heute auf weltweiter Basis in dem neuen Grundwiderspruch zwischen Industrieländern und den Staaten der Peripherie reproduziere. Hierdurch wurde eine Sichtweise institutionalisiert, in der die vertikale Teilung gegenüber der horizontalen, auf Klassen bezogenen Schichtung dominierte. Aufgrund der kolonialen Verflechtungen müsse der Weg zur Überwindung dieses Antagonismus zwischen reichen und armen Ländern über die Erlangung der nationalen Unabhängigkeit, d.h. paradoxerweise über eine Verfestigung der nationalen Trennlinien verlaufen. "Die Neue Linke hat aber von den nationalrevolutionären Befreiungsbewegungen mehr erwartet, als den Kampf um nationale Unabhängigkeit - eine von Ausbeutung und Herrschaft befreite Gesellschaft" (Claussen 1979: 169) sowie die Ausweitung der Revolution über alle nationalstaatlichen Grenzen hinweg. Der auf Erlangung staatlicher Unabhängigkeit gerichtete Nationalismus nationaler (!) Befreiungsbewegungen wurde nicht als integrales Element, sondern als Vorstufe und Voraussetzung für eine sozialistische Gesellschaftsordnung begriffen und damit in seiner eigenständigen Bedeutung chronisch unterschätzt - logische Konsequenz der im obigen Zitat formulierten Erwartungshaltung, die auf dem realitätsverzerrenden, projektiven Wunschdenken über die Möglichkeit externer Revolutionen als vorläufigem Ersatz für interne basierte.

Ein weiterer Grund für die Unterschätzung des Nationalismus steht im Zusammenhang mit dem Glauben, daß die zunehmenden internationalen Verflechtungen zwangsläufig zum Ende nationalstaatlicher Organisation führen. Dadurch wurde die Auffassung, daß Nationalismus und Nationalstaat auch qua 'objektiver' Entwicklungslogik zum Untergang verurteilt seien, untermauert. In der These, daß internationale Kohärenzen den Nationalstaat überflüssig machen und der Nationalismus "...innerhalb des weltweiten Kommunikationszusammenhangs..." (Dutschke 1967a: 47) überwunden werden wird, steckt der Schluß, daß es eine Entwicklung hin zur umfassenden Internationalisierung von Bewußtsein und Interessen geben werde. Demgegenüber macht Nairn (1979: 140) darauf aufmerksam, daß,

"(w)as die Realität angeht, wir uns nur in Erinnerung zu rufen (brauchen), daß die allenthalben dominierende Begleiterscheinung der modernen Internationalität nichts anderes als der *Nationalismus* ist. Also keineswegs die logisch zwingende höhere Vernunft des Internationalismus, sondern die unlogische, unordentliche, widerborstige, zersetzende und zersplitterte Wirklichkeit der Nationalstaaten.... Über diese Tatsache setzt sich der falsche und vorschnelle Gedankensprung von der Internationalität zum Internationalismus hinweg".

Dieser Gedankensprung fundiert in dem fehlenden Bewußtsein von der Ungleichzeitigkeit gesellschaftlicher Entwicklung in Peripherie und Metropolen.[10] Die Tatsache, daß es sich bei den Befreiungsbewegungen in der Peripherie zumeist "...um verspätete Imitationsstücke aus dem 19. Jahrhundert..." (Anders 1969: 2) handelt, d.h. um Bewegungen, die primär nationale Ziele verfolgen und - entgegen dem linken Wunschdenken - keine Boten einer neuen internationalistischen Ära sind, wollte nicht zur Kenntnis genommen werden. Die Unterstützung der nationalen Ziele der Befreiungsbewegungen durch den SDS basierte auf der Annahme, daß es sich dabei um Vertreter eines progressiven Nationalismus handle:

> "Dieser 'revolutionäre Nationalismus' ist ein ganz anderer als der bei uns in Europa bekannte, der eine expansive Ideologie war, der mit Vorurteilen fremde Völker ablehnte und das eigene Volk mit metaphysischen Eigenschaften auszeichnete. Anders in der dritten Welt, wo sich im 'revolutionären Nationalismus' das solidarische Bewußtsein der Unterdrückten zeigt, die begriffen haben, daß nur durch die permanente Mobilisierung der Massen eine Änderung ihrer sie bedrückenden Verhältnisse erreicht werden kann" (Dutschke 1967c: 41).

Selbst die bei einem neu-linken Klassiker wie Fanon unüberhörbaren "...Töne eines oft geradezu chauvinistisch klingenden Nationalismus..." (Anders 1969: 2) mit Anklängen an die nazistische Blut- und Boden-Ideologie (vgl. ebd.: 3) konnten das Bild vom positiven Nationalismus nicht erschüttern. Die systematische Verdrängung von Elementen, die dieses Bild stören würden, unterstützt die These, daß die Identifikation mit den Befreiungsbewegungen "Züge eines Ersatznationalismus" (Brandt/Ammon 1981: 54) trug.

Die Weiterentwicklung vom Surrogat zum Original blieb den K-Gruppen überlassen. Kern ihres Weltbildes war das Denken in den Kategorien 'Volk' resp. 'Nation'. Bereits im SDS, der den Begriff des Volkes bezogen auf die Peripherie verwandt hatte, während bei entwickelten Gesellschaften von 'Klassen' gesprochen wurde, hatte dieser Ausdruck die Funktion, die fehlende Analyse gesellschaftlicher Strukturen und Interessen durch eine bequeme Subsumtion zu ersetzen. Dementsprechend läßt sich die Frage nach dem Bedeutungsinhalt dieses Wortes nur dahin gehend beantworten, daß darunter jene Menschen eines Staates verstanden wurden, die sich

---

10 Das Fehlen eines solchen Bewußtseins in der Studentenbewegung wurde bereits 1968 von Rabehl (1968: 40) konstatiert.

gegen Unterdrückung und für Befreiung einsetzen: "...'das Volk' verkörpert in einer uns fremden Bewegung das, was wir daran mit unserer Identität in Einklang bringen können. Alles andere, was damit in Widerspruch steht, wird einfach weggestrichen oder anderem zugerechnet" (Fischer 1979: 21). Kurz: offenkundig ist nur, daß es sich um einen eindeutig positiv aufgeladenen Begriff handelt.

In den Publikationen der K-Gruppen wurde die Unklarheit noch dadurch gesteigert, daß 'Volk' mal als Synonym für 'Nation', mal in nicht erklärter Diffferenzierung gebraucht und auch auf Gesellschaften der Metropolen angewandt wurde. Details wie die Frage, wer von wem mit welchen Mitteln warum und mit welchem Ziel von welcher Unterdrückung befreit werden sollte, waren für die K-Gruppen noch weitaus weniger von Belang als für den SDS, aus dessen Kreis noch Autoren wie Steinhaus (1966), Horlemann/Gäng (1966) und Nirumand (1967a) stammten, die sich um eine detailierte Analyse der Vorgänge in der Peripherie bemühten. Die K-Gruppen hingegen kümmerten sich "...zunehmend weniger um kämpfende Befreiungsfronten und revolutionäre Parteien des Auslands, dafür mit wachsendem Interesse um *objektiv in einem Widerspruch zu den imperialistischen Supermächten stehende Nationen...*" (Neitzke 1979: 193). Entsprechend des von der Kommunistischen Partei Chinas (KPCH) ausgegebenen Postulats "Staaten wollen Unabhängigkeit, Nationen wollen Befreiung und Völker wollen Revolution" (zit. bei Kommunismus und Klassenkampf 2/1978: 61) konnte es keinen Zweifel am fortschrittlichen Bewußtsein der Völker geben. Die Unterdrückung des 'Volkswillens' durch eine fremde Macht bzw. durch eine mit dieser kooperierenden Herrschaftselite galt als das entscheidende Hindernis für die Schaffung einer widerspruchslosen Gesellschaft.

Diese Auffassung treibt eine für die Linke konstitutive Grundannahme hervor, wonach "...der Mensch im Prinzip altruistisch, solidarisch und gleich im Hinblick auf seine Fähigkeiten wie seine Bedürfnisse ist, sofern nur die entsprechenden Verhältnisse gegeben sind" (Menzel 1991: 24). Da einzig der Imperialismus solche Verhältnisse verhindere, wurde jeder sich im nationalen Kampf manifestierende 'Volkswille', d.h. jeder Nationalismus - unabhängig von seinen Trägern und Zielen - als progressive Kraft begriffen, wenn er zur Schwächung des Imperialismus beitrug, was faktisch für nahezu alle Nationalismen zutreffe (vgl. Kommunismus und Klassenkampf 2/1978: 61). Mit Ausnahme des KB, der in diesem Punkt die Tradition des SDS fortsetzte, beschränkte sich die positive Rezeption des Nationalismus bei den K-Gruppen nicht mehr auf die Peripherie.

Ein weiterer Unterschied ist die völlige Loslösung von Befreiungsbewegungen als Konkretum. Während die Solidarität des SDS Bewegungen galt, die - zumindest verbal - einen revolutionären Umsturz der Gesellschaftsordnung anstrebten, hieß es bei den K-Gruppen: "Der revolutionäre Charakter einer nationalen Bewegung...setzt keinesfalls voraus, daß an der Bewegung unbedingt proletarische Elemente teilnehmen müssen, daß die Bewegung ein revolutionäres, beziehungsweise republikanisches Programm, eine demokratische Grundlage haben muß" (ebd.). Der Nationalismus wird nicht mehr nur im Kontext revolutionärer Erwartungen an die jeweilige Befreiungsbewegung zum Positivfaktor, sondern zum integralen Wert.

Die Nationalismus-Rezeption bei den *Grünen* bietet ein heterogenes Bild, in dem sich sowohl alle bis dahin entwickelten Denkmuster wiederfinden als auch neue Akzente erkennbar sind. So weisen die im Bereich deutsch-deutscher Politik vertretenen real- und nationalpolitischen Argumentationsmuster identische Grundzüge zu den Positionen von SDS und K-Gruppen auf. Die in diesem Politikfeld feststellbare neue Tendenz zur verstärkten Betonung des Aspekts der 'eigenen' nationalen und kulturellen Identität, die - den kontrastierenden deutschlandpolitischen Ansätzen entsprechend - entweder als gesamtdeutsch oder als westdeutsch interpretiert werden, ist Ausdruck einer grundlegenden Veränderung der Perspektive der "Neuen Linken". Die 80er Jahre stehen unter dem Zeichen eines

"...Paradigmenwechsel(s) von der politökonomischen Analyse zur Wiederentdeckung der Kultur, von der globalen Gesellschaftstheorie zu den Problemen des eigenen Lebensbereiches, (der)...auch auf die Beschäftigung mit der 'Dritten Welt' übertragen (wurde)..." (Menzel 1991: 27).

Von ihrem Programm, ihrem Selbstverständnis und ihrer Klientel her sind die *Grünen* von Anfang an eine Partei, für die die ökonomisch definierte Klassen-Kategorie kaum eine Rolle spielt. Die für sie konstitutive Absage an das ökonomische Wachstumsdenken verträgt sich nicht mit der Einteilung der Gesellschaft in antagonistische Klassen, da "...Klassenkämpfe...nur dazu gedient haben, das System in seiner Richtung weiter zu bewegen" (Bahro 1983: 83). Die "...Überschätzung des materiellen Lebensstandards..." (Die Grünen o.J.: 4) gilt als Haupthindernis für menschliche Selbstverwirklichung, weshalb es notwendig sei, sich davon zu befreien und geistig-kulturelle Maxime in den Vordergrund zu stellen. In der Kategorie der Kultur wird eine Abkopplungsmöglichkeit und ein Widerstandspotential gegenüber den vereinheitlichenden Tendenzen des Kapitalismus gesehen, das sich - anders als die Klassen-Kategorie - nicht in der Logik des Systems bewege und mit der abgelehnten Primär-Orientierung an materiellen Werten korrespondiere. Der neuentdeckte "...Interessengegensatz zwischen Fremdbestimmung durch die Kapitallogik und kultureller Selbstbestimmung..." (Oswalt/Tuckfeld 1985: 64) wird zum Synonym für den Widerspruch zwischen Unterdrückten und Mächtigen (vgl. ebd.).

Dieser Gegensatz hat eine innerstaatliche Dimension, innerhalb derer die Entwicklung einer Gegenkultur zur Kultur der Eliten intendiert ist, die von der kulturell unterdrückten Majorität getragen werden soll. Daneben beinhaltet er ein internationales Deutungsparadigma, innerhalb dessen die Behauptung partikularer Kultureinheiten dem Druck zur Nivellierung der Lebensformen durch globale Einbindung in den Weltmarkt und gezielte Einflußnahme der Metropolen gegenübersteht. So wird im Bundesprogramm das Recht "...jedes Volk(es,) die ihm eigentümliche Kultur bewahren (zu) können" (Die Grünen o.J.: 18), als Anspruch gegen die industriestaatliche, "technisch-materialistische Einheitszivilisation" (ebd.) formuliert.[11] Wird dieser Gedanke fortgeführt, gilt für die Staaten, deren Population durch `eine´ Kultur gekennzeichnet ist, daß kulturelle und staatliche Grenzen übereinstimmen, d.h. ein völkisch gefaßtes Kultur-Paradigma identisch ist mit dem der Nation. Gleichzeitig bedeutet die Verknüpfung von Volk und Kultur, daß der Begriff der multikulturellen Gesellschaft ein Synonym für Vielvölkerstaat ist. Die jede namentliche Erwähnung der Kategorie `Nation´ meidende Zielvorstellung der *Grünen* von einem "Europa der Kulturen und Regionen" ist für ein Land wie die BRD, in dem die regionalen Kulturen durch die nationale Kultur ersetzt wurden (vgl. Fetscher 1979: 128), gleichbedeutend mit der Forderung nach Bewahrung resp. Stärkung der nationalen Kultur der Deutschen.

Im Hinblick auf die Peripherie, in der - bedingt durch die kolonialen Grenzziehungen - kulturelle und nationalstaatliche Einheiten nur ausnahmsweise zusammenfallen, führt das Denken in kulturellen Kategorien dazu, daß der dortige Widerstand nicht mehr als ausschließlich ökonomisch motiviert definiert, sondern auch als Ablehnung der kulturellen Überfrem-

---

11 Dieser Entgegensetzung von Kultur und Zivilisation liegt ein spezifisch deutsches Denkmuster zugrunde (vgl. zum folg. Elias 1980: 1-10). Demnach ist Zivilisation etwas Zweitrangiges, das sich auf Leistungen und Verhalten von Menschen bezieht und dadurch nur die Oberfläche des menschlichen Daseins berührt, m.a.W. der trügerischen Äußerlichkeit verhaftet bleibt. Demgegenüber bezeichnet Kultur das Eigentliche, die wahre Tugend und Moralität des Menschen. Daß das hier beschriebene Kulturverständnis dem von Teilen der *Grünen* entspricht, wird in einer parteiinternen Kritik an den grünen Definitionen des Kulturbegriffs deutlich: "Zu seiner Bestimmung werden nur genauso entleerte Begriffe (wie Leben, Organisches etc.) benutzt, bzw. solche, die zwar wohlige Gefühle wecken, die Gesellschaft und den Menschen aber nur einseitig erfassen (wie Geborgenheit, Innerlichkeit, Gefühl), oder die direkt reaktionäre Inhalte haben (wie Intuition als Gegenbegriff zu Denken, Wissenschaftlichkeit)" (Wagner 1985: 69).

dung begriffen wird. Die Maxime des Rechts auf Bewahrung der partikularen Kultur ist jedoch nicht in der Lage, das grundsätzliche Dilemma des Internationalismus zu lösen, das in der Unterstützung nicht intendierter Ziele liegt. Die Problematik, daß der Übergang vom Streben nach kultureller Selbstbestimmung zu Fremdenhaß, Ethnozentrismus, Tribalismus und Nationalismus fließend ist und in der Realität zumeist mit der aggressiven Diskriminierung der als kulturell nicht zugehörig Definierten im eigenen Umfeld einhergeht (vgl. blätter des iz3W 1982: 30 f.), wird in dieser Maxime außer acht gelassen. Der als Gegenreaktion auf den Einfluß der Metropolen entstandene Kampf um Selbstbestimmung trifft primär nicht den eigentlichen Verursacher des Problems.

Die Sensibilisierung für die Bedeutung von Kultur kann einerseits dazu beitragen, ein realistischeres Bild von der Motivation zum Widerstand in der Peripherie zu vermitteln und damit einen der blinden Flecken im linken Weltbild zu beheben. Praktisch bietet sie die Möglichkeit, der Solidaritätsarbeit zu einer größeren Kontinuität zu verhelfen, da eine wirklichkeitsgerechtere, mehrdimensionale Sichtweise die Enttäuschung über anders erwartete Entwicklungen und die daraus resultierende Unbeständigkeit begrenzen kann. Andererseits liegt dem ausschließlich positiven Bezug auf das Postulat des kulturellen Selbstbestimmungsrechts eine Unterbewertung der o.g. Aspekte und Begleiterscheinungen zugrunde, wodurch die Ambivalenz dieses Rechts verkannt wird.

Weitaus problematischer ist die Übertragung der Volk-Kultur-Zuordnung auf die Verhältnisse in den Metropolen. Der grundsätzliche Sachverhalt, daß der Kategorie 'Kultur' per se keine emanzipatorische Stoßrichtung innewohnt, sondern sie eine widersprüchliche Struktur aufweist, die "...*gleichzeitig* gegen Herrschaft gerichtet und eine Art und Weise sein (kann), in der sich Menschen und soziale Gruppen in Herrschaftsstrukturen einbauen, sie akzeptieren und stützen" (Kalpaka/Räthzel 1989: 94), wird durch die Situation in den Metropolen aus dem Gleichgewicht gebracht. Das Element der Befreiung von äußerer Herrschaft in der Peripherie hat in den Staaten der 'Ersten Welt' kein Pendant, da sie es ist, die ihre Wertvorstellungen exportiert und nicht umgekehrt. Auch wenn der im hiesigen Teil der Welt wirksam gewordene Transformationsprozeß von Lebensformen durch Industrialisierung und Kapitalisierung nicht alle sozialen Schichten und Länder gleichermaßen durchdrungen hat, so ist diese Entwicklung doch derart unvergleichbar weiter fortgeschritten und breiter verankert, daß der Forderung nach Bewahrung der 'eigenen' Kultur jene emanzipatorische gegen externe Einflußnahme gerichtete Dimension fehlt, die sie in der Peripherie besitzt.

Die Mißachtung dieses Unterschieds und die negative Bewertung sog. Einheitszivilisationen führt dazu, daß die Möglichkeiten, die in der prinzipiellen Offenheit von solchen Gesellschaften liegen verkannt werden. Der stattdessen reformulierte Kern des nationalen Homogenitätsgedankens, wonach Volk und Kultur eine partikulare Einheit bilden (sollten), verweist auf die Übernahme eines tradierten Kultur-Begriffs, der die Differenzierung kultureller Konfliktlinien in modernen Gesellschaften - wie die zwischen Männern und Frauen - nicht berücksichtigt und in nationalen Schemata gefangen bleibt.

1.2.2 Die "Neue Linke" und ihr Volk - Typisch deutsche Probleme der Linken mit ihrem revolutionär-demokratischen Anspruch

Die Frage nach der Bewertung eines konkreten Nationalismus durch eine politische Partei oder Bewegung steht in engem Zusammenhang mit dem Bild von den Trägern des Nationalismus, d.h. von der Bevölkerung. Die Entstehung eines solchen Bildes hängt wiederum von der Interpretation des Handelns dieser Großgruppe in Geschichte und Gegenwart ab. Im Mittelpunkt dieses Kapitels steht daher das Verhältnis der "Neuen Linken" zur deutschen Population und das damit zusammenhängende Selbstbild der Linken im Kontext der Nationalismus-Rezeption.

In der antiautoritären Majorität des SDS herrschte ein von Skepsis geprägtes Bild der bundesdeutschen Bevölkerung vor. Nach ihrer Auffassung war es im Spätkapitalismus gelungen, eine "Gesellschaft ohne Opposition" (Marcuse zit. bei Juchler 1989: 16) zu schaffen und auch die Arbeiter in doppelter Weise in das System zu integrieren: "...ideologisch mit Hilfe des nach der Befreiung vom Faschismus während der Ära des 'kalten Krieges' modernisierten Antikommunismus, ökonomisch durch die relative Befriedigung der materiellen Bedürfnisse, der 'Amerikanisierung' der Konsumsphäre" (ebd.). Der Grund, weshalb diese Integration in der BRD in einem weitaus vollständigeren Maß gelungen sei als in anderen kapitalistischen Demokratien Europas, wurde in der Zerschlagung der Arbeiterbewegung durch den deutschen Faschismus und im Fortbestehen einer Persönlichkeitsgrundlage gesehen, die bereits für den Nationalsozialismus konstitutiv war. Unter Anlehnung an Adornos Untersuchung über die autoritäre Persönlichkeit, deren Syndrome in den Begriffen 'Konventionalismus', 'Stereotypie', 'Betonung von Männlichkeit' und 'Unterwürfigkeit' zusammengefaßt wurden, schrieb Dutschke (1968a: 58): "Diese Persönlichkeitsgrundlage wurde auch durch die äußerliche Niederlage des Faschismus in Deutschland nicht überwunden, konnte vielmehr im wesentlichen ungebrochen in Antikommunismus transformiert werden".

Diese Kontinuität der Persönlichkeitsdispositionen, die in den von seiten der Gewerkschaften geschürten Aggressionen von Arbeitern gegen die studentischen Aktionen und Demonstrationen sinnlich erfahren wurde, stellte ein grundsätzliches Vermittlungsproblem für die Studentenbewegung dar. Sie sah sich mit der Tatsache konfrontiert, daß ihr Ziel einer befreiten Gesellschaft auf wenig Widerhall stieß, da der Mehrheit ein Bewußtsein ihrer Unterdrückung und damit der Wille zur befreienden Veränderung des Status quo fehlte. Diese Bestandsaufnahme der bundesrepublikanischen Gesellschaft hatte explizit Folgen für die Vorstellungen der Antiautoritären über den Weg zur angestrebten Gesellschaft und über ihre eigene Rolle in diesem Prozeß. Eine implizite Konsequenz war die Ablehnung eines deutschen Nationalismus.

Der Kontrast zwischen der Sensibilität für die Gefährlichkeit nationaler Töne in der BRD und der kritiklosen Unterstützung des Nationalismus in der Peripherie, korreliert mit dem Bild von einer mehrheitlich 'bewußtlosen' Bevölkerung in der BRD und dem von einer Bevölkerung in der Peripherie, die die Wurzeln ihrer Unterdrückung zu erkennen vermag. Ein Nationalismus, der von Menschen getragen wird, deren Persönlichkeit autoritäre Dispositionen aufweist und deren Gegenwart durch ein System geprägt ist, das beständig und erfolgreich bemüht ist, die eigentlichen Interessen in Antikommunismus und Konsumfetischismus zu transformieren, mußte zwangsläufig reaktionär und - anders als in der Peripherie - unvereinbar mit revolutionären Erwartungen sein. Solange die herrschenden Zustände und Bewußtseinsdeformationen dafür sorgten, "...daß der allgemeine Wille immer falsch ist" (Marcuse 1969: 99), konnte der Nationalismus als Ausdruck des 'Volkswillens' nicht progressiv sein.

Die Annahme einer weitverbreiteten autoritären Persönlichkeitsstruktur verweist ebenso wie das bei der SED festgestellte Trauma, "...daß die doch an sich 'friedliebenden Volksmassen' vor und nach 1933 in unerwartetem Ausmaße zum Faschismus übergelaufen sind" (Blanke 1967: 46) darauf, daß der Nationalsozialismus als eine Herrschaft begriffen wurde, die sich auf eine "aktive Massenbasis" (Dutschke 1968: 68a) stützen konnte.

Diese Auffassung steht im Gegensatz zu den NS-Interpretationen der K-Gruppen und insbesondere zu denen von KPD/ML und KPD als den entschiedensten Verfechtern eines deutschen Nationalismus. Nach deren Ansicht handelte es sich beim Nationalsozialismus um die Herrschaft einer kleinen Elite, die sich nur durch Terror und Unterdrückung gegen den Willen des deutschen Volkes an der Macht halten konnte. Unter der Annahme, daß die Deutschen bereits im Nationalsozialismus mehrheitlich überzeugte, friedliebende Antifaschisten waren, erübrigte sich die Frage nach gegenwärtigen faschistoiden Denkstrukturen ebenso wie die nach der Berechtigung der Furcht der Nachbarstaaten vor einem geeinten Deutschland. Da das deutsche Kollektiv in nationalsozialistischer Geschichte und bundesrepublikanischer Gegenwart als ewiges Opfer skrupelloser Herrschafts- und Kapitalinteressen bzw. fremder Besatzungsmächte gesehen wurde, konnte sich die Vorstellung entwickeln, daß ein Ende der Fremdbestimmung und die Rekonstituierung als Nation zwangsläufig zur schon immer mehrheitlich gewollten Revolution und zu gesamtgesellschaftlicher Befreiung führen werde.

Die Verlagerung der Verantwortung für den Nationalsozialismus und seine Folgen weg von den Deutschen ist Voraussetzung und Grundlage für die Auffassung, daß nationales Selbstbestimmungsrecht sui generis als progressiv-gesellschaftsverändernde Kraft wirkt - ein Zusammenhang, der in der Argumentation der grünen Nationalpolitiker ebenfalls deutlich wird. Bei diesen verlegte sich der Akzent von der offenen Exkulpation der Deutschen für die nationalsozialistischen Verbrechen auf die Verurteilung des Verhaltens der Siegermächte nach 1945. Eine historische "Mitschuld" (Stolz 1985: 25) wurde nicht bestritten, das eigentliche Problem und Unrecht jedoch darin gesehen, daß die Alliierten "...den Zweiten Weltkrieg nicht demokratisch und friedensstiftend auf der Grundlage des Selbstbestimmungsrechts der Völker beendeten...und damit...dem Nationalismus und der Feindschaft zwischen den Völkern den Boden bereiteten" (ebd.: 23), womit jede Chance eines wirklichen Neubeginns zerstört worden sei.

Demnach lag die Ursache für den verhinderten Neuanfang nicht an Faktoren wie dem fehlenden Willen der Deutschen zur selbstkritischen Revision faschistischer (Denk-)Strukturen, sondern an der nationalen Unterdrückung und an dem von außen auferlegten Zwang, auf den Nationalismus anderer zu reagieren. Eine solche Interpretation evoziert die Vorstellung von nationaler Souveränität als Allheilmittel.

Die Frage der Entwicklung der kollektiven Mentalität und Disposition spielte auch im Kontext des von einer grünen Mehrheit befürworteten Austritts der BRD aus der NATO eine Rolle. Die Gegner dieser Forderung begründeten ihre Position u.a. mit der Befürchtung, daß die Umsetzung einer solchen Politik "...im Innern zu einer nationalistischen Einschnürung der Demokratie führt()" (Schnappertz 1988: 100), d.h. mit dem Umkehrschluß der These, daß ein größeres Maß an nationaler Selbstbestimmung zu einer demokratischeren Gesellschaft führe. Hinter der Ablehnung eines bundesdeutschen Sonderwegs stand die grundsätzliche Befürwortung der

Westbindung der BRD, in der - trotz friedenspolitischer Diskrepanzen - eine Sicherung für die Aufrechterhaltung des demokratischen Systems gesehen wurde. Die durch Abkopplung geschwächte Funktion der politisch-kulturellen Westintegration, "...uns Deutsche `unter Kontrolle zu halten´" (Fischer 1987: 98), galt als gefährlich, da ein kollektiver Rückfall in die Tradition deutsch-nationaler Feindschaft zum Westen, "...die Abkehr vom westlichen Zivilisationsmodell mit formaler, parlamentarischer Demokratie und individuellen Freiheitsrechten..." (Schnappertz 1988a: 105) nicht unwahrscheinlich wäre. Die auf seiten der Austrittsbefürworter bestehende Sicherheit, daß eine "...blockfreie BRD...kulturell genauso westintegriert (wäre) wie es ein blockfreies Britannien oder Holland wären..." (Maier 1988: 168) wurde bezweifelt.

Gleichförmige Divergenzen sind Bestandteil der Diskussion über Rechtsextremismus und Rassismus. Während z.B. Cohn-Bendit (1993: 96) die Frage, ob die Deutschen "...die Demokratie nur wertgeschätzt (haben), solange sie bequem und nützlich war" und sie in Wirklichkeit über 40 Jahre hinweg nur die alten geblieben seien, für die Westdeutschen verneint, ist Vollmer (1993: 120) der Ansicht, daß "...die im Osten wie im Westen von den jeweiligen Sieger- oder Schutzmächten verordneten Ziviltugenden von Demokratie und Toleranz oder internationaler Solidarität aufgesetzt und wenig solide verankert waren...". Die Tatsache, daß es der Nationalsozialismus und seine Verdrängung war, aufgrund derer den Deutschen eine besondere Stellung zugesprochen wird, kommt in dem von Joschka Fischer (1984: 10) als zutreffend bezeichneten Vorwurf an seine Adresse deutlich zum Ausdruck:

"Er (ein namentlich ungenannter `Ökolibertärer´; A.L.) wirft mir einen `traditionellen linken Republikanismus´ vor, der die Verfaßtheit unseres lieben Vaterlandes und seiner Bewohner, der Deutschen, im Lichte der jüngeren Geschichte im wesentlichen als Elend (und nicht auch als Chance) zu betrachten erlaube, der Normalität unserer europäischen Nachbarn hinterhertrauere und die mißratenen Deutschen auf demokratisches Einheitsmaß bringen wolle".

Abgesehen von dem hier anklingenden grundsätzlichen Infragestellen der Orientierung am westlichen Demokratieverständnis, die tendenziell die Interpretation der NATO-Austrittsforderung als "...symbolische Chiffre einer radikalen und unversöhnlichen Gegnerschaft zum westlichen System..." (Schnappertz zit. bei Beer/Kaiser 1988: 199) unterstützt, lassen sich zwei Annahmen über die Verfaßtheit der Deutschen unterscheiden. Die divergierenden Antworten auf die Frage, ob das `demokratische Einheitsmaß´ bereits erreicht, die politisch-kulturelle Westintegration irreversibel verankert sei, oder ob es sich dabei um eine gegenwärtige und zukünftige Aufgabe handle, markieren die entscheidende Differenz bei der Beurteilung der Konsequenzen einer nationalen Abkopplung und dem darin zum Ausdruck kommenden Grad des Vertrauens in die Deutschen.

Außer für den Teil der "Neuen Linken", deren Interpretation der jüngeren deutschen Geschichte als außengelenkt und deren Überzeugung von der prinzipiell progressiven Ausrichtung des `Volkswillens´ keine Schwierigkeiten im Verhältnis zum Volk aufkommen läßt, stellt sich die Beziehung "Deutsche Linke und ihr Volk" (Vollmer 1986: 51) in doppelter Weise als Problem dar. Erstens hinsichtlich des Anspruchs, eine demokratischere Gesellschaft zu schaffen, über deren Gestaltung per definitonem die Bevölkerung in einem weit über die Abgabe von Wahlzetteln hinausgehenden Maß entscheidet. Zweitens hinsichtlich der eigenen Verortung und bewußtseinsmäßigen Verfaßtheit, m.a.W. des Selbstbildes und Selbstverständnisses als einer Linken, die zugleich deutsch ist.

Der Weg des antiautoritären SDS aus diesem Dilemma war die Avantgarde-Theorie in Verbindung mit einer voluntaristischen Geschichtsauffassung. Der eigenen Gruppe, die in der Auseinandersetzung mit dem System ein befreites Bewußtsein gewonnen habe, wurde die Aufgabe zugesprochen, die mehrheitlich `bewußtlose´ Bevölkerung zunächst für ihre `wahren´ Bedürfnisse zu sensibilisieren. Damit sei jedoch die Führungsaufgabe nicht beendet, da die "aufgeklärten Massen" (Dutschke 1968a: 84) allein nur einen "massenhaften Sozialdemokratismus" (ebd.) zuwege brächten und zum revolutionären Umsturz weiterer Anleitung bedürften.[12]

Grundlage der Annahme, man selber habe - auf geistiger Ebene - bereits den "*Sprung* in das Reich der Freiheit" (Marcuse zit. bei Guggenberger 1973: 370) geschafft, war die Auffassung, daß Geschichte ein machbares Objekt des menschlichen Willens sei und dementsprechend der radikale rückstandslose Bruch mit der Vergangenheit und dem Bestehenden, die "*Sprengung der Geschichte*" (ders. zit. bei ebd.), durch den Willen zur Loslösung erreicht werden könne. Die Wirkung dieses "*prinzipiellen* Voluntarismus" (ebd.: 27) spiegelt sich in der Einschätzung wider, daß die bruchlose Übertragung des die vielzitierten Texte von Lenin, Luxemburg, Bucharin u.a. prägenden "...Optimismus über das gesellschaftlich Machbare, der die Erfahrung von Faschismus und Stalinismus noch vor sich hatte" (Menzel 1991: 25), einen realitätstüchtigen Ausgangspunkt für die Beurteilung zukünftiger Entwicklung dienen könne.

---

12 Bei diesem Selbstverständis als revolutionärer Focus stand die gleichnamige lateinamerikanische Revolutionstheorie Pate, nach der der Umsturz durch eine kleine Minderheit eingeleitet werden sollte.

Eine andere Konsequenz war der im Wissen um die eigene geglückte Abkopplung von der Geschichte angelegte Mangel an Sensibilität für die Existenz eines kulturellen Hintergrunds, dessen negative Aspekte sich nicht allein durch den postulierten Willen aus dem Bewußtsein ausklammern lassen, sondern beständige Bewußtmachung, Auseinandersetzung und selbstkritische Reflexion verlangen. Ein markantes Beispiel hierfür ist die Tatsache, daß im philosemitischen Jubel über den israelischen Sieg 1967 die Transformation des latenten Antisemitismus erkannt wurde, während der eigene Antizionismus diesem Verdacht a priori nicht ausgesetzt war und sich dadurch zu dem bis in die 80er Jahre nicht reflektierten Mythos von der Unmöglichkeit eines linken Antisemitismus (vgl. Zwerenz 1976: 36) entwickeln konnte.

Zusammengefaßt läßt sich das Selbstverständnis der Antiautoritären dahin gehend charakterisieren, daß es im wesentlichen durch die eigene Verortung in einem als internationalistisch begriffenen Kontext und durch das Bewußtsein eines elitären Abstandes gegenüber der Bevölkerungsmehrheit geprägt war, der sich in der Idee eines Erziehungsauftrags manifestierte. Problematisch wurde die Aufrechterhaltung eines solchen Selbstverständnisses zum einen durch die Krise des Internationalismus, d.h. dadurch, daß die Völker der Peripherie ihre Rolle als Hoffnungsträger für die Weltrevolution weitgehend einbüßten, zum anderen, weil der anfängliche Optimismus hinsichtlich einer Verbreiterung der revolutionären Basis im eigenen Land sich zunehmend in Resignation über das gesellschaftlich Machbare verwandelte.

Für die *Grünen* als einer Partei, in der Traditionsbestände dieses Selbstverständnisses auf den explizit basisdemokratischen Anspruch stoßen, ergeben sich hieraus zwangsläufig Probleme. Die von Vollmer (1986: 51) konstatierte Teilung der Partei über die Haltung zum Volksentscheid ist direktes Resultat dieses Widerspruchs. In der Frage des Für und Wider des Volksentscheids opponieren die Befürworter gegen die ihrer Ansicht nach in der Linken vorherrschende Einschätzung, "...daß dieses Volk ein Haufen dümmlicher, kryptofaschistischer Spießer ist" (Ulrich 1989: 59). Sie habe ihre Wurzeln in der "Dominanz des Schulddiskurses" (ebd.: 56) habe, der aufgrund des Generationenwechsels und der bisher geleisteten Aufarbeitung heute ohne Berechtigung sei. Die falsche Behauptung von der Verdrängung des Nationalsozialismus stehe der notwendigen umfassenden Demokratisierung im Weg und diene als Begründung dafür, "...das Risiko der Demokratie nie wirklich ein(zugehen) - daß nämlich das Volk wirklich herrschen könnte" (ebd.: 59). Dem wurde in einer direkten Replik entgegengehalten, daß sich zuerst die Frage stelle, "...was es (das Volk; A.L.) in seiner Mehrheit *politisch will* (Ausländer raus?)..." (Kolodziej 1989: 64), und vermutet, daß "...das Volk, so wie sein Bewußtsein zur Zeit verfaßt ist, Bernd Ulrichs Mut zum Risiko sehr schlecht danken (wird)" (ebd.).

Die in diese Kontroverse nicht eingegangene Frage nach dem Selbstbild der Grünen vor dem Hintergrund ihrer Zugehörigkeit zur deutschen Nation wird gleichfalls unterschiedlich beantwortet. So zeigen sich in der Entgegensetzung von Kultur und Zivilisation, in der Idealisierung ruraler Traditionen (vgl. Müller 1986: 54) und in der Gegnerschaft zum westlichen System (vgl. Schnappertz zit. bei Beer/Kaiser 1988: 199) für einen Teil der *Grünen* jene "...gefährlichen antiurbanen Traditionen des deutschen Volkes..." (Müller 1986: 54) in der eigenen Partei, die mit ihrem Selbstverständnis als Linke unvereinbar sind.

Die hier abgelehnte Anknüpfung an deutsche Traditionen wird von anderer Seite explizit vertreten und eine grundlegende Neuorientierung durch Entwicklung einer spezifisch deutschen politischen Kultur gefordert. In diese Kultur müßten Elemente wie der deutsche Hang zum Absoluten, der Wille "...den Sachen auf den Grund zu gehen,...*nicht beim seichten common sense stehen* (zu) *bleiben*" (Schmid zit. bei Fetscher 1979: 120) Eingang finden, die eine Abgrenzung von den negativen Seiten der angelsächsischen Toleranz, von deren Oberflächlichkeit, Seichtigkeit und Versöhnungsbereitschaft ermöglichen (vgl. ders. zit. bei ebd.).

Die zukünftige Ausrichtung des grünen Selbstverständnisses wird auch davon abhängen, welche Tendenz durch das Zusammengehen von *Grünen* und Bündnis 90 eine Verstärkung erfährt.

2. Rassismus/Kulturalismus

2.1 Die Transformation des Rassismus und seine Verbindung mit dem Nationalismus

Im Zentrum dieses Arbeitsteils stehen die ideologischen und funktionalen Zusammenhänge von Kulturalismus, Rassismus und Nationalismus, wie sie sich aus wissenschaftlicher Sicht darstellen. An eine kurze Begründung der Subsumtion des Antisemitismus unter den Rassismus schließt sich die Beschreibung der Veränderung des Rassismus von einem biologisch zu einem kulturell begründeten Theoriegebäude an, die auf der Folie der heutigen Dominanz des Kulturparadigmas bei den *Grünen* zu sehen ist. Mit dem folgenden Kapitel über die allgemeinen Verknüpfungen von Rassismus und

Nationalismus wird die zweifache Intention verfolgt, Grundlagen einer heute überaus relevanten Fragestellung herauszuarbeiten, die bislang in der Nationalismus-Forschung ein Schattendasein fristet, und jenen Zusammenhang zu plausibilisieren, der dem nationalen Denken in Nationalstaaten seine rassistische Dynamik verleiht. Das deutsche Spezifikum einer bereits lange vor der nationalstaatlichen Konstituierung feststellbaren Korrelation zwischen kulturnationalem Selbstverständnis und Antisemitismus, die zur Konstante deutscher Geschichte wurde, ist Gegenstand eines eigenen Kapitels.

2.1.1 Antisemitismus als `Leitfossil´ des Rassismus

Wenn im folgenden von Rassismus bzw. Rassismen gesprochen wird, schließt dies - sofern keine explizite Unterscheidung vorliegt - den Antisemitismus ein. Grundlage ist die hier zunächst eingeführte Definition des Rassismus als Form der Naturalisierung, d.h. als Vorgang, in dem kulturelle und soziale Bedingtheiten als natürliche Eigenschaften dargestellt werden (vgl. Hall 1989: 913 f.). Der Vorteil dieser begrifflichen Bestimmung liegt darin, daß sie den Rassismus durch die ihm zugrundeliegende Denkstruktur definiert und damit in der Perspektive auf den Rassisten gerichtet ist, wodurch das Zielobjekt des Rassismus in den Hintergrund tritt. Da im ersten Teilbereich primär die grundsätzlichen rassismuskonstituierenden Denk- und Wahrnehmungsstrukturen behandelt werden, kann auf eine Differenzierung nach spezifisch objektgebundenen Projektionen weitgehend verzichtet werden.

Damit ist jedoch nicht gemeint, daß dem Antisemitismus keine spezifischen Grundlagen und Charakteristika eigen sind, die ihn von allen anderen Rassismen unterscheiden und bei einem anders gelagerten Erkenntnisinteresse eine Differenzierung sinnvoll machen. In Anlehnung an Strauss/Kampe (1985) und Poliakov u.a. (1984), die den Antisemitismus als die paradoxeste Spielart des Rassismus bezeichnen (ebd.: 183), sollen hier wenigstens einige spezifische Merkmale angesprochen werden.

So ist in der langen Tradition religiös motivierter Judenfeindschaft, die ein "...latenter Bestandteil der christlich-abendländischen Kultur war und wohl in Resten noch ist" (Strauss/Kampe 1985: 15)[13], eine Voraussetzung für den Erfolg des säkularisierten Antisemitismus zu sehen. Während sich

---

13 Die erstaunliche Langlebigkeit religiös motivierter Argumente wird in einer bundesdeutschen Umfrage von 1992 belegt, nach der 1/5 der Befragten den Juden die Schuld an Jesus Tod geben (vgl. Spiegel v. 20.1.1992: 44).

der religiöse Antijudaismus auf den real bestehenden Religionsunterschied stützen konnte, standen dem modernen Antisemitismus keine objektiv bestehenden Unterscheidungsmerkmale zur Verfügung, die im Sinne einer feindlichen Abgrenzung instrumentalisierbar waren. Das Beispiel der assimilierten Juden im deutschen Ursprungsland dieser Ideologie zeigt, daß weder die klassisch rassistische Kategorie der physischen Erscheinung noch territoriale Herkunft oder Kultur sprich Lebensweise und Wertvorstellungen einen realen Anknüpfungspunkt für eine Differenzierung bieten konnten, wie sie für andere Rassismen konstituierend waren und sind. Demnach besteht das spezifische Paradoxon des Antisemitismus darin, daß "...gerade der Jude von allen `Anderen´, der am wenigsten `Andere´, von allen, die verschieden sind, der Ähnlichste (ist)" (Poliakov/Delacampagne/Girard 1984: 190).

2.1.2 Vom Biologismus zum Kulturalismus - Die Anpassung rassistischer Ideologie

Grundlage des Rassismus sollten die im Europa des 18. Jahrhunderts begonnenen Versuche werden, eine Wissenschaft vom Menschen auf der Basis sichtbarer und meßbarer physischer Merkmale wie Hautfarbe und Schädelform zu begründen, der eine Zuweisung charakterlicher, geistiger und soziologischer Kennzeichen folgte. "Da diese (physischen; A.L.) Merkmale, die der rassischen Klassifizierung dienten, erblich und vom Menschen aus gesehen unveränderlich waren, traf das auch, wie man meinte, auf die mit ihm gekoppelten geistigen und moralischen Merkmale zu" (Poliakov/Delacampagne/Girard 1984: 198). Dieser Kerninhalt aller Rassentheorien markiert den entscheidenden Unterschied zu einer wesentlich älteren Form der Reaktion von Menschen auf das Unbekannte, der Fremdenfeindlichkeit, und begründet die Neuartigkeit des Rassismus. Dem beiden Erscheinungen zugrundeliegenden Gefühl der Befremdung werden rationale Begründungsmuster geliefert und es erfährt durch die Einteilung der Erdbevölkerung in Menschen-Klassen eine Systematisierung und eine vom Objekt losgelöste Verankerung. Persönliche Erfahrung und individuelle Vorurteile treten als meinungsbildende Kraft zurück und die empfundene Befremdung wird in vorgegebene feste Assoziationslinien gelenkt, deren spezifische Qualität in ihrer Rückführung auf Andersartigkeit durch Geburt liegt (vgl. Bielefeld 1990: 8 ff.). Durch die Berufung auf diese natürliche Gesetzmäßigkeit, den daraus folgenden Anspruch auf Allgemeingültigkeit und die sog. wissenschaftlichen Vermittlung, erhält der Rassismus einen objektiven Charakter, dessen Legitimation als gegeben und nicht hinterfragbar erscheint.

Das Charakteristikum des Rassismus als Ideologie ist die Herstellung von Kausalverhältnissen zwischen physischen und nicht-physischen Merkmalen. Die Frage, ob diese Verbindung den Rassismus-Begriff bereits ausreichend definiert, wie z.B. Guillaumin (1990: 4 f.) meint, oder ob zusätzliche Kriterien erfüllt sein müssen, ist in der Forschung umstritten. So entspricht diese Bestimmung der Definition Miles' (1989: 359) von Rassenkonstruktion als Voraussetzung von Rassismus. Außerdem sei es jedoch notwendig, daß die als Rasse konstruierte Gruppe "...mit zusätzlichen, negativ bewerteten (biologischen oder kulturellen) Merkmalen versehen und so dargestellt (wird), als verursache sie negative Folgen für andere... Rassismus setzt also Rassenkonstruktion voraus, geht jedoch darüber hinaus, indem er explizit negativ bewertete Elemente benutzt".

In der Praxis diente die negative Besetzung zur Begründung, Rechtfertigung und Konsolidierung von Herrschaftsverhältnissen wie Sklaverei und Kolonialismus. Die enge Verbindung zwischen diesen Formen der Unterdrückung und der Herausbildung der rassistischen Ideologie als Phänomene der westlichen Zivilisation verweist auf ein Spezifikum westlichen Denkens, das die technische Entwicklung hervorbrachte und daraus die eigene Höherwertigkeit ableitete. Der Rassismus ist auf zweifache Weise mit dem westlichen Denken verknüpft:

> "...zuerst indirekt, indem es den Weißen die Mittel in die Hand gab, sich die Erde zu unterwerfen und die Berührungen - die dann in Ausbeutung ausarten sollten - mit Menschen anderer Kulturen zu vermehren, und dann direkter, indem es die sich aus diesen Berührungen ergebenden Vorurteile systematisierte und in den Rang einer Doktrin erhob" (Poliakov/Delacampagne/Girard 1984: 199).

Die als Rechtfertigung von Kolonialismus und Sklaverei dienende rassistische Ideologie konnte sich auf die Hautfarbe als Unterscheidungsmerkmal stützen, was sich "...als gesellschaftlich besonders wirksam (erwies), weil die wissenschaftlichen Konstrukte im Alltagsleben jederzeit durch die Sichtbarkeit des Merkmals plausibilisiert werden konnten" (Dittrich/Radtke 1990: 18). Wegen des ähnlichen Erscheinungsbildes vieler Populationen eignen sich physische Merkmale nur sehr bedingt und mußten für eine weitergehende Differenzierung durch andere Trennelemente ergänzt werden. Hierzu wurden die ursprünglich aus der Physis abgeleiteten Merkmale wie Charakter, Intellekt, Lebensweise und Wertvorstellungen in den Stand integraler Kategorien erhoben.

Zur Illustration der Bedeutung kultureller Normen für die Konstruktion von Rassen innerhalb physisch nicht unterscheidbarer Populationen bietet sich das deutsche Beispiel an. Hintergrund ist die bereits im Zusammenhang mit der Dichotomie in Staats- und Kulturnation angesprochene Konstituierung eines deutschen Kollektivs, das seinen Anspruch auf Gemeinsamkeit nicht auf territoriale Einheit begründen konnte und kulturelle Merkmale als determinativ begriff.

Charakteristisch für die Art, in der über die Verbindung der Deutschen untereinander gedacht wurde, ist der von Herder entdeckte 'Volksgeist', der alle kulturellen Äußerungen wie Sitte, Sprache, Religion, Moral und Literatur hervorbringe (vgl. Dittrich/Radtke 1990: 21). Herder beabsichtigte keine Hierarchisierung; mit dem Kriterium der Religionszugehörigkeit wird jedoch deutlich, daß Juden nicht zum deutschen Volk gehören können. Es blieb Herders Epigonen überlassen, das metaphysische Konstrukt des Volksgeistes mit spezifisch deutschen Inhalten zu füllen, die hauptsächlich durch die Abgrenzung von anderen Nationen - insbesondere vom 'Erbfeind' Frankreich - und von der christlich-abendländischen Minderheit par excellence, den Juden, gewonnen wurden. Die hier interessierende Abgrenzung von den Juden beruhte auf der Gegenüberstellung von deutschem und jüdischem 'Wesen'. Zu ersterem gehöre "...der Respekt vor der Tradition, das Bemühen um die Erhaltung des in Jahrhunderten Gewachsenen, die Ehrfurcht vor der von Gott gewollten Obrigkeit" (Jochmann 1985: 105) sowie das Zurückstellen individueller Wünsche zugunsten des Dienstes an der Gemeinschaft auf dem dem Einzelnen zugewiesenen Platz. Das mit dem jüdischen identifizierte undeutsche Wesen sei demgegenüber durch den Glauben an universalistische Ideen wie der menschlicher Gleichheit bestimmt sowie durch materialistischen Egoismus und die Auffassung, daß die staatliche Ordnung den Erfordernissen der Gesellschaft anzupassen sei (vgl. ebd.).[14]

Wie diese Zuschreibung von Wesensmerkmalen, die so gesetzten kulturellen Normen, die Wahrnehmung gesellschaftlicher Realitäten beeinflußte und damit direkt antisemitisch wirksam wurde, verdeutlicht die Unterscheidung zwischen christlich-schaffendem und jüdisch-raffendem Kapital (vgl. Strauss/ Kampe 1985: 19). Daß es sich bei diesen Normen nicht um Handlungs- oder Denkrichtlinien handelte, deren Anerkennung und Befolgung vom Willen des Individuums abhängt und damit prinzipiell jedem möglich wäre, kommt im Begriff des Wesenhaften ebenso zum Ausdruck wie in dem

---

14 Die zentrale Bedeutung 'des Juden' für die deutsche Selbstdefinition faßt Ebach (1988: 102) zusammen: "Deutsch, was immer das sonst noch sein mochte, war zumindest und vor allem eins: *nicht-jüdisch*".

Konstrukt eines willensunabhängigen `Volksgeistes´. Die angenommenen kulturellen Unterschiede bekamen durch die behauptete Unveränderbarkeit und Erblichkeit eine - den physischen Merkmalen entsprechende - deterministische Qualität.

Die Ende des 19. Jahrhunderts entwickelte und im Nationalsozialismus perfektionierte antisemitische Ideologie als weltanschauliches System trägt in ihrer Betonung des rassenklassifizierenden Merkmals "blutmäßige(r) Substanz" (Hofer 1985: 173) keine qualitativ anderen Züge. Es handelt sich hierbei um eine argumentative Umgewichtung innerhalb der rassistischen Ideologie von einer kulturalistischen Argumentation, die auf biologische `Gegebenheiten´ rekurrierte, zu einer biologisch begründeten Trennung, auf der kulturalistische Argumentationen aufgebaut wurden.

Die Umsetzung der Rassentheorie im Nationalsozialismus, d.h. die Unterwerfung und Ausbeutung der nicht-arischen Rassen und insbesondere die Shoah, sowie die von der Genetik widerlegte These angeborener Unterschiede führten dazu, daß der Begriff der Rasse als diskreditiert und falsch angesehen wurde und man seinen Gebrauch in Gesellschaft und Wissenschaft nach 1945 weitgehend vermied. Zur "...wissenschaftlichen Delegitimierung des Rassenkonzeptes trat eine soziale und ideologische" (Bielefeld 1990: 17). Wie Adorno (1955: 277) bereits vor 40 Jahren feststellte, ersetzt das "vornehme Wort Kultur" den "verpönten Ausdruck() Rasse" und "(a)n die Stelle des Rassenkonflikts, dem die Absicht von Unterdrückung und Vernichtung anzusehen war, ist der `Kulturkonflikt´ getreten..." (Dittrich/Radtke 1990: 30).

Die leichte Austauschbarkeit dieser Begriffe hängt damit zusammen, daß sie - wie es paradigmatisch mit der beschriebenen Rassisierung der Juden aufgrund kultureller Merkmale illustriert wurde - "...synonymes meinten, in den `wissenden´, theoretischen Varianten ebenso wie in den kruden, eher heterophoben Formen" (Bielefeld 1990a: 15). Die Annahme, daß es sich bei der Unterscheidung nach Kulturen um eine problemlosere, weil unbelastetere Form der Kategorisierung von Menschen handle, beruht darauf, daß das Denken über Rassismus in Gesellschaft und Forschung lange Zeit durch den als rassistischen Idealtypus betrachteten nazistischen Antisemitismus beherrscht wurde (vgl. De Rudder 1990: 3). Daher rührte eine Fixierung auf die in der nationalsozialistischen Rassenideologie betonte Differenzierung nach physischen Merkmalen, hinter denen die kulturellen Konnotationen des antisemitischen Rassismus weitgehend verschwanden. Ein Beispiel für den Austausch dieser Begriffe sind die abweichenden Formulierungen in der internen und in der veröffentlichten Version des berüchtigten "Heidelberger Manifestes" von 1981, in dem elf deutsche

Hochschullehrer dem Rassismus seine wisenschaftlichen Weihen verliehen. Hieß es in der internen Fassung, daß "Völker...(*biologisch* und kybernetisch) lebende Systeme höherer Ordnung mit voneinander verschiedenen Systemeigenschaften (sind), die *genetisch* und durch Tradition weitergegeben werden" (zit. bei Kalpaka/Räthzel 1990: 15), so lautet die entschärfte - für die Öffentlichkeit bestimmte - Variante dieses Satzes: "Europa verstehen wir als eine lebendige Gemeinschaft von Völkern und Nationen, die durch *Kultur und Geschichte* eine Ganzheit höherer Art bilden" (ebd.).

Die Bezeichnungen 'Ethnozentrismus' und 'Ethnopluralismus' für Kategorisierungen, die auf offen biologistische Argumentationen verzichten, sind in der Forschung umstritten, da sich in der Praxis kaum unterscheiden läßt, "...ob die Vorstellung der Minderwertigkeit anderer Kulturen rassistisch oder ethnozentristisch begründet ist" (Kalpaka/Räthzel 1989: 88). Die ethnozentristische Vorstellung von der 'eigenen' Kultur als Maßstab und Zielperspektive für den Rest der Menschheit, entspricht einem der Theoriestränge des rassistischen Diskurses. Darin wird eine potentielle Veränderung im Sinn einer partiell möglichen Angleichung an den weißen Maßstab mitgedacht, wie sie Rudyard Kiplings Klage über die dem weißen Mann aufgebürdete Last der Erziehung der Kolonisierten "zum Licht empor" ausdrückt (vgl. ders. zit. bei Dingel 1986: 31). Anders der - treffender mit dem Begriff des differentiellen Rassismus erfaßte - Ethnopluralismus, wonach grundsätzlich alle Kulturen gleichwertig, jedoch aufgrund ihrer Unterschiedlichkeit unvereinbar seien. Damit wird die "...Notwendigkeit, den europäischen 'Organismus aus erhaltenswerten Völkern' frei von Ausländern zu halten" (Jaschke 1992: 8), begründet, d.h. von der Endgültigkeit kultureller/rassischer Strukturen und der schicksalhaften Determination menschlicher Existenz qua Geburt ausgegangen.

2.1.3   Zum Verhältnis von Rassismus und Nationalismus

Die große Anzahl guter Gründe, die bei der Analyse der abstrakt-allgemeinen Beziehung zwischen Rassismus und Nationalismus für einen engen Zusammenhang sprechen, darf nicht der Begründung eines begrifflichen Purismus dienen, der diese Phänomene als identische ausgibt bzw. das Auftreten des einen als zwangsläufige Konsequenz der Existenz des anderen interpretiert (vgl. Balibar 1992: 50).

Während demnach die Allgemeingültigkeit beanspruchende These vom einander bedingenden Auftreten von Rassismus und Nationalismus eine falsche und wissenschaftlich unzulässige Generalisierung darstellt, können durch die Auseinandersetzung mit der konkreten geschichtlichen Entwicklung in einem Land eindeutigere, auf das betreffende Land beschränkte Schlüsse gezogen werden. Auch wenn der Blick auf die Historie zunächst nur etwas über die Vergangenheit aussagt und nicht mechanisch auf Gegenwart und Zukunft übertragen werden kann, so sollte seine gegenwärtige Bedeutung gerade hinsichtlich eines Themenbereichs wie Nationsverständnis und Antisemitismus, der bis heute entscheidend durch seine geschichtlichen Nachwirkungen geprägt ist, nicht gering geschätzt werden.

2.1.3.1 Gemeinsamkeiten, Unterschiede und funktionale Verbindung von Rassismus und Nationalismus

Bei der Beschäftigung mit Rassismus und Nationalismus fallen zunächst die gemeinsamen Elemente auf. Aus historischer Sicht ist vor allem augenfällig, daß sich beide Ideologien im 18. Jahrhundert herausbildeten und ihr gemeinsamer Geburtsort Europa ist. Von ihrem Erscheinungsbild her handelt es sich um Ordnungsmodelle mit weltweitem Geltungsanspruch: beiden Glaubenssystemen wohnt die Vorstellung inne, daß die Einteilung in Rassen bzw. Nationen eine Nachzeichnung naturgegebener Bedingtheiten darstelle, die dementsprechend globale Gültigkeit besitze. Darüber hinaus ist beiden Ideologien gemein, daß sie auf "...klassen- und geschlechterübergreifende Formen der Kategorisierung..." (Miles 1989: 366) rekurrieren, woraus ihre Instrumentalisierbarkeit zur Überdeckung dieser gesellschaftlichen Antagonismen resultiert. Sozialpsychologisch gesehen basieren Rassismus und Nationalismus auf Gruppenbildungen, auf Vorgängen, die durch Einschließung nach innen und Abgrenzung nach außen zur Bildung von Kollektiven führen. Aufgrund der Art der sie konstituierenden Kategorien sind diese Gemeinschaften als konstruierte zu verstehen:

> "Wie `Nation´ so werden auch `Rassen´ imaginiert, in dem doppelten Sinn, daß sie keine biologische Grundlage haben und daß die durch Bedeutungskonstitution dazugehörenden Mitglieder sich niemals alle kennen können, sich aber dennoch einbilden, ein kameradschaftlicher Verbund zu sein. Darüber hinaus werden sie als begrenzt vorgestellt, d.h. es werden Grenzen wahrgenommen, jenseits derer andere `Rassen´ (bzw. `Nationen´; A.L.) existieren" (ebd.: 365).

Ein weiterer, auf der psychologischen Ebene angesiedelter Aspekt betrifft die Rolle von Projektionen und die damit einhergehende Bedeutung phantasmatischer Merkmale für die Bestimmung rassischer und nationaler Unterschiede. Jede Konstruktion von Großgruppen beginnt mit dem Verfahren der Klassifizierung, d.h. mit dem Versuch, Kriterien zu finden, nach denen sich die Menschheit unterscheiden und einteilen läßt (vgl. Balibar 1992: 71). Nominell trennbar von der Klassifizierung ist der Begriff der Hierarchisierung. Die Fragwürdigkeit einer solchen begrifflichen Differenzierung bei der hier behandelten Thematik beruht auf der historischen Regelmäßigkeit, mit der dem Anspruch nach neutrale Unterscheidungen nach Rassen und Nationen in offen wertende Kategorisierungen übergingen.

Dies berührt die grundsätzliche Problematik, daß von Menschen aufgestellte Differenzierungskriterien der eigenen Gattung notwendig normative Aspekte beinhalten und somit nicht neutral sein können. Bereits der Wahl eines Kriteriums liegt eine Überzeugung seiner Wichtigkeit und Aussagekraft zugrunde, in die Anteile gesellschaftsspezifischer Selbstdefinition einfließen und womit Wertdispositionen transportiert werden.[15] Ein in der Historie der deutsch-französischen Nationalcharakteristik häufig angeführtes Merkmal wie Literatur ('deutsche Tiefe' vs. 'französische Leichtigkeit') wäre zur Unterscheidung von einer schriftlosen Kultur nicht nur untauglich, sondern die Existenz einer solchen Kultur verletzt durch ihre komplette Absage an die Relevanz dieses Kriteriums das eigene Wertempfinden. Die im vorangegangenen Kapitel angesprochene Frage, ob zwischen 'Rassismus' und 'Rassenkonstruktion' differenziert werden müsse, kann insoweit verneint werden, als sich der Unterschied darauf reduziert, daß die Diskriminierung bei letzterer "...von der unmittelbaren Erscheinung der klassifizierten Gruppen auf die Klassifikationskriterien verlagert..." (ebd.: 83) wird.

Das zwangsläufig involvierte Selbstbild spielt auch im Zusammenhang mit den wirksam werdenden Projektionen bei der Abgrenzung von Nationen und Rassen, die immer die Abgrenzung des Eigenen vom Fremden beinhaltet, eine Rolle. Hierbei lassen sich zwei Ebenen trennen. Die erste bezieht sich auf den Wunsch des Individuums nach Schaffung eines positiven Selbstbildes, eines imaginären Selbst (vgl. Bielefeld 1990: 10). Grundlage ist die Bewertung nach guten und schlechten Elementen einer Persönlichkeit, deren gleichzeitige Existenz im Einzelnen sich störend auf das angestrebte Selbstbild auswirkt. Eine gängige Form der Bewältigung ist "...die projektive Auslagerung des unerwünschten Fremden in mir auf ein fremdes

---

15 Dank des Feminismus ist die Bedeutung der Wahl und Definitionsgewalt von Kriterien im Bereich der Geschlechterbeziehungen in den letzten zwei Jahrzehnten zumindest ansatzweise ins gesellschaftliche Bewußtsein gedrungen. So sind z.B. bei der Vergabe von Arbeitsplätzen relevant werdenden Kategorien, wie die Fähigkeit zu logischem Denken, von Männern definierte Kriterien. Die Benachteiligung vonFrauen resultiert nicht aus dem Anlegen unterschiedlicher Maßstäbe, sondern aus der Verwendung eines Kriteriums, dessen Inhalt durch männliche Prioritäten und Werte bestimmt ist, wodurch dann die sog. weibliche Logik pejorativ besetzt ist.

Außen" (ebd.: 11). Dieser auf individueller Ebene beheimatete Mechanismus der Projektion stellt die vorauszusetzende Disposition und den Anknüpfungspunkt für die zweite Ebene dar, auf der die Konstruktion imaginierter Gemeinschaften und Fremdgruppen stattfindet. Dabei handelt es sich um einen Prozeß, in dem unter Bezugnahme auf bestehende Phobien (z.B. Antijudaismus, `Erbfeind´ Frankreich), dem Rückgriff auf verallgemeinerungsfähige Projektionen sowie deren Systematisierung mit dem Anspruch auf Allgemeingültigkeit versehene Differenzen entwickelt und durchgesetzt werden. Dieser Prozeß, der auch als Anheftung phantasmatischer Merkmale an die definierten Kollektive beschrieben werden kann, d.h. als Interpretation von Fakten, Ereignissen und Praktiken unter einem spezifisch gruppenorientierten Blickwinkel (vgl. Guillaumin 1990: 4), ist Grundlage der ideologischen Konstrukte des Nationalismus und des Rassismus.

Die Tatsache, daß die Kategorisierung nach Nationen bzw. Rassen gleichzeitig eine Selbstdefinition als Bestandteil eines der definierten Kollektive impliziert, die zumeist selbstbestätigend ausfällt, macht wertfreie Klassifizierung unmöglich und paradox.

Trotz der offensichtlichen Gemeinsamkeiten von Rassismus und Nationalismus würde die Behauptung, es handle sich um identische Ideologien und Phänomene, zu kurz greifen. Auf formaler Ebene lassen sie sich dahin gehend trennen, daß dem Nationalismus die Auffassung territorialer Begrenztheit, innerhalb derer sich die Nation organisiert, eigen ist (vgl. Miles 1991: 210 f.), während die Rassentheorien des 19. und 20. Jahrhunderts Gemeinschaften konstruieren, "...die in der Regel nicht mit den historischen Staaten zusammenfallen..." (Balibar 1992: 77). Auf diesen Sachverhalt bezieht sich Balibar (ebd.) mit der Bezeichnung des Rassismus als "Supra-Nationalismus".

Im Zusammenhang damit steht das jeweils spezifische Verhältnis, das die Beziehungen von Nationen untereinander und von Rassen untereinander bestimmt. Die grundsätzliche Anerkennung territorialer Grenzen impliziert das Recht anderer Nationen, sich jenseits dieser Grenzen eigenständig zu organisieren. Der Herrschaftsanspruch des Nationalismus ist primär nach innen, auf die eigene Nation gerichtet und gesteht implizit allen anerkannten Nationen das prinzipiell gleiche Recht auf Selbstbestimmung innerhalb der jeweiligen Grenzen zu. Dagegen konstituiert sich das Verhältnis der Rassen im rassistischen Denken durch die umfassende Ungleichheit der Rechte imaginierter minderer und höherer Rassen bis hin zur Aberkennung des Existenzrechts (vgl. Miles 1991: 211). Es handelt sich dabei nicht nur um das Bestreben des Nationalismus nach Ausgrenzung mit dem Ziel, eine Einmischung anderer Nationen in die inneren Belange zu verhindern, sondern um eine Ausgrenzung, die darüber hinaus explizit den Zugriff der 'Höherwertigen' auf die 'Minderwertigen' legitimiert. Während der Rassismus auf keiner Ebene Gleichheit zuläßt, können "...Vorstellungen über Unterschiede zwischen Nationen und über deren Minderwertigkeit...mit ideologischen Konstruktionen koexistieren, in denen die entsprechenden Gruppen als gleich angesehen werden" (ebd.).

Die historisch verbreitetsten Beispiele für solche - mit dem Nationalismus koexistierenden - Ideologien sind Religion und Rassismus. Unabhängig von zwischennationalen Auseinandersetzungen und Rivalitäten wurden übernationale Gemeinsamkeiten und Unterschiede gesehen, wie sie sich in der Gegenüberstellung von christlichem Abendland und moslemischem Morgenland oder von Ariern und Juden finden. Die nationalistisch-rassistische Koexistenz spiegelt sich auch im Kampf um Kolonien wider, in dem sich die europäischen Nationen, "...die in einem erbitterten Konkurrenzkampf um die koloniale Aufteilung der Welt standen, eine Gemeinschaft und eine 'Gleichheit'in dieser Konkurrenz zuerkannt (haben), die sie 'weiß' getauft haben" (Balibar 1992: 78 f.). Bezogen auf diese Ausprägung des Rassismus kann unterscheidend formuliert werden, daß

> "...durch 'Rasse' und Rassismus jeweils die Regionen des Zentrums und die der Peripherie in ihrem Kampf gegeneinander vereint werden, wohingegen durch 'Nation' und Nationalismus die Regionen des Zentrums und die der Peripherie innerhalb der jeweiligen Regionen voneinander getrennt werden" (Wallerstein 1992: 102 f.).

Gleichzeitig wird deutlich, daß eine solche Definition nicht in der Lage ist, Rolle und Funktion von Nationalismus und Rassismus auf innerstaatlicher Ebene zu erfassen.

Bei der Untersuchung dieser Ebene ist zunächst eine Differenz hinsichtlich der nationalistischen und der rassistischen Intention zu konstatieren. Der Nationalismus zielt darauf ab, eine wesensmäßige Einheit der auf dem jeweiligen Territorium lebenden Menschen zu konstruieren und das Bewußtsein eines Gemeinschaftsgefühls in der Bevölkerung zu verankern. Demgegenüber handelt es sich bei innerstaatlich wirksamen Rassismen um Spaltungen der auf einem Territorium ansässigen Population.[16] Zusammengenommen müßte sich hieraus eine Konstellation ergeben,

---

16 In Europa läßt sich konstatieren, daß es sich bei diesen innerstaatlichen Rassismen zumeist um national unterschiedliche Ausprägungen einer übergreifenden rassistischen Phobie handelt. Dies gilt für den Antisemitismus (vgl. Balibar 1992: 78) ebenso wie für den anti-moslemischen Rassismus.

wonach der Rassismus im Nationalismus einen entschiedenen Gegner hat und umgekehrt.[17]

In der Realität stellt der Rassismus jedoch zumeist keinen Gegensatz, sondern "...*eine innere Ergänzung des Nationalismus*..." (Balibar 1992: 69) dar, was auf zweifache Weise mit der Heterogenität der menschlichen Formationen, die der Nationalismus als Einheit konstruiert, zusammenhängt. Ein die Nationen Europas in unterschiedlichem Maß betreffender Gesichtspunkt bezieht sich auf die Schaffung einer kulturellen Einheit. Eine Annäherung an dieses Ziel mußte sich um so schwieriger gestalten, je differenzierter sich die kulturelle Landschaft auf dem vom Nationalismus beanspruchten Territorium entwickelt hatte. Die Probleme bei der Definition einheitlicher kultureller Normen konnten dadurch gelöst werden, daß Gemeinsamkeiten durch die Abgrenzung von einer negativ konstruierten Bevölkerungsgruppe bestimmt wurden. Um die so geschaffene Einheit vor einer zukünftigen Aufsplitterung zu bewahren, mußte diese Abgrenzung genealogisch, m.a.W. rassistisch abgesichert werden. Die Exklusion und Rassisierung der Juden war insbesondere in kulturell heterogenen Staaten das entscheidende Mittel, um eine Einheit in Gegnerschaft zu diesem "...gemeinsame(n) innere(n) Feind aller Kulturen..." (ebd.: 67) zu stiften und zu verewigen.

Um erklären zu können, weshalb der Nationalismus zu seinem Projekt der Homogenisierung eine inländische Gruppe benötigt und sich nicht auf die Abgrenzung gegenüber anderen Nationen beschränken kann, muß die sozialökonomische Heterogenität miteinbezogen werden. Seinem Wesen und dem Zeitpunkt seines Auftretens nach ist der Nationalismus eine Ideologie moderner Gesellschaften. Er kann erst in Gesellschaften, in denen die ständische Hierarchie und die daran geknüpften Bindungen in Auflösung begriffen sind, ein Machtfaktor werden (vgl. Gellner 1991: 22), wobei er selbst durch seine Vereinheitlichungsbestrebungen und die postulierte Gleichheit der Individuen im Hinblick auf die Nationalität die gesellschaftliche Neuordnung vorantreibt. Die Aufweichung sozialer Schranken und die Einführung des Gleichheitsgedankens stehen jedoch im Widerspruch zu dem nach wie vor ungleichen Zugang der sozialen Schichten zu den materiellen Ressourcen der Gesellschaft. Diese Situation birgt ein besonders virulentes Konfliktpotential, da "...egalitäre Erwartungen und das Elend einer nicht-egalitären Wirklichkeit (herrschen)" (ebd.: 113), während die in der

---

17 Unter bestimmten, real selten auftretenden Bedingungen kann tatsächlich von einer solchen Konstellation gesprochen werden. Als Beispiel nennt Balibar (1992: 69) die Bestrebungen des französischen Nationalismus, die Kolonialbevölkerung des Maghreb zu integrieren, was durch den verbreiteten kolonialen Rassismus behindert wurde.

Ständegesellschaft bestehenden ökonomisch-politischen und kulturellen Unterschiede noch durch die behauptete menschliche Ungleichheit legitimiert waren:

> "Gerade dadurch, daß die Ungleichheiten externalisiert, absolut gesetzt und betont werden, macht man sie erträglich und stärkt sie, indem man ihnen die Aura der Unausweichlichkeit, Dauerhaftigkeit und Natürlichkeit verleiht" (ebd.: 23).

Bei der Entschärfung des in nach-ständischen Gesellschaften entstehenden Konfliktpotentials und zur Schaffung bzw. Aufrechterhaltung einer Herrschaftsform erweist sich der Rassismus als taugliches Mittel. Die rassistische Ausgrenzung institutionalisiert eine neue `natürliche´ und `ewige´ Schranke, die zunächst dazu dient, eine ungleiche rechtliche Behandlung zu sanktionieren: "...dem als `Rasse´ gedeuteten Anderen werden Ressourcen verweigert, die denen, die als zugehörig betrachtet werden, selbst in Mangelsituationen zugestanden werden" (Miles 1991: 212). Durch Rassisierung und Verweigerung von Rechten wird eine in der gesellschaftlichen Hierarchie ganz unten angesiedelte Gruppe geschaffen, deren Status nicht durch materielle Werte definiert wird. Innerhalb einer rassisch hierarchisierten Gesellschaft verlieren Klassen-Antagonismen - zumindest scheinbar - an Bedeutung, da materielle und rechtliche Stellung nicht aneinander gebunden sind und jeder als national zugehörig Definierte unabhängig von seiner Lebenssituation die Gewißheit haben kann, nicht am Fuß der gesellschaftlichen Rangordnung zu stehen.[18] Rassismus "...erleichtert die ideologische Identifikation...der untergeordneten Klassen...mit Organisationen und Institutionen, die für die Produktion und Distribution materieller und immaterieller Ressourcen verantwortlich sind" (ebd.), und entschärft dadurch das aus ökonomischer Ungleichheit resultierende Konfliktpotential. Anders formuliert: der Nationalismus benötigt den Rassismus, um durch ihn seine materiellen Widersprüche in ideelle zu verwandeln (vgl. Balibar 1992: 69 f.).

Abschließend sei auf den - im Hinblick auf die intendierte Herrschaftssicherung - kontraproduktiven Aspekt dieser Form der `Lösung´ sozialer Widersprüche durch Transformation verwiesen. Der ungleiche Zugang zu Rechten und gesellschaftlichen Ressourcen, wozu u.a. das Recht auf Verkauf der eigenen Arbeitskraft, auf Zugang zu bestimmten Berufen und auf Erziehung gehören (vgl. Miles 1991: 212)., kann dazu führen, daß die rassisierte Gruppe auch sozial und ökonomisch an den Rand gedrängt wird und ihre

---

18 Dieses Lebensgefühl charakterisiert Cohen (1990a: 6) kurz und prägnant: "A White Working Class Racist is Something to be".

Angehörigen in einem überproportional hohen Maß zur unteren Schicht gehören. Durch die somit entstandene Konvergenz kulturell-rassisierter und sozialer Trennlinien entsteht ein Problem, das sich in Gesellschaften mit nicht koinzidierenden Trennlinien in dieser Form nicht stellt: "Sobald kulturelle Unterschiede zur Kennzeichnung dieser (sozialen; A.L.) Spaltungen dienten, standen Schwierigkeiten ins Haus. Taten sie es nicht, passierte auch nicht viel" (Gellner 1991: 179). Die Gründe für die soziale Situation des Einzelnen werden dann am Individuum und nicht an der Gesellschaft festgemacht. Der als Mittel zur Konstruktion nationaler Einheit fungierende Rassismus kann dieses Ziel nur erreichen, indem er neuformierte materielle Widersprüche in Kauf nimmt, die ebenfalls potentiell herrschaftsbedrohend sind.

2.1.3.2 Antisemitismus und Nationalismus in Deutschland - Elemente einer symbiotischen Beziehung

Im folgenden soll den Verbindungslinien zwischen Antisemitismus und Nationalismus bis 1945 nachgegangen werden; also zu einer Zeit, in der sie noch nicht - weder als Ideologie noch als manifestes gesellschaftliches Phänomen - mit dem Verdikt sozialer Unerwünschtheit belegt waren und nur gesellschaftlich subkutan existierten. Der Schwerpunkt liegt auf der in der Forschung wenig berücksichtigten Zeit vor 1871. Da die Verknüpfungen ab 1871 bis 1945 einen wesentlich offensichtlicheren Charakter haben und in ganz anderem Umfang bereits wissenschaftlich bearbeitet wurden, beschränkt sich die Beschäftigung mit diesem Zeitraum auf einige bisher vernachlässigte Aspekte. Aufgrund des im vorangegangenen Kapitel Ausgeführten dürfte deutlich geworden sein, daß der Anspruch dieser Darstellung nicht dahin gehen kann, Ursache-Wirkung-Beziehungen aufzuzeigen, sondern einige Koinzidenzen und Zusammenhänge herauszuarbeiten, die von Beginn an die Geschichte des deutschen Nationalismus an die des Antisemitismus bindet.

Die Anfänge nationalen Denkens in den Kleinstaaten auf dem Gebiet des späteren Deutschen Reiches gelten häufig - auch in der Linken - als Beispiel für einen positiv bewertbaren Nationalismus:

> "Gegenüber der Borniertheit des wilhelminischen Nationalismus und den Exzessen des Nazismus erinnern wir an die freiheitlichen Traditionen der antinapoleonischen Kriege 1813/15, des Vormärz und der Revolution 1848/49..." (Brandt/Ammon 1981a: 24 f.).

In zeitlicher Übereinstimmung dazu steht die u.a. von Rürup (1985: 89-94) vertretene These, daß von 1780 bis 1871 die Stellung der Juden in den deutschen Kleinstaaten unter dem Blickwinkel ihrer Emanzipation thematisiert wurde, während ab 1871/73 von einem Umschlag in die antisemitische "Judenfrage" gesprochen werden muß. Die Emanzipation der Juden, d.h. ihre rechtliche und gesellschaftliche Gleichstellung wird als Teilaspekt der Emanzipation der modernen bürgerlichen Gesellschaft gesehen, die ihren Niederschlag in der Formulierung demokratischer Grundrechte und nationalstaatlicher Aspirationen durch die Frankfurter Nationalversammlung 1848 fand. Im Prozeß der jüdischen Emanzipation seien Störungen zu verzeichnen, hervorgerufen durch "(t)raditionelle Antipathie gegen Juden und neue, die sich an bestimmte Tendenzen im radikalen, neuen demokratischen Nationalismus anschließt..." (Nipperdey 1990: 217), die - im Bemühen um die Darstellung der jüdischen Emanzipation als prinzipiell gradlinig verlaufende Erfolgsgeschichte - wenig konsistent als Aufbäumen der alten gegen die neue Zeit interpretiert werden (vgl. ebd.). Letztendlich sei es gelungen, die gesellschaftliche Hauptlinie der Gleichberechtigung und Gemeinsamkeit durchzusetzen (vgl. ebd.: 224) und tief verwurzelte Vorurteile zu überwinden (vgl. Rürup 1985: 92).

Zu gänzlich anderen Resultaten und Schlußfolgerungen gelangt eine 1989 erschienene Untersuchung über die Widerstände gegen die Judenemanzipation, die eine Fülle von Belegen und Beispielen für Judenfeindlichkeit und Antisemitismus vor 1871 enthält. In dem hier behandelten Zusammenhang ist insbesondere interessant, daß bereits ab 1800 sowohl mit dem alten religiösen Gegensatz zwischen Juden und Christen als auch mit dem neuen nationalen Gegensatz, der die Bevölkerung in Juden und Deutsche unterteilte, gegen die Emanzipationsbestrebungen argumentiert wurde (vgl. Erb/Bergmann 1989: 52).

In der Rolle der zur Konstruktion eines Kollektivs notwendigen Fremdgruppe lösten die Juden gleichsam die Franzosen ab, deren Bedeutung als Feindbild - aufgrund ihrer Niederlage 1815 - zunächst schwand, während die vermeintliche Bedrohung durch die jüdischen Bemühungen um Gleichberechtigung zunehmend virulent wurde. Kennzeichnend für diesen nationalen Gegensatz der Frühstzeit war weniger der Abschied von der Religion als ihre veränderte Rezeption im Sinn eines "...Ineinandergreifens von christlicher Glaubenssphäre und politischer Vorstellungswelt..." (Schulz 1977: 115), wobei aus religiösen Schriften "nationale Sinngehalte" (ebd.: 116) herausgelesen wurden. Die große Bedeutung der christlichen Religion als Basis des Nationalismus ist entscheidend für die determinierende Rolle des Antisemitismus im nationalen Denken in Deutschland. Im Rahmen der

Bemühungen um die Definition der deutschen Nation wurde den Juden eine eigene - spiegelbildlich negativ bestimmte - Nationalität zugeschrieben, die - anders als das religiöse Bekenntnis - als nicht veränderbar galt (vgl. Erb/Bergmann 1989: 50). Diese Auffassung war in allen sich in dieser Zeit differenzierenden politischen Lagern vertreten, wobei sich die kulturell-anthropologischen Argumentationen in der deutsch-nationalen Bewegung mit religiösen Begründungen vermischte, während der Frühliberalismus auf letztere verzichtete und wirtschaftliche Aspekte für die kulturell begründete Exklusion der Juden anführte (vgl. ebd.: 52 f.)[19].

Die Tatsache, daß Judenfeindschaft und Antisemitismus quer zu allen politischen Überzeugungen Bestand hatte, wurde auch in der Revolution von 1848 deutlich. Dabei verband sich der Ausschluß der Juden aus der deutschen Nation gleichermaßen mit der grundsätzlichen Ablehnung einer demokratisch-freiheitlichen Emanzipation der Gesellschaft und der Zustimmung zu einer solchen Entwicklung (vgl. ebd.: 261). Daß es sich hierbei keineswegs nur um Randerscheinungen handelte, wird in dem Diktum Heinrich Heines von 1844 über "(u)nsere Nationalisten, sogenannte Patrioten, die nur Rasse und Vollblut...im Kopf tragen..." (zit. bei Schuder/Hirsch 1989: 495) polemisch zugespitzt. Heines Rekurs auf die jüdische Situation wird mit John Stuart Mills Bewertung des deutschen Nationalismus als einer primär gegen innerstaatliche Andere gerichteten Kraft in einen übergreifenden Rahmen gestellt. In einem Rückblick auf die Ereignisse des Jahres 1848 stellt er bedauernd fest:

> "...even (where better things might have been expected) in Germany, the sentiment of nationality so far outweighs the love of liberty, that the people are willing to abet their rulers in crushing the liberty and independence of any people not of their own race and language" (Mill 1849: 347).

Die in der Revolutionsforschung zu verzeichnende stete Unterschätzung von Umfang und Bedeutung antijüdischen Denkens und Handelns (vgl. Erb/Bergmann 1989: 261) spiegelt sich in der Auffassung wider, daß es sich

---

19 Die Bezeichnung 'wirtschaftlicher Antisemitismus' geht m.E. am Kern vorbei, da die Behauptung zu großer finanzieller Macht der Juden allein nicht antisemitisch ist. Das ist erst der Fall, wenn sie mit jüdischen 'Wesenseigenheiten' wie Materialismus, Raffgier und Schmarotzertum begründet wird. Dabei handelt es sich jedoch um kulturelle Wertvorstellungen, was bei der Gegenüberstellung der 'deutschen Tugenden' - Idealismus, Genügsamkeit, Gemeinschaftssinn - deutlich wird. Dies gilt nicht nur für diese und andere Kategorisierungen des Antisemitismus (vgl. Poliakov u.a. 1984: 183 f.), sondern für den Rassismus allgemein. Es handelt sich dabei um eine semantische Ungenauigkeit, da zwar unterschiedliche Begründungen von Rassisten für ihre Einstellung benannt werden können, die jedoch ihre spezifisch rassistische Qualität erst dadurch erlangt, daß das am Anderen Störende auf dessen kulturell oder biologisch bedingte Wesenheit zurückgeführt wird.

bei den "...antijüdischen Begleiterscheinungen (sic.; A.L.) der Frühjahrsunruhen von 1848..." Nipperdey 1990: 224) um ein marginales Randgruppenphänomen handle, das "...die Annäherung zwischen Deutschen und Juden nicht stören (sollte)" (ebd.). Angesichts der historischen Realität zahlreicher pogromähnlicher Gewalttaten gegen Juden im ganzen Land, eines "permanenten Pogroms" (Kappl zit. bei Erb/Bergmann 1989: 227), und der entsprechenden Angst und Panik in der jüdischen Bevölkerung (vgl. für das Jahr 1848, ebd.: 251-261) ist diese Aussage bestenfalls euphemistisch.

Der Nationalismus vor 1871 wies nach innen bereits die charakteristische Ambivalenz zwischen freiheitlich-demokratischen Ideen und rassistischer Ausgrenzung auf, die in Teilen der national-revolutionären Bewegung aufgrund eines nicht demokratischen, sondern ethnokratischen, die Juden ausschließenden Verständnisses von Nation nicht als widersprüchlich aufgefaßt wurde. Für eine Relativierung der ausschließlich positiven Verbindung des frühen Nationalismus mit freiheitlich-demokratischen Motiven und Zielen spricht auch die Unwahrscheinlichkeit, daß eine gelungene und gesamtgesellschaftlich weitgehend akzeptierte Emanzipation und Eingliederung der Juden, wie sie von Rürup und Nipperdey beschrieben wird, "...plötzlich und fast ohne Übergang..." (Rürup 1985: 94) in den massiven Antisemitismus der Kaiserzeit umschlagen konnte. Die Prägung des deutschen Nationsbegriffs durch die Idee des Volkes als metaphysisches Konstrukt gehörte bereits lange vor 1871 zum ideologischen Rüstzeug großer Teile der nationalen Bewegung und bildete die Grundlage dafür, daß der Judenhaß in der national-'fortschrittlichen' Argumentation eine moderne Ausdrucksform und ein neues Rechtfertigungsmuster finden konnte.

Mit den bisherigen Ausführungen sollte deutlich geworden sein, daß es sich bei dem, was ab 1871 als neu am Judenhaß erscheint, um dem "Zeitgeist" folgende, veränderte Ausgestaltungen grundlegender Motive und Argumentationsmuster handelte, die "...in wichtigen Zügen bereits im Vormärz nachweisbar (sind)..." (Erb/Bergmann 1989: 11). Zu diesen zeitbedingten Phänomenen zählt der parteipolitisch organisierte Antisemitismus, der im Zuge der allgemeinen Durchsetzung des Organisationsprinzips Partei als Interessenvertretung entstand. Gleiches gilt für die abnehmende Bedeutung dezidiert religiöser Begründungen, deren Inhalt der Ausbildung einer säkularisierten Gesellschaft angepaßt wurde. Kulturelle und/oder biologische Antagonismen, die zumeist zu kulturbiologistisch begründeten Thesen über die Unvereinbarkeit von Deutsch- und Judentum verschmolzen waren, boten - angesichts schwindender Religiosität - durch ihren wissenschaftlichen Anstrich neue Argumente und Rechtfertigungen, um als argumentative Logistik einer Feindschaft zu dienen, die ab 1878 Antisemitismus genannt wird.

Der im wilhelminischen Kaiserreich zur Staatsdoktrin erhobene Nationalismus, der als Ausdruck der neugewonnenen Einheit und Macht des Deutschen Reiches nun auch nach außen hin seine negativen Seiten zeigte, stellt die bedeutendste Manifestation des Zeitgeistes dar. Bei der inhaltlichen Besetzung des Nationsbegriffs spielten politischer Machterhaltungswille der Herrschenden (vgl. Jochmann 1985: 108 ff.) sowie ein anti-jüdisches Volksverständnis und der bestehende Antisemitismus ebenso eine Rolle wie das Bewußtsein von der Überlegenheit affektiv und interessenorientierter Bindungen gegenüber reinen Interessenorganisationen (vgl Bell zit. bei Lenhardt 1990: 149)[20]. Diese Elemente verknüpften sich zu national-antisemitischen Begründungszusammenhängen, die an bereits entwickelte Schemata anknüpfen konnten und Antisemitismus und Nationalismus in einem "Reziprozitätszyklus" (Balibar 1992: 68) aneinander banden.

Das politische Schicksal der Nationalliberalen verdeutlicht, daß der Nationalismus seine Kraft und Glaubwürdigkeit im gesellschaftlichen Bewußtsein der engen Verzahnung mit dem Antisemitismus verdankte. Die Nationalliberalen waren die einzige bürgerliche Partei, die einen Nationalismus ohne völkisch-antisemitische Anklänge vertrat. Die Tatsache, daß sie diese Politik "...mit permanenten Anhänger- und Wählerverlusten bezahlen (mußte)" (Jochmann 1985: 132), verweist auf die Kernproblematik nationalen Denkens in der Rezeption durch die Mehrheit: "Der nur politisch fundierte Nationalismus wird als schwach...empfunden" (Balibar 1992: 75). Die These, daß im Bewußtsein des überwiegenden Teils der Bevölkerung nationales und antisemitisches Denken eng verbunden waren und entweder beides auf Ablehnung oder beides auf Zustimmung stieß, wird durch das Beispiel der SPD zusätzlich erhärtet. Sie war die einzige Partei, die trotz Verzichts auf die Mobilisierung antisemitischer Potentiale, Erfolge zu verzeichnen hatte und gleichzeitig die einzige Partei, die sich dem Internationalismus verpflichtet fühlte und ohne den Appell an nationale Gefühle Politik machte.

Bezüglich des Nationalsozialismus erscheint es zunächst problematisch, von einer nationalsozialistischen Weltanschauung im Sinne eines geschlossenen Systems zu sprechen, da das nationalsozialistische Denken "...eine verwirrende Vielfalt der verschiedensten, vornehmlich emotional vertretenen Ideen, die zumeist im romantischen Volkstumsdenken, in imperialisti-

---

20 In diesem Sinn wurde auch die Niederlage Frankreichs 1871 als Beispiel für die zwangsläufige Schwäche einer Nation interpretiert, deren Bindung primär durch gemeinsame Interessen bestimmt ist (vgl. Lemberg 1950: 283 f.).

schen, unerfüllt gebliebenen Träumereien ihre Quellen hatten" (Scheffler 1985: 189), umfaßte. Trotzdem lassen sich zwei Grundpfeiler nationalsozialistischen Denkens erkennen, die "...die Geschichte des Dritten Reiches mit seltener Konsequenz (durchziehen)..." (ebd.).[21] Hierbei handelt es sich erstens um den Rassismus, der sich in der "...Konstruktion einer Rassenskala, auf der den Ariern der höchste Rang zukam" (Zischka 1986: 36), manifestierte und daraus den Anspruch auf Vorherrschaft der arischen Rasse ableitete. Innerhalb der nationalsozialistischen Rassenideologie wurde den Juden eine Sonderstellung zugesprochen, indem sie als besonders bedrohliche "Gegenrasse" klassifiziert wurden, deren Ziel es sei, die arische Rasse von innen zu zersetzen (vgl. Hofer 1985: 174). Das zweite Kernelement läßt sich als ein rassisch bzw. völkisch definierter Nationalismus charakterisieren, der die Unterwerfung anderer - zu Ariern deklarierter - Völker und die deutsche Suprematie in Europa mit der höheren Rassereinheit der Deutschen begründete.

Die z.B. von Hannah Arendt (1945: 96 ff.) vertretene Auffassung, daß der Nationalsozialismus "prinzipiell antinational" ausgerichtet sei, da sein weltanschaulicher Kern des Antisemitismus auf der Vorstellung eines weltweit operierenden Todfeindes beruhte, hat ihre Richtigkeit im Hinblick auf den nationalstaatliche Grenzen sprengenden Arier-Gedanken und die Endvision einer arischen Weltherrschaft. Der nationalsozialistische Nationalismus war ein Mittel zu diesem Zweck, das sich in letzter Konsequenz selbst überflüssig machen sollte, dem jedoch bis dahin zentrale Bedeutung zukam als einigendes Band zu dienen, "...mit der Aufgabe, aus diesem Volk die wertvollsten Bestände an rassischen Urelementen nicht nur zu sammeln und zu erhalten, sondern langsam und sicher zur beherrschenden Stellung emporzuführen" (Hitler zit. bei Altner 1968: 43).

2.2   Rasse, Nation und Kultur - Über den Umgang der "Neuen Linken" mit Formen der Abgrenzung des Eigenen vom Fremden

Rassismus und Nationalismus sind Metaphern für spezifische Formen der Abgrenzung des Eigenen vom Fremden. Gleiches gilt für die Kategorie der Kultur, wenn sie einem bestimmten menschlichen Kollektiv zugeordnet wird. In der Theorie handelt es sich bei Rasse, Nation und Kultur um von-

---

21 Die folgenden Ausführungen über die Grundpfeiler des nationalsozialistischen Denkens lehnen sich inhaltlich an Schefflers (1985: 189) erstgenannten Punkt an, der in zwei Leitlinien aufgeschlüsselt wird, während sein zweiter Punkt im Zusammenhang mit diesem Kapitel nicht relevant ist.

einander trennbare Formen der Einteilung von Menschen, die jedoch in der Praxis und in der Diskussion über den Umgang mit menschlichen Unterschieden ineinanderfließen, da Kultur ein nicht extrahierbarer Bestandteil von Rassenkonstruktion und Rassismus sowie von Nationenkonstruktion und Nationalismus ist. Die praktisch existierende Verschmelzung von Rassismus und Ethnozentrismus verdeutlicht diesen Zusammenhang ebenso wie die Funktion einer Nationalkultur als Bindemittel für eine menschliche Gruppe, die mit dem Namen `Nation´ bezeichnet wird. Aufgrund dieser Verzahnung gehört die Diskussion über eigene und fremde Kulturen in den Kontext der folgenden Untersuchung über die Beziehung zwischen Rassismus und Nationalismus, wie sie sich in der Rezeption durch die "Neue Linke" darstellt.

2.2.1 Zwangsläufiger oder möglicher Zusammenhang? Das Verhältnis von Rassismus und Nationalismus aus Sicht der "Neuen Linken"

Bezogen auf den Rechtsextremismus ist bei den *Grünen* unumstritten, daß "Ausländerfeindlichkeit und nationalistisches Denken...eng zusammen(hängen)" (Laslowski 1988: 13). Ideologieelemente wie Volksgemeinschaft, Nationalismus und menschliche Ungleichheit werden als vom Rassismus unabtrennbare Aspekte der rechtsextremen Propaganda erkannt (vgl. Krieger u.a. 1989: 30) und die komplementäre Beziehung zwischen der Betonung des Werts der eigenen Nationalität und der Diskriminierung von Immigranten gesehen. Mit der Forderung nach Abschaffung des jus sanguinis und der darin angelegten Aufweichung dieser Verknüpfung wird diesem Umstand praktisch Rechnung getragen.

Jenseits dieser eindeutigen Konnotationen im beschränkten Bereich des Rechtsextremismus sind auf der Ebene der Auseinandersetzung der "Neuen Linken" mit ihrer eigenen Nationalität im Verhältnis zu den Immigranten, Wandlungen und Kontroversen zu konstatieren. Die Rolle, die den "ausländischen Arbeitern"[22] vom SDS und den K-Gruppen zugesprochen wurde, war in ihren Grundzügen identisch. Sie galten als Hoffnungsträger für eine Ausbreitung der revolutionären Gesinnung, da sie über-national -

---

22 Die Bezeichnung `ausländische Arbeiter´ ist vor dem Hintergrund der damaligen Situation zu verstehen, in der entweder tatsächlich keine Einwanderung im Sinn einer Verlagerung des Lebensschwerpunktes stattfand, oder die "Lebenslügen" (Leggewie 1990: 147) vom befristeten Aufenthalt und der späteren Rückkehr ins Herkunftsland noch nicht als solche erkennbar waren. Von daher entspricht sie der Selbstdefiniton der ins Land geholten Arbeitskräfte in bezug auf ihren Status als Ausländer und ist nicht Ausdruck fehlender sprachlicher Sensibilität für die abgrenzende Funktion des Begriffs `Ausländer´.

sowohl in der BRD als auch in ihren Heimatländern - dazu beitragen würden, eine einheitliche Front gegen Ausbeutung und Unterdrückung zu schaffen (vgl. Dutschke 1968: 117; Rote Fahne 45/1972: 7). Als Spezifikum der Situation ausländischer Arbeiter galt lediglich ihre verschärfte Ausbeutung, während Probleme, die aus der kulturellen Fremdheit und der Diskriminierung durch Deutsche resultierten, keine Beachtung fanden, da kulturelle und nationale Faktoren als irrelevant galten. Wurde im antiautoritären SDS von der prinzipiellen kulturunabhängigen Egalität der Situation und der Bedürfnisse unterdrückter Individuen im Spätkapitalismus ausgegangen, so nahmen die K-Gruppen ausländische und deutsche Arbeiter nur als "Klassenbrüder" (Rote Fahne 45/1972: 7) wahr, weshalb sie "...von der logischen Unmöglichkeit einer rassistischen Arbeiterklasse" (Hall 1989: 916) überzeugt waren.

Im Rassismus wurde eine Strategie der Herrschenden zur Spaltung des Proletariats gesehen, die weitgehend erfolglos bleiben mußte, da sie dem Denken der klassenbewußten Arbeiter widerspräche. Als einzige Organisation wies der KB in vereinzelten Beiträgen auf die Existenz rassistischer Tendenzen bei Arbeitern hin, zu deren Bekämpfung auf die revolutionäre Gesinnung und die Streikbereitschaft ausländischer Arbeiter hingewiesen wurde (vgl. Arbeiterkampf 30/1973: 6) - eine Argumentation, die den eigenen Nutzen in den Vordergrund stellt.

Obwohl bereits Ende der 60er Jahre das Thema Rassismus unter Arbeitern öffentlich gemacht wurde[23], herrschte weitgehend Ignoranz gegenüber einer Form von Unterdrückung, die nicht weltbildkonform war, da sie sich entlang einer ethnischen Achse bewegt. Der von der KPD/ML stammende Satz "Für uns gibt es keine Rassenprobleme, sondern nur Klassenprobleme" (Roter Morgen 6/1969: 13) steht stellvertretend für die Position der K-Gruppen. Damit korrespondiert eine Nationalismus-Rezeption, die die negativen Aspekte dieses Phänomens auf die Aggression nach außen und die Unterdrückung des Proletariats reduzierte, während die Konsequenz der Ausgrenzung sog. Fremder - ähnlich wie in der traditionellen Nationalismus-Forschung - kaum auf Interesse stieß.

Der fehlende Wille, spezifische Diskriminierungen wahrzunehmen und stattdessen die Bedürfnisse, Interessen und Probleme von Deutschen und Nicht-Deutschen zu egalisieren, wurde erst durch massive Kritik von Immigrantenorganisationen zu einem Diskussionsthema in der "Neuen Linken":

---

23 So publizierte z.B. die Zeitung "konkret" 1969 eine Serie von G. Wallraff (1969), in der diese Thematik behandelt wurde.

"Wenn in der Einwandererbewegung eine *Kritik des nationalen Staates* als Unterdrücker geäußert wird, so versuchen gewisse linke Kreise, diese durch die *Kritik des Staates überhaupt* zu ersetzen, um einen eigenen, gleichrangigen Bezug herzustellen. Spricht man in anti-rassistischen Initiativen von der *Ausgrenzung ethnisch-nationaler Minderheiten*, so erwidern die Linken mit dem Protest gegen die *Ausgrenzung aller sozialer Randgruppen* in der Gesellschaft" (Matras 1988: 8 f.).

Die Frage des Umgangs mit dieser Kritik ist Bestandteil einer höchst komplexen Diskussion im grünen Umfeld, deren Nachzeichnung zusätzlich dadurch erschwert wird, daß die zentralen Begriffe ʿNationʾ und ʿKulturʾ inhaltlich nicht definiert werden. Zur Verdeutlichung werden im folgenden die Pole, zwischen denen sich die Auseinandersetzung bewegt, aufgezeigt.

Teile der *Grünen* interpretieren die o.g. Kritik am beständigen Versuch der Interesseneingemeindung im Sinne eines grundlegenden kulturellnationaler Konflikts "...zwischen der herrschenden Nation und den ethnisch-nationalen Minderheiten..." (ders. 1988a: 26). Die Majorität ignoriere diesen Konflikt und damit überhaupt die Existenz kultureller Minderheiten, was in der Praxis auf einen Ethnozentrismus hinauslaufe, der die Minderheiten zur Anpassung an die herrschende Kultur zwinge. Die Ursachen, weshalb dieser neu eingeführte Widerspruch vom links-grünen Spektrum mehrheitlich verleugnet werde, hänge mit dem bereits erwähnten Weltbild zusammen, innerhalb dessen die kulturelle und nationale Dimension der Ökonomie untergeordnet wird. Hinzu komme ein spezifisch deutsches Problem:

"Die Schwierigkeit im selbstbewußten Umgang mit der eigenen kulturellen Identität. Für die deutsche Linke galt die (angebliche) ʿÜberwindungʾ ihrer nationalen Identität nicht nur als etwas positives nach globalen Kriterien, sondern sie machte die Zugehörigkeit zur Täter-Nation etwas erträglicher, indem man sich gerade von der ʿNationʾ und der ʿEthnieʾ abtrennte" (ebd.: 31).

Hieraus entstehe ein inverser Nationalismus, eine Ablehnung des eigenen nationalen Kollektivs, in der sich das nationalistische Denken in umgekehrter Richtung reproduziere (vgl. Honolka 1986: 3 f.). Die feindliche Haltung gegenüber dem Eigenen äußere sich im kulturellen Bereich in "...der kosmopolitischen Negierung aller deutschen Traditionen..." (Schmid 1989: 544), in einem Mißtrauen gegenüber der Vielfalt kultureller Lebensformen und -äußerungen, die in den deutschen Provinzen existieren und zu denen der Linken meist nur das Prädikat "dumpf" einfalle (vgl. ebd.: 543).

Die Ablehnung des Eigenen als Ursache des gestörten Verhältnisses zum Fremden ist gemeinsames Element der hier skizzierten Kritik, während hinsichtlich deren Wirkung differierende Akzente gesetzt werden. So wird auf der einen Seite die prinzipielle Weigerung der Linken, das als reaktionär und überholt angesehene Denken in kulturellen resp. nationalen Kategorien theoretisch und praktisch miteinzubeziehen, in den Vordergrund gestellt (vgl. Matras 1988a: 26 f.), d.h. der im Endeffekt auf ethnozentristische Nivellierung und den Zwang zur Anpassung an linke Maßstäbe hinauslaufende Umgang mit Immigranten kritisiert. Andererseits wird die gegenläufige Tendenz zur Glorifizierung des Fremden - ein sich in der Logik rassistischen Denkens bewegendes Phänomen - ebenfalls als Produkt der Ablehnung des Eigenen bewertet (vgl. Schmid 1989: 543 f.). Unabhängig von diesen Unterschieden wird zur Beseitigung dieses Ethnozentrismus/Rassismus und als Voraussetzung für eine multikulturelle Gesellschaft, in der kulturelle Autonomie die Koexistenz unterschiedlicher Werte ermöglicht, übereinstimmend die Überwindung der negativen Haltung gegenüber den deutschen Traditionen (vgl. ebd.: 544) bzw. ein selbstbewußter positiver Bezug zur deutschen Identität gefordert (vgl. Matras 1988a: 33).

In der Diskussion über die multikulturelle Gesellschaft stellt diese Position den Gegenpart zu einer eher traditionell-linken Haltung dar, die von ihren Gegnern in direkte Kontinuität zu den von SDS und K-Gruppen vertretenen Positionen gestellt wird. Dabei wird zwar die Existenz und Wirkungskraft kultureller und nationaler Faktoren im Verhältnis zwischen Deutschen und Immigranten nicht geleugnet, jedoch in der Akzentuierung nationaler und kultureller Eigenheiten kein zukunftsweisender gesellschaftlicher Weg gesehen. Vielmehr gehe es darum, auf der Basis der Gleichwertigkeit aller Kulturen "...die interkulturelle Auseinandersetzung mit dem Ziel der Überwindung traditioneller Muster der Trennung (nationale, rassistische usw. Vorurteile) zu erreichen" (Schmidt/Schwarzrock 1989: 56).

Kennzeichnend für diese Auffassung ist die Betonung der Rolle nationalen Denkens als Ursache für die feindliche Ausgrenzung von Immigranten (vgl. Scheuerer 1989: 34), während 'Kultur' - trotz häufiger verbaler Bezugnahme - in dieser Konzeption eine untergeordnete Rolle spielt. Anders als bei der zuerst skizzierten Meinung, in der der Rekurs auf die 'eigene' Kultur als Identitätsfocus, und damit als die individuelle Existenz der Gruppenangehörigen tiefgreifend und dauerhaft prägend begriffen wird, steht der Begriff der Kultur hier in seiner Pluralform für äußerliche Unterscheidungsmerkmale und im Singular als Ausdruck für einen ständigen - im Idealfall wechselseitigen - Lernprozeß, der durch äußere Einflüsse in Gang gehalten wird. Unter Kulturpluralismus wird nicht die Koexistenz verschiedener Wertsysteme, sondern die Koexistenz verschiedener folkloristischer und kulinarischer Äußerungsformen verstanden (vgl. Schmidt/Schwarzrock 1989: 54 f.), während unterhalb dieser oberflächlichen Ebene die Loslösung aller von einem statischen Verständnis von Kultur und Identität angestrebt wird - Voraussetzung für die Transformation der bestehenden multikulturellen in eine interkulturelle Gesellschaft.

Das Verhältnis zwischen dem positiven Bezug zur eigenen Nation und rassistischer Ausgrenzung wird in dieser Konzeption im Sinn einer zwangsläufigen Kohärenz interpretiert und ergänzt damit widerspruchslos die im Kontext der Auseinandersetzung mit dem Rechtsextremismus hergestellte Verbindung von Rassismus und Nationalismus. Anders die erstgenannte Auffassung, der eine wertbesetzte Zweiteilung nationalen Denkens zugrundeliegt, das einerseits als notwendige Voraussetzung für die Akzeptanz der Immigranten als Gleichberechtigte gesehen wird, während andererseits der genannte Zusammenhang hinsichtlich des Rechtsextremismus nicht bestritten wird.

2.2.2 Das Kulturparadigma als strukturelle Grundlage einer nichtrassistischen Gesellschaft - Eine Kritik

Beide - im vorangegangenen Kapitel angeführten - Positionen basieren auf gleichermaßen zutreffenden Beobachtungen und Erkenntnissen über problematische Aspekte linker Denkmuster. So wird mit der Kritik an der angeblichen Überwindung des eigenen nationalen und kulturellen Hintergrunds ein folgenreicher Mythos im linken Selbstverständnis angegriffen, der für die Selbstverständlichkeit verantwortlich ist, mit der eigene Interessen zu denen der Immigranten gemacht werden und deren gesellschaftliche Außenseiterposition mit der eigenen identifiziert wird. Der Glaube an die durch einmalige Willensanstrengung mögliche Ablösung von herrschenden Traditionen und die daraus gewonnene Sicherheit, definitiv das 'richtige' internationale und die 'eigentlichen' Interessen des unterdrückten Teils der Menschheit reflektierende Bewußtsein gewonnen zu haben, führt zur Verkennung des Umstands, daß die eigene "...Prioritätensetzung und Art der Auseinandersetzung nicht zuletzt durch kulturelle Faktoren geprägt sind..." (Matras 1988a: 34) und Andere "...eben andere Vorstellungen aus anderen Erfahrungen ableiten" (ebd.). Diese Haltung findet ihre Ergänzung in dem "...Wunsch, selbst auf der Seite der Opfer zu sein" (Vollmer 1986: 51), der ebenfalls aus der abgelehnten Identifikation mit der "Täter-Nation" resultiert und aus der Weigerung, sich selbst - im Verhältnis zu den Immigranten - als Bestandteil der herrschenden Nation zu sehen.

Auch die kritisierte Tendenz zur "...Verklärung des guten Ausländers gegenüber den bösen Deutschen..." (Cohn-Bendit 1989: 25), die sich nahtlos in die Glorifizierung ausländischer Befreiungsbewegungen einfügt[24], fußt auf der richtigen Analyse, daß "...der begründete Widerwille gegen die Gesellschaft, in die wir hineingeboren worden sind" (Böttcher 1989: 62), zur Suche nach einer Alternative führt, die bei den den Immigranten kollektiv und generalisierend zugeschriebenen Eigenschaften und Werten gefunden wird. Da dieses - auf Projektionen beruhende - idealisierende Stereotyp nicht realitätstüchtig ist, birgt es die Gefahr der Enttäuschung durch die Wirklichkeit und des Umschlags von Xenophilie in Xenophobie, wie es am eindruckvollsten im engen Zusammenhang von Philo- und Antisemitismus zum Ausdruck kommt.

Der Ruf nach einem positiven Bezug zur eigenen nationalen und kulturellen Identität als Antwort auf diese Tendenzen erscheint jedoch selbst fragwürdig. Neben der Frage nach dem Inhalt einer deutschen Identität, die in den angeführten Texten nicht andeutungsweise beantwortet wird, ist es der prinzipielle Charakter einer kollektiven Identität entlang nationaler resp. kultureller Grenzen, die im Hinblick auf den intendierten Abbau von Rassismus/Ethnozentrismus kontraproduktiv wirkt.

"Jede Sprache und Kultur privilegiert, *soweit sie dazu imstande ist*, ihre eigenen Praxisformen, indem sie sie zur Benennung ihrer Ursprünge und zur Verteidigung ihrer Grenzen benutzt. Jede Form von Ethnizität ist ethnozentristisch, *wenn sie die Möglichkeit dazu besitzt*. Die Betonung liegt auf dem Wörtchen *wenn*" (Cohen 1990: 99).

Eine bewußt positive Bezugnahme auf die Kultur der herrschenden Nation hätte demnach allenfalls eine veränderte Richtung des Anpassungsdrucks zur Folge.

Die Forderung nach kultureller Identität für Mehrheit und Minderheiten ignoriert, daß das inhärente Streben nach kultureller Hegemonie eine Auseinandersetzung ist, bei der die Kultur der Eingeborenen gegenüber der der Immigranten deutlich begünstigt ist. Neben der Tatsache, daß kulturelle Identitäten "...nichts Ursprüngliches und Eigentümliches, sondern Ergebnis einer Auseinandersetzung mit einer neuen Umwelt, einer neuen Kultur (sind)" (Brumlik 1990: 104), d.h. der Vorstellung von Autonomie etwas Gewaltsames anhaftet und der Unterbindung von Außenkontakten bedarf, verleiht das ungleiche Kräfteverhältnis dem kulturellen Rekurs von Einge-

---

24 Die Idealisierung der Befreiungsbewegungen wurde umstandslos auf die aus der Peripherie stammenden Menschen übertragen, wie der Iraner Bahman Nirumand (1991: 101) aus seiner eigenen Erfahrung in den 60er Jahren berichtet: "Innerhalb kurzer Zeit wandelten sich die ehemals fremden Asiaten, Afrikaner, Lateinamerikaner aus der Sicht der politisch-engagierten Deutschen zu Vorbildern der Revolution und engsten Kampfgenossen. Jeder Angehörige der Dritten Welt, gleichgültig ob er tatsächlich am Befreiungskampf seines Landes teilnahm oder nicht, wurde wie ein Auserwählter behandelt und in die Rolle eines Helden gedrängt".

borenen einerseits und Immigranten andererseits einen unterschiedlichen Charakter. Während er für letztere die z.T. lebensnotwendige Möglichkeit bieten kann, zumindest die Imagination einer partiellen Konstanz und Vertrautheit in der Fremde zu gewährleisten und ihr Minderheitenstatus die Gefahr eines darauf basierenden Ethnozentrismus mit Konsequenzen für die Gesamtgesellschaft von vornherein ausschließt, wird eben diese homogenisierende Tendenz bei der bewußten Formation einer Mehrheitskultur wirksam. Dieses in Europa allgemeingültige Prinzip erhält durch das tradierte deutsche Kulturverständnis mit seiner außergewöhnlich engen Affinität zum Begriff der Rasse eine zusätzliche Problematik, die den intendierten antirassistischen Effekt verstärkt konterkariert.

Die hier skizzierten konträren Positionen können in Anlehnung an Guillaumin (1990: 5) in das Begriffspaar altero- und selbstzentrierter Kulturalismus gefaßt werden.[25] In der Definition des alterozentrierten Kulturalismus als einer Auffassung, nach der die Anderen "...die Inkarnation von (Kulturen)" sind, während sich die eigene Gruppe "...als universell und in gewisser Hinsicht (a-kulturell) oder sogar als ob sie eine universelle (Kultur) sei (versteht)", lassen sich unschwer die Parallelen zum traditionellen linken Denken von der internationalen Gültigkeit eigener Überzeugungen und zu dem mit rückständigem Partikularismus der kulturell Anderen erklärten Anschauungsunterschieden erkennen. Demgegenüber trägt die geforderte (Rück-)Besinnung auf die deutsche Identität Züge von Selbstzentriertheit, bei der "...die Aufmerksamkeit...in erster Linie auf sich selbst und die eigene Gruppe gelenkt (wird)" und "...Selbst-Referenz und ein leidenschaftlicher Bezug auf die eigenen Charakteristiken..." im Mittelpunkt stehen.

Bei dem Konzept einer multikulturellen Gesellschaft, in dem Altero- und Selbstzentriertheit in der Vorstellung von einer Koexistenz autonomer Kulturkollektive zusammenfließen, stellt sich die Frage nach der Bedeutung des Gesellschaftsbegriffs. Die Idee einer Nation, in der - wie es ein Gesetzesentwurf von Bündnis 90/Die *Grünen* vorsieht - Eingeborene und Einwanderer vollumfänglich "...das Recht auf ihr kulturelles, nationales und religiöses Selbstverständnis haben" (Bundestagsdrucksache 1991: 27), schließt, sofern es sich dabei nicht um ein hohles Postulat handelt, die Bildung separater Institutionen ein. Deren Verwirklichung in einem so zentralen Bereich wie dem Erziehungswesen bedeutet, gemeinsame Erfahrungen und Interaktion `zwischen´ Kulturen in der prägenden Phase zu un-

---

25 Der von Guillaumin verwandte Begriff des altero- und selbstzentrierten *Rassismus* greift im Hinblick auf die hier behandelten Auffassungen zu weit, da die Differenz nicht als genetisch bedingt begriffen wird. Bei den im folgenden Zitat in Klammern gefaßten Ausdrücken handelt es sich um jene Stellen, an denen im Original "Rasse" bzw. "rassisch" steht.

terbinden. Es bliebe der Logik des kapitalistischen Systems überlassen, qua Arbeitsplatz im Erwachsenenalter eine Verbindung herzustellen, die dann gegenüber anderen Lebenszusammenhängen isoliert existiert und gleichzeitig in diesem Gesellschaftskonzept die einzige Berührung ist, die nicht lediglich eine vertikale, über die Unterstellung unter die gleiche Regierungsgewalt vermittelte Komponente aufweist. Durch diese Eindimensionalität, die außerdem auf den erwerbstätigen Teil der Bevölkerung beschränkt ist, wird der Terminus der Gesellschaft in seiner wichtigsten Bedeutung als Zwang zur umfassenden - zumeist institutionell vermittelten - Interaktion gerade mit signifikant Anderen inhaltsleer.

Demgegenüber neigt der Gegenentwurf der interkulturellen Gesellschaft zur Überschätzung der Bereitschaft, tradierte Denkstrukturen und Verhaltensweisen zu hinterfragen und zur Unterschätzung der ambivalenten Bedeutung von Minderheiten-Zusammenschlüssen, denen neben dem Aspekt der Kontinuität des Vertrauten die Funktion gesellschaftlicher pressure-groups zur Einbringung divergierender Weltentwürfe zukommt, wodurch erst die Voraussetzung zu interkultureller Entwicklung auf breiter Ebene geschaffen wird. Inwieweit die naheliegende Annahme zutrifft, daß mit diesem Konzept eine gesellschaftliche Orientierung an zwar neu formulierten, jedoch strukturell universalistischen Werten angestrebt wird, muß - mangels diesbezüglicher Aussagen - ebenso offen bleiben wie die Vermutung, daß ihr Fehlen Folge des - bei den *Grünen* verbreiteten - Hangs ist, die Problematisierung des Universalismus in seine Perhorreszierung umschlagen zu lassen. Einzig mit dem eurozentristischen Anspruch auf 'über-kulturelle' Gültigkeit versehene Werte sind jedoch in der Lage, 'Interkulturalität' und 'Gesellschaftlichkeit' *gleichzeitig* mit Bedeutung zu füllen: "In dem Ausmaß, in dem konkrete, der ethnischen Herkunft verpflichtete Lebensformen ermäßigt werden, wächst die normative Verbindlichkeit hochabstrakter Normen von Recht und Moral" (Brumlik 1990: 105).

Die prinzipiell berechtigte Forderung nach Bewußtmachung der eigenen Prägung durch kulturelle Faktoren wäre dann produktiv, wenn sie als Impuls zu deren kritischer Überprüfung gedacht wird und dadurch die Chance zum realistischeren Umgang mit sich selbst und der Umwelt böte. Der Sinn einer Bewußtmachung, die lediglich zu einer kritiklosen Akzeptanz und zur Identifikation mit den prägenden Faktoren führt, ist hingegen mehr als fragwürdig. Eine Auseinandersetzung mit kulturellen Normen darf sich nicht darauf beschränken, den europäischen und linken Anspruch auf Universalität zu problematisieren und in ihr die alleinige Ursache für Rassismus und Ethnozentrismus auszumachen. Es muß auch die Ambivalenz ihres Gegenparts, des kulturellen Partikularismus berücksichtigt werden, der keineswegs frei von rassistischen und ethnozentristischen Tendenzen ist und daher nur sehr bedingt als Antwort auf Diskriminierung und Unterdrückung sog. Fremder taugt.

3. Identität

3.1 Gesellschaftlicher Alleskleber und politisches Lösungsmittel - Zur Instrumentalisierung des Identitätsbegriffs

Die Schlüsselfunktion von `Identität´ in der Diskussion über Nationalismus und Rassismus/Kulturalismus ist in den vorangegangenen Kapiteln deutlich geworden. Seine beispiellose Karriere zu einem inflationär gebrauchten Mode- und Schlagwort, das in unterschiedlichsten Zusammenhängen Anwendung findet, führt dazu, daß von einer allgemein-verbindlichen und -verständlichen Übereinkunft über seine inhaltliche Bedeutung nicht mehr ausgegangen werden kann.

> "Wer `Identität´ sagt, kann damit meinen, was er will, und sich dennoch durch ein unsichtbares Band mit allen anderen verbunden fühlen, die ebenfalls `Identität´ sagen und damit meinen, was sie wollen. `Identität´ zählt damit zu jenen Metaphern, die nicht deshalb gebraucht werden, um etwas ganz Bestimmtes unmißverständlich zu bezeichnen, sondern die man verwendet, um etwas Unbestimmtes auszudrücken und sich in der Unbestimmtheit mit allen anderen eins zu wissen. Im Gebrauch dieser Metapher fällt die individuelle Beliebigkeit auf einzigartige Weise mit dem Schein kollektiver Übereinstimmung zusammen" (Baier 1985: 8 f.).

Dieses Verdikt gilt vor allem für den Gebrauch zur Charakterisierung einer Gruppe von Menschen, deren Anzahl von vornherein die Möglichkeit umfassender gegenseitiger Kontakte auf persönlicher Basis ausschließt und deren behauptete Gemeinsamkeit auf einem ursprünglich zufälligen Merkmal beruht, wie es bei Nationen oder Kulturen der Fall ist.

Die intensive Beschäftigung mit dem Thema der national-kulturellen Identität in der BRD zeigt, daß jenseits der Frage nach dem Inhalt dieser Identität die Überzeugung von der Notwendigkeit ihrer Existenz - nicht nur scheinbar - zum kollektiven Gedankengut gehört. Die "...fabelhafte Konsensfähigkeit von `Identität´, die früher vielleicht nur von `Volk´ und `Ehre´ erreicht wurde" (ebd.: 8), die unhinterfragte Selbstverständlichkeit, mit der Identität als "All-Ersatzziel" (Narr 1989: 67) im politischen Diskurs Verwendung findet, zwingt zu einer Untersuchung des inhaltlichen Verständnisses und der ihr zugeschriebenen Funktionen.

3.1.1 Individuelle und kollektive Identität - Versuch einer inhaltlichen Präzisierung

Der alle Kontrahenten im Streit um den Inhalt nationaler Identität einigende Konsens über deren Notwendigkeit hat eine seiner Wurzeln in der These, daß individuelle Identität der kollektiven Identität bedarf. Aussagen über die engen Verbindungen zwischen individueller und nationaler Identität, zwischen Selbstachtung und positiver Identifikation mit der Nation (vgl. Mármora 1983: 149) oder über die analogen Entstehungsbedingungen von individueller und kollektiver Identität (vgl. Weidenfeld 1983: 18) gehen von einer Selbstverständlichkeit aus, die zu relativieren ist.

Diese allgemeine Akzeptanz kritisiert Meuschel (1988), die basierend auf der Beobachtung, daß die Existenz einer kollektiven Identität nationaler Reichweite bei allen Autoren durch den (Kurz-)Schluß von der Existenz einer Summe individueller Identitäten `bewiesen´ wird, zu der offen bleibenden Frage gelangt, ob "...es überhaupt so etwas wie eine allgemeine Selbstwahrnehmung eines nationalen Kollektivs (gibt)" (ebd.: 410), die den Charakter einer im gesellschaftlichen Diskurs gewonnenen vernünftigen Identität hat.[26] Um die hier angedeuteten Fragwürdigkeiten hinsichtlich der Notwendigkeit und Existenzmöglichkeit nationaler Identität näher zu beleuchten, die hier stellvertretend für Großgruppenidentität steht, soll zunächst kurz auf den argumentativen Ausgangspunkt der Identitätsdiskussion - die Identität des Individuums - eingegangen werden. Dieser Kontext ist dazu geeignet, das Allzweck-Wort der Identität auf seinen spezifischen Bedeutungskern zurückzuführen.

Auf Individuen bezogen ist die Rückführung auf den etymologischen Sinn von Identität als Gleichheit in zweifacher Weise möglich. Zum einen beruht individuelle Identität auf dem Prozeß der Übernahme, Ablehnung und Transformation tradierter und neuer Werte und Normen, die in ihrer Kombination und Abwandlung zu einem jeweils verschiedenen und sich - in gewissen Grenzen - verändernden Orientierungsrahmen zusammengefügt werden. Dieser Vorgang, der in einem reziproken Verhältnis die eigene Person konturiert, trägt das Element der Identifikation, des Erkennens der Gleichheit in sich, in Gestalt der Wahrnehmung, daß gewisse Werte als Bestandteil des Selbstbildes anerkannt werden und damit gewissermaßen

---

26 Da die Existenz und Funktion einer affektiv besetzten `irrationalen´ Identität durch Historie und Gegenwart ausreichend belegt ist, beziehen sich die folgenden Betrachtungen über Großgruppenidentitäten auf `rationale´ Identitäten, auch wenn zur Vermeidung von Wortungetümen wie `kollektive Identität nationaler Reichweite´ der assoziativ anders besetzte Begriff `nationale Identität´ verwendet wird.

mit einem Teil des Ich gleichgesetzt werden. Die zweite Form der Rückführung läßt sich umschreiben als die Koexistenz der Wahrnehmung individueller Verschiedenheit mit dem Bewußtsein, "...daß das Ich als Person überhaupt mit allen anderen Personen gleich (ist)" (Habermas 1974: 31).

Der Entwicklung einer gelungenen Ich-Identität im Sinne der Herausbildung jener "...eigentümliche(n) Fähigkeit sprach- und handlungsfähiger Subjekte, auch noch in tiefgreifenden Veränderungen der Persönlichkeitsstruktur, mit denen sie auf widersprüchliche Situationen antwortet, mit sich identisch zu bleiben" (ebd.: 27), stehen Formen der beschädigten Identität wie die der Identitätsdiffusion und der zwanghaft integrierten Identität gegenüber. Mit Hilfe dieser konträren Extreme läßt sich der Begriff der gelungenen Ich-Identität weiter präzisieren. Während sich Identitätsdiffusion in der fehlenden Fähigkeit ausdrückt, die Veränderung der eigenen Identität mit dem Bewußtsein einer Konstanz zu verbinden, meint der Begriff der zwanghaft integrierten Identität eine Form statischen Selbstbildes, zu dessen Aufrechterhaltung der Zwang zu einer unbedingten Konstanz im Verhalten selbst notwendig ist (vgl. Strauss 1968: 159). Demgegenüber zeichnet sich die gelungene Ich-Identität durch die Fähigkeit aus, verschiedene, z.T. widersprüchliche Rollenerwartungen als solche wahrzunehmen und sich in ihnen zu verhalten, d.h. im laufenden Prozeß der Identitätsveränderung eine individuell einzigartige Konsistenz und Gleichheit mit sich selbst erkennen zu können, die dem entspricht, was Habermas (1974: 27) als "symbolische Einheit der Person" bezeichnet.

Daß die Entwicklung der individuellen Identität nicht im luftleeren Raum geschieht, sondern zwischen dem Einzelnen und seiner Umwelt ein beständiges Interaktionverhältnis besteht, das erst die Voraussetzung für die Herausbildung einer Identität schafft, bedarf keiner weiteren Erläuterung. Weniger selbstverständlich ist die Gleichsetzung von Kleingruppen wie der Familie, die auf persönlichen Beziehungen beruhen, mit Großgruppen wie Nation und Staat, deren Reichweite solche Kontakte verunmöglicht (vgl. ebd.: 32) und deren kollektive Identität entsprechend generalisierend definiert wird als

> "...das Resultat der *Identifikation* einer (Groß-)Gruppe mit ihren `Grundwerten und Basisinstitutionen´ derart, daß die Angehörigen einen Angriff auf diesen normativen Kern als eine `Bedrohung ihrer eigenen Identität´ empfinden: `Nur an solchen normativen Kernen, in denen sich die Mitglieder miteinander `eins wissen´, lassen sich die verschiedenen Formen kollektiver Identität ablesen´" (Habermas zit. bei Estel 1989: 57).

Die Verschiedenheit der Formen kollektiver Identität drückt sich jedoch nicht nur in einem von der Größe der Gruppe unabhängigen normativen

Gehalt aus, sondern auch in Unterschieden, die explizit mit der Gruppengröße zusammenhängen.

Im Hinblick auf die hier interessierende vernünftige Identität sind zwei Punkte besonders hervorzuheben. Erstens ist das Zustandekommen einer solchen Identität, deren Vernünftigkeit sich an dem Ausmaß der Beteiligung der betroffenen Individuen bemißt, in Kleingruppen - allein organisatorisch - ungleich einfacher und läuft durch die Möglichkeit direkter Erfahrbarkeit und Überprüfbarkeit im Kontakt mit einem überschaubaren Personenkreis weniger Gefahr, auf eingebildeten Gemeinsamkeiten zu beruhen (vgl. Honolka 1987: 58 f.). Zweitens impliziert kollektive Identität nach o.g. Definition offenkundig mehr als einfache Zustimmung zu einem Wertsystem, da in diesem Fall dessen Infragestellung nicht als persönlichkeitsbedrohend aufgefaßt werden würde. Dieses 'Mehr', das es ermöglicht, daß sich einander unbekannte Menschen 'miteinander eins wissen', ist rational nicht erfaßbar. Während die emotionalen Anteile, die aus Menschen mit gleichen Wertprioritäten erst eine Gruppe mit kollektiver Identität formen, sich bei einer Kleingruppe in den zwischenmenschlichen Beziehungen lokalisieren lassen, da der Konsens über die Beschaffenheit des normativen Kerns durch persönliche Verbindungen zwischen den Gruppenangehörigen ergänzt wird und sich emotional und rational begründete Binnenbindungen des Kollektivs mischen, ist Vergleichbares in einer Großgruppe nicht möglich.

Habermas' Vorschlag des Verfassungspatriotismus stellt diesen Umstand in Rechnung, wenn er versucht, ein rational legitimiertes Angebot an Werten mit den notwendig zur kollektiven Identität gehörenden Anteilen zu versehen, indem die Liebe zum Vaterland durch die Liebe zur vaterländischen Verfassung ersetzt wird. Dieses Unterfangen kann jedoch den inhärenten Widerspruch, der aus der Vermischung zweier inkompatibler Ebenen resultiert, nicht lösen.

"Das Grundgesetz kann man einsehen, es als Kompromiß in der geschichtlich-gesellschaftlichen Lage Ende der vierziger Jahre für gut oder für schlecht halten - aber warum ein Gesetzeswerk lieben? Man kann es nur falsch lieben, durch falsche Identifikationen ebenso wie beim Schwammwort nationale Identität - wirklich lieben kann man nur Individuen..." (Claussen 1988a: 16).

Die am Anfang gestellte Frage, ob eine vernünftige Selbstwahrnehmung und Identität von Großgruppen möglich ist, kann dahin gehend beantwortet werden, daß eine solche Wahrnehmung nur um den Preis falscher Liebe existieren kann, wobei die Falschheit sich nicht am Moralgehalt der Identitätsinhalte, sondern - weitaus prinzipieller - an der Tatsache festmacht, daß Inhalte keine Lebewesen sind.

Das Problem des Entwurfs einer vernünftigen kollektiven Identität liegt darin, daß der Ansatz des allgemeinen Diskurses, in den konkurrierende Identitätsentwürfe, Geschichts- und Kulturinterpretationen eingehen, lediglich als Mittel zum Zweck gesehen wird. Am Ende steht die Konsens, die Idee *einer* kollektiven Identität. Dabei wird übersehen, daß "...die Notwendigkeit, selbst allgemein anerkannte Werte in wechselnden gesellschaftlichen Konstellationen abzuwägen und sie auf unterschiedliche Situationen zu applizieren, zu Dissens und Konflikt führen" (Meuschel 1988: 410). An die Stelle konsensueller Identifikation muß daher der Diskurs als Ziel treten. Praktisch bedeutet dies mit Konflikt und Dissens auf demokratische Weise umzugehen - ohne den Maßstab des Gelingens an deren endgültige Auflösung anzulegen -, indem ein demokratisches Bewußtsein für die Notwendigkeit von Spannungsverhältnissen und Kontroversen für das Funktionieren einer Demokratie ausgebildet wird (vgl. ebd.). Die Verwechslung der für die Identität des Individuums notwendigen Übernahme selbstinterpretierbarer Werte, um entlang ihrer ein subjektives Bewußtsein von Konstanz formen zu können, mit der Notwendigkeit der Übernahme ganzer Wertsysteme und Handlungsvorgaben in Gestalt kollektiver Identitäten ist im Hinblick auf diese Intention kontraproduktiv. Da durch kollektive Identitäten weitreichende, einheitlich-verbindliche Normen gesetzt werden, erscheint davon Abweichendes a priori als störende Ausnahmen.

3.1.2 Über Sinn und Funktion von Großgruppenidentitäten

Die Tatsache, daß die behauptete Notwendigkeit kollektiver Identität auf allgemeine Akzeptanz stößt, veranlaßt zu einer Untersuchung der gängigsten Begründungen, die ihre Sinnhaftigkeit belegen sollen. Hier ist der bereits angesprochene Analogieschluß von individueller Identität auf Großgruppenidentität zu nennen, m.a.W. das quasi naturwüchsige Bedürfnis des Individuums nach Selbstvergewisserung in einem Kollektiv wie Nation.

Bei Arbeiten, die sich mit kollektiver Identität beschäftigen[27], ist ein gleichartiger argumentativer Aufbau augenfällig, der mit einer Begründung der Notwendigkeit individueller Identität für die Handlungsfähigkeit und psychische Gesundheit des Einzelnen beginnt. In einem zweiten Schritt wird die Herausbildung dieser Identität mit den Einwirkungen und Beeinflussun-

---

27 Hiermit ist nicht die psychologische Fachliteratur im engen Sinn gemeint, sondern solche Arbeiten, die sich unter einem soziologischen oder politologischen Blickwinkel mit kollektiver Identität auseinandersetzen, wie Habermas 1974/1976/1987, Mármora 1985, Honolka 1986/1987.

gen durch die Umwelt in bezug gesetzt und letztere in verschiedene Gruppen resp. Sektoren wie Familie, Nation, Klasse, Kultur unterteilt, denen je spezifische kollektive Identitäten zugeschrieben werden, hinter denen am Ende das Individuum verschwindet. So spielt in Habermas' Definition von kollektiver Identität das Individuum keine Rolle, und dessen Identität erscheint lediglich als Extrakt kollektiver Identität, da ihre Infragestellung nicht nur als im Widerspruch zur eigenen Identität stehend, sondern als deren substantielle Bedrohung wahrgenommen wird. Damit sind Eigendefinition und Definition des Kollektivs - zumindest in Krisensituationen - identisch.[28]

Deutlicher noch Mármora (1985: 110 ff.), der unter der Fragestellung "Was ist nationale Identität?" zunächst mit einer Definition individueller Identität beginnt, deren Geltungsbereich im folgenden übergangslos und ohne Modifikation auf nationale Identität erweitert wird, so daß keine erkennbare Differenz besteht. Sein Plädoyer für die Schaffung einer nationalen Identität stützt sich primär auf die These der Notwendigkeit einer kollektiven Außenabgrenzung für die individuelle Identitätsbildung, d.h. die individuelle Identität konstituiert sich in direkter Ableitung aus der nationalen Identität. Das Individuum definiere sich demnach primär über sein Verhältnis zum Kollektiv, indem ein positiver Bezug zur Nation gleichbedeutend mit einem positiv aufgeladenen Selbstbild ist und umgekehrt. Dadurch wird der Begriff der individuellen Identität inhaltsleer. Er erfüllt jedoch den Zweck, als argumentative Ausgangsbasis zu dienen, die sich auf die wissenschaftlich weitgehend gesicherten Erkenntnisse über die Notwendigkeit individueller Identität berufen kann, um aus ihr heraus die Notwendigkeit von Großgruppenidentitäten zu substantiieren, innerhalb derer das am Beginn der Begründungskette stehende Individuum verschwindet.

Ein weiteres Argument, das insbesondere die Sinnhaftigkeit einer nationalen Identität der Deutschen untermauern soll, ist die mit Blick auf den Nationalsozialismus formulierte These, daß es ohne nationale Identität kein Bewußtsein historischer Haftung gibt (vgl. Brandt/Ammon 1981a: 25; Honolka 1987: 97). Tendenzen in der "Neuen Linken" scheinen diese Begründung zu stützen. Das internationalistische Selbstverständnis bedeutet(e) für Teile dieser Bewegung den Ausstieg aus der Geschichte und das Ende von Verknüpfungen und Verantwortlichkeiten, die sich aus dem deut-

---

28 Vgl. zur Kritik an Habermas' Identitätskonzept Bilden (1975: 198), die in der undialektischen Annahme einer bloßen Einheit von Individuum und Gesellschaft den Grund dafür sieht, daß bei Habermas "...die Individuierung, die Ausbildung des Besonderen, der universalisierenden Betonung des Allgemeinen der Gesellschaftlichkeit des Menschen zum Opfer fällt".

schen Kontext heraus stellen. Dieser Sachverhalt drückt sich in der Annahme der vollzogenen Abkopplung der eigenen Bewußtseinsinhalte von allem, was mit dem Wort `deutsch´ assoziiert wird, ebenso aus wie in der bedingungslosen Parteinahme für die PLO und der behaupteten besonderen Verantwortung für das palästinensische Schicksal.

Der Umkehrschluß, der nationale Identität zur Voraussetzung für Verantwortungsbereitschaft macht, beruht jedoch auf zwei fragwürdigen Prämissen: erstens darauf, daß es einer Identifikation mit dem `Deutsch-Sein´ bedarf, um den Nationalsozialismus als im Zusammenhang mit der bundesrepublikanischen Gesellschaft und der eigenen Existenz stehend zu begreifen[29]; zweitens darauf, daß die Übernahme von Verantwortung nur als kollektiver Akt gedacht werden kann. Dem ist entgegenzuhalten, daß ein Bewußtsein für die Langlebigkeit von Denkstrukturen und für die Tatsache, daß Gesellschaft und rechte wie linke Politik durch die fehlende Auseinandersetzung mit ihnen geprägt sind, eine ausreichende Grundlage bietet, um im Leben als Deutscher in einer deutschen Gesellschaft, mehr als einen durch demonstrative individuelle oder kollektive Lossagung beendbare Unerfreulichkeit zu sehen. Die geforderte Identifikation hingegen schließt gerade die Möglichkeit kritischer Auseinandersetzung mit sich selbst und der Umwelt aus, die - neben der Übernahme rückwirkender Verantwortung in Form von Entschädigung der Opfer - für den Gegenwart und Zukunft betreffenden Teil des Verantwortungskomplexes grundlegend ist.

Der Blick auf Gegenwart und Zukunft verdeutlicht die fragwürdigen Implikationen, die sich aus dem zweiten Punkt ableiten. Wenn der Begriff der Verantwortung in seiner zeitlichen Dreidimensionalität gedacht wird und sich nicht auf die Übernahme von Verantwortung für die direkten Folgen des Nationalsozialismus beschränkt, sondern die Intention zur Verhinderung vergleichbarer Entwicklungen einschließt[30], besteht zum behaupteten Erfordernis nationaler Identität kein Zusammenhang, wohl aber zur Überzeugung vom Vorzug demokratischer gegenüber autoritär-rassistischen Gesellschaften. Die Ausbildung einer solchen Überzeugung von der Existenz einer nationalen Identität abhängig zu machen, bedeutet, den

---

29 Nationale Identität muß sich in diesem Zusammenhang notwendig auf das `Deutsch-Sein´ beziehen, da eine Verknüpfung mit einem anderen Identitätsfocus wie dem Staat nicht geeignet wäre, eine direkte Verbindung zum Nationalsozialismus herzustellen. Die Frage, was den Inhalt dieses Deutsch-Seins ausmacht, das sich nicht am nationalsozialistischen Verständnis orientieren soll und an neueren Identitätsangeboten nicht orientieren kann, da damit eine Kontinuitätserfahrung unmöglich würde, bleibt offen.

30 Da eine Verantwortung, die sich auf die "Wiedergutmachung" direkter Folgen, d.h. auf die Zahlung von Entschädigungen reduziert, ein biologisch bedingtes Ende hat, ist anzunehmen, daß den zitierten Texten der erweiterte Verantwortungsbegriff zugrunde liegt.

Einzelnen von der Verantwortung für seinen Willen, sein Handeln und dessen Konsequenzen zu entbinden.

Ebenfalls auf die Deutschen zugeschnitten ist ein drittes - bereits im Hinblick auf die Auseinandersetzung in der "Neuen Linken thematisiertes - Begründungsmuster, das in den letzten Jahren im gesamten politischen Spektrum Verbreitung gefunden hat: nationale Identität als Rezept gegen Rassismus. Hintergrund ist die These, daß "...Fremdenhaß ein Teil des deutschen Selbsthasses ist" (Vollmer 1993: 120), der durch den Nationalsozialismus zum Charakteristikum der Deutschen geworden sei. Diese Annahme wird in einen übergreifenden historischen Rahmen eingebettet, wonach die Suche nach einer Lösung des deutschen Problems der Fremdheit untereinander eine Konstante der Nationalgeschichte sei, die sich auch als das ständige Bemühen den "Identitätskern" (ebd.: 121) auszumachen, beschreiben lasse.

Der als Ausgangspunkt fungierende kollektive Selbsthaß wird fragwürdig, wenn gleichzeitig die fehlende Bereitschaft die Wiedervereinigung als Möglichkeit positiver Identitätsbildung zu begreifen, damit erklärt wird, daß die politische Rechte in diesem "...sensationellen historischen Glücksfall()..." (ebd.: 123) lediglich die längst überfällige Wiedergutmachung eines Unrechts gesehen hat. Eben diese Haltung zeugt jedoch gerade nicht von einem tiefsitzenden Schuldkomplex, sondern von einer Selbstgerechtigkeit, die zumindest für diesen Teil der Gesellschaft wesentlich charakteristischer ist als der Selbsthaß. Wird dies stehengelassen, fällt das Begründungsmuster in sich zusammen.

Eine weiterführende Argumentation, die Selbstgerechtigkeit als Ausdruck von Angst und Minderwertigkeitsgefühlen und letztlich ebenfalls als Zeichen des Selbsthasses interpretiert (vgl. Nirumand 1993: 133), weist andere Schwachstellen auf. Die Feststellung, daß der Wunsch nach Verwirklichung der jahrhundertealten Sehnsucht nach Identität in Deutschland jedesmal "...in einer verheerenden Katastrophe (endete)" (ebd.) spricht auch dann eher gegen denn für einen erneuten Aufbruch zur Identitätssuche, wenn nationale Identität nur ein notwendiges Zwischenziel sein soll, das es später zu überwinden gilt (vgl. ebd.). Die Erfahrungen aus der deutschen Geschichte weisen einen anderen Weg als wahrscheinlicher aus, den Grillparzer in seinem Diktum "von der Humanität über die Nationalität zur Bestialität" kurz und prägnant beschrieben hat.

Hinter diesem Begründungsmuster steht die Beobachtung, daß der hiesige Rassismus und die gesellschaftliche Reaktion außergewöhnliche Züge tragen. Für deren Berechtigung sprechen die extreme Gewaltbereitschaft deutscher Rassisten und vor allem die lange währende Apathie der

Mehrheit (vgl. Cohn-Bendit 1993: 95). Die These, daß diese Besonderheit mit dem deutschen Spezifikum fehlender Identität zusammenhängt, ist jedoch nicht nur deshalb fragwürdig, weil die Identitätsdiskussion seit den 80er Jahren zum Prototyp erfolgreicher Lancierung eines Themas geworden ist und derart überstrapaziert wird, daß von vornherein Skepsis angebracht ist. Eine ebenso plausible Interpretation ist die Existenz eines Identitätsverständnisses, dessen ganzheitlichem kulturalistischem Anspruch die Konsequenz immanent ist, sich gegen Differenzierungstendenzen in modernen Gesellschaften zu richten, die in sog. Fremdeinflüssen am offenkundigsten werden. Ein anderer Erklärungsansatz wäre Empathielosigkeit gegenüber so definierten Anderen, die in der BRD verstärkt auftritt, da hier zum Rassismus als Element abendländischer Ideologie eine nationale Vergangenheit kommt, die zu ihrer 'Bewältigung' geradezu der Weigerung bedarf, sich in die Situation der Opfer einzufühlen. Die unbestreitbaren Kohärenzen zwischen nationaler Geschichte, Eigen- und Fremdbild zwingen somit keineswegs zu dem Ruf nach kollektiver Identität.

Seine bedrohlichen Implikationen treten in der Argumentation eines seiner Verfechter, der nationale Identität aus Gründen außenpolitischer Selbständigkeit für unerläßlich hält (vgl. Estel 1989: 71), offen zu Tage. Der Feststellung, daß ein - trotzdem geforderter - nationaler Rekurs "...sich *notwendig auch* in Ethnozentrismus, d.h. einer geringeren Schätzung des 'Fremden' und eben *auch* in dessen wertbezogener Ablehnung äußert..." (ebd.: 70) folgt die Darlegung eines Kausalzusammenhangs zwischen der von Juden "immer wieder" (ebd.: 72) betonten deutschen Schuld, die ein positives Selbstbild verhindere, und der Verstärkung des sekundären Antisemitismus, der sich gegen die als störend empfundenen Juden richtet. Neben dem aus jüdischer Sicht weitgehend irrelevanten Unterschied ob sie trotz oder wegen Auschwitz mit Antisemitismus konfrontiert sind - was im übrigen ein weiterer Einwand gegen die These vom anti-rassistischen Effekt ist - wird hier sichtbar, daß deutsche Identitätsbildung der Normalisierung der Vergangenheit bedarf und der Begründung eines Deutungsmusters dienen kann, nach dem die Ursachen für Rassismus primär im Verhalten der Betroffenen liegen.

Die Tatsache, daß die Begründungen für die Sinnhaftigkeit von Großgruppenidentitäten auf tönernen Füßen stehen, heißt jedoch nicht, die Existenz gruppenspezifischer Charakterzüge und ihre Einflüsse auf das Individuum zu negieren. Zwischen den Werten und Lebensformen, die in einer islamischen Kultur und denen, die in einer westlich-säkularisierten Kultur als normal und selbstverständlich gelten, bestehen ebenso Unterschiede wie zwischen den Erfahrungen und Prägungen, denen Männer und

Frauen in allen Gesellschaften ausgesetzt sind. In der Definition des Individuums "...als eine(s) Schnittpunkt(s) von verschiedenen Identitäten...: Nationalität, ethnische Zugehörigkeit, Religion, Geschlecht, Klasse usw...." (Kalpaka/Räthzel 1990: 50), wird das Verhältnis von kollektiver Identität und Individuum anders gedeutet als in Habermas' Definition. Während letztere das Individuum in bezug zu *einer* kollektiven Identität setzt, kann es - nach obigem Zitat - keine einzelne kollektive Identität geben, die für das Individuum umfassend konstitutiv ist. Hier stellt sich die Frage, wieso in diesem Zusammenhang von Identitäten und nicht von Einflüssen oder Erfahrungen die Rede ist, da eine Identifikation mit den Werten aller Gruppen aufgrund ihrer - je nach Konstellation - prinzipiellen oder situativ bedingten Unvereinbarkeit unmöglich ist. Eine selektive Identifikation bedeutet, daß es kollektive Identitäten im eigentlichen, von Habermas zutreffend definierten Sinn nicht geben kann, da sich keine Gruppe vollumfänglich mit dem gleichen Wertsystem und Identitätsfocus identifizieren kann. Kollektive Identitäten sind abstrakte Theoriegebäude, in denen sich der Einzelne nur um den Preis der Aufgabe der Wahrnehmung seiner vielfältigen Lebenszusammenhänge verorten kann.

3.2 Identität und "Neue Linke" - Eine Bewegung auf der Suche nach Eindeutigkeit

Die Identitätsproblematik, d.h. die Frage nach der individuellen und der kollektiven politischen Identität, nach ihrem Verhältnis zueinander sowie nach Identifikationsobjekten war und ist für das Politikverständnis und die Weltbilder der "Neuen Linken" von grundlegender Bedeutung und unterscheidet diese Bewegung von den anderen politischen Kräften in der BRD. Auch wenn der Begriff der Identität und seine Derivate v.a. in der Anfangsphase relativ wenig Verwendung fanden, waren Selbstverständnis und Eigendefinition der Rolle, Stellung und Funktion als politische Individuen und Bewegung Themen, die in zahlreichen Texten explizit oder implizit behandelt wurden.

3.2.1 Antiautoritäre und Traditionalisten im SDS - Zwei Wege zur Identität

Die Frage, wieso dieser Themenkomplex für die Studentenbewegung der 60er Jahre von Bedeutung war, weist auf die spezifische Situation und

Erfahrungen dieser Generation in Gesellschaft und Familie hin, die sich zu einem neuen Politikverständnis verdichteten, nach dem individuelle und gesellschaftliche Veränderung einander bedingen. Hintergrund dieses Politikverständnisses war die Wahrnehmung der gleichartigen Maximen, die Familie, Universitätsbereich und Gesellschaft prägen und in den Begriff der Durchkapitalisierung aller Lebenszusammenhänge gefaßt wurden. Die für die Elterngeneration als Lebenssinn fungierende Orientierung auf Wohlstand und Konsum, konnte für die nachfolgende Generation, für die materielle Güter eine Selbstverständlichkeit waren, kein zu erreichendes Ziel sein und nicht als Kriterium für ein lebenswertes Leben herhalten.[31] Um so deutlicher rückten die Kehrseiten und Defizite dieser Orientierung ins Blickfeld, eine dem Leistungsprinzip unterworfene Gesellschaft, in der "...Bedürfnisse nach Gemeinschaft, Wärme, Sinn, Glück und individueller Entfaltung auf der Strecke blieben" (Eisenberg 1979: 89). Hinzu kam der nach wie vor bestehende Anspruch auf elterliche Autorität, der sich dort, wo er nicht mehr in traditioneller Form erfahrbar war, u.a. in Gestalt "sexueller Dressate", manifestierte (vgl. Eisenberg/Thiel 1973: 32). Diese Konstellation, die den Rahmen eines in modernen Gesellschaften gängigen Generationenkonflikts kaum überschreitet, bedurfte der Koinzidenz mit innen- und außenpolitischen Entwicklungen, um zu der als "Identitätsbruch" (ebd.: 27) wahrgenommenen Konfrontation der Gesellschaft mit ihren eigenen Ansprüchen zu führen und den Konflikt auf eine qualitativ andere Ebene zu heben.

Zu diesen Entwicklungen gehörten die Notstandsgesetze und die große Koalition, die den Abbau von Rechtsstaatlichkeit sowie ein Parlament ohne Opposition und damit ohne Machtkontrolle zur Folge hatten, wodurch der Involutionsprozeß der Demokratie (vgl. Agnoli 1968: 10) und die autoritären Züge der Gesellschaft offensichtlich wurden. Die reale Abkehr von den Prinzipien bürgerlich-parlamentarischer Demokratie, die sich hinter dem Anspruch ihrer Verteidigung vollzog, und die weitgehende Akzeptanz dieser Entwicklung, verdeutlichten in den Augen der Studenten, daß die moralische Doppelbödigkeit des Scheins demokratischer Mitbestimmung in Verbindung mit dem verbreiteten Konsumfetischismus, dem damit einhergehenden Zwang zu entfremdeter Arbeit und der gläubigen Rezeption der

---

31 Die Verf. ist sich der Tatsache bewußt, daß es sich bei dieser Charakterisierung von Generationen um eine Pauschalisierung handelt, die dem Individuum nicht gerecht wird. Wenn im folgenden trotzdem an dieser verallgemeinernden Formulierung festgehalten wird, ist die Einschränkung mitzudenken, daß - sofern es die Elterngeneration betrifft - deren Mehrheit gemeint ist, während sich der Begriff 'nachfolgende Generation' auf eine politisierte Minderheit bezieht.

Intergrationsideologie Antikommunismus das Erkennen der wirklichen Bedürfnisse verunmöglichte und politisches Bewußtsein verhinderte. Der Kampf der Befreiungsbewegungen der Peripherie und insbesondere der Vietnam-Krieg offenbarten in einer Eklatanz, die "...in den Metropolen selbst hinter einer Unzahl von Verschleierungen und Mystifikationen..." (Eisenberg/Thiel 1973: 28) versteckt war, den Fassadencharakter westlicher Werte wie Demokratie, Freiheit und Gleichheit, die den Ländern der Peripherie nicht zugestanden wurden, und schufen ein Bewußtsein für die Verbindungen zwischen den Überflußgesellschaften der Metropolen und der Armut der Peripherie.

Die auf familiärer Ebene gemachte Erfahrung der differierenden Lebensorientierung bekam durch die erkannten Zusammenhänge eine zugleich individuelle und gesamtgesellschaftliche Dimension, die in letzter Konsequenz den globalen Aspekt, das Verhältnis zwischen Metropolen und Peripherie, miteinschloß. Der Einbezug des Individuums durch die Weiterentwicklung des Marxschen Diktums von der Bestimmung des Bewußtseins durch das Sein zur Vorstellung eines dialektischen Prozesses, in dem die Selbstveränderung des Bewußtseins und die Veränderung der Umstände sich gegenseitig bedingen, war konstitutiv für die Studentenbewegung, die den "...Ausgrenzungsmechanismus zwischen öffentlichem und intimem, privatem Bereich..." (ebd.: 29) nicht mehr akzeptieren wollte, da er im Widerspruch zu den eigenen Erfahrungen und Erkenntnissen stand und im Hinblick auf die intendierte Emanzipation kontraproduktiv war:

> "Alle Befreiung hängt vom Bewußtsein der Knechtschaft ab, und das Entstehen dieses Bewußtseins wird stets durch das Vorherrschen von Bedürfnissen und Befriedigungen behindert, die in hohem Maße die des Individuums geworden sind" (Marcuse zit. bei Juchler 1989: 40).

Die Schaffung einer herrschaftsfreien Gesellschaft war dementsprechend nur unter der Voraussetzung gleichzeitiger individueller Bewußtseinstransformation denkbar, da "Politik ohne innere Veränderung der an ihr Beteiligten...Manipulation von Eliten (ist)" (Dutschke 1968a: 76) und den Erhalt hierarchischer Herrschaftsstrukturen bedeute. Die am Anfang stehenden, "...meist nur unbestimmt erkannten Unabhängigkeits- und Emanzipationsbedürfnisse() aufgrund von Konflikten und Widersprüchen im Elternhaus, in Schule, Universität oder Arbeitsstätte..." (Hollstein zit. bei Eisenberg 1979: 88) verbanden sich mit realpolitischen Entwicklungen und Aufklärungsprozessen zur Infragestellung aller Werte und Normen, in deren Geist die die Bewegung tragenden "Bürgersöhnchen" (Dutschke 1968b: 19)[32] erzogen wurden. Angesichts der bürgerlichen Herkunft der Mehrheit der politisch Engagierten, ihrer Sozialisation in der sozialen Schicht, deren Wertsystem gesamtgesellschaftlich dominant ist, bedeutete dessen Ablehnung die Intention zum Bruch mit der vorgefundenen Identität auf allen Ebenen.

Der angestrebte Identitätsbruch - von Dutschke (1968a: 63) in den positiven Begriff vom "Beginn unserer *Kulturrevolution*" gewandt - hing nicht zuletzt mit der Diskreditierung der traditionellen Werte und Normen durch ihre Funktionalität für die nationalsozialistischen Verbrechen und der Identität der damaligen Täter und Mitläufer mit der Elterngeneration zusammen:

"Die traditionellen Werte und Tugenden wurden auch deshalb kritisierbar..., weil die Mehrheit der Generation unserer Eltern es zumindest zugelassen haben, daß im Namen dieser Werte Konzentrationslager errichtet wurden, in denen es Wandinschriften, wie diese gab: 'Es gibt einen Weg zur Freiheit - seine Meilensteine heißen: Gehorsam, Fleiß, Ehrlichkeit, Ordnung, Sauberkeit, Nüchternheit, Wahrhaftigkeit, Opfersinn und Liebe zum Vaterland'" (Eisenberg 1979: 89).

Mit der Absage an diese Werte und an die Trennung von individuell-privatem und öffentlichem Bereich stellte sich die Frage nach Inhalten und Möglichkeiten ihrer bewußtseinsmäßigen Verankerung, die die angestrebte "...Fusion von persönlich gelagerter und politischer Befreiung..." (Horn 1977: 341 f.) präzisieren. Der emphatisch formulierte Anspruch der Bewegung war hoch: "die Schaffung des neuen Menschen, die Schaffung neuer Bedürfnisse, die Schaffung neuer Formen der Zusammenarbeit unter den Menschen,...die neue Gesellschaft" (Dutschke zit. bei Juchler 1989: 71). Die Unbestimmtheit dieses Ziels rührte zum einen daher, daß über die Ablehnung des Bestehenden und die kaum präzisere Vision einer antiautoritären Gesellschaft hinaus "...keine fixierbare programmatische Gemeinsamkeit..." (Guggenberger 1973: 10) im heterogenen Lager der Antiautoritären existierte. Zum anderen beruhte sie auf einer bewußten Weigerung, da die Vorgabe eines festumrissenen Gesellschaftsentwurfs angesichts der herrschenden Bewußtlosigkeit eben jene manipulative Fremdbestimmung durch eine Minderheit bedeutet hätte, die individuelle Selbstbestimmung und die Entwicklung eines kritischen Bewußtseins verhindert (vgl. Dutschke 1967b: 16).

---

32 Die von Dutschke nicht beabsichtigte Charakterisierung des SDS als einer von Männern beherrschten Organisation ist trotzdem vollauf berechtigt. In keinem anderen Punkt werden die Defizite der angestrebten Bewußtseinsveränderung und die Selektivität des Postulats von der umfassenden Befreiung so deutlich, wie hinsichtlich des Unvermögens, die patriarchalischen Strukturen im eigenen Verband als Form von Unterdrückung wahrzunehmen.

Die Inhalte der fusionierten Identitäten des neuen Menschen und der neuen Gesellschaft lassen sich daher nur als Kontrast zu den die autoritäre Einstellung konstituierenden Bestandteilen formulieren. Demnach gehören hierzu prinzipielles Hinterfragen jeder Autorität, Vorurteilslosigkeit, Offenheit für Neues, Spontanität, Empathie, Zivilcourage und die Vermeidung von Projektionen. Das antiautoritäre Bewußtsein sollte sich entfalten durch rationale Aufklärung und insbesondere durch die Dialektik der Konfrontation mit dem bestehenden System, dessen Reaktionen wiederum seinen autoritären Charakter bloßlegen, die Überzeugung von der Notwendigkeit seiner Veränderung quantitativ verbreiten bzw. qualitativ verstärken und die Radikalisierung des Bewußtseins vorantreiben. Die Veränderung des studentischen Bewußtseins von der anfänglichen Beschränkung auf das Einklagen von bürgerlich-demokratischen Werten, die dem Anspruch nach in der BRD verwirklicht worden waren, zu Forderungen, die - mit ihren anarchistischen und sozialistischen Elementen - weit darüber hinausgingen (vgl. Eisenberg/Thiel 1973: 3/28 f.), zeigt ebenso wie die schlagartige Vergrößerung der Bewegung durch die nach dem Tod Ohnesorgs zum SDS gestoßenen "Juni-Gefallenen" (Rabehl zit. bei Fichter/Lönnendonker 1979: 117), daß diese Taktik nicht erfolglos war.

Auf der anderen Seite war dieses Konzept einer prozeßhaft gedachten, praktisch jedoch situativ bedingten Herausbildung eines antiautoritären Bewußtseins nicht in der Lage, das Bedürfnis nach einer übergreifenden, dauerhafteren Identifikation zu befriedigen. Eine Identität, die "...sich unter dem Druck der Praxis zur faktischen Identität mit dem individuellen, augenblicksverhafteten Bewußtsein verkürzt" (Guggenberger 1973: 28), konnte die abgelehnte tradierte Identität nicht ersetzen. Das Bedürfnis nach Identifikation, die sich nicht allein an der Negation des Bestehenden und an einem diffusen Ziel, sondern an bestehenden Objekten festmacht, läßt sich nicht monokausal auf die Notwendigkeit einer Ich-Stütze für bindungslos gewordene Menschen zurückführen. Dahinter verbirgt sich auch die Frage nach der politischen Identität, ein Ausdruck, der bei den Antiautoritären seine Berechtigung hat, da sie einen ganzheitlichen, das Individuum vollständig einbeziehenden Politikbegriff vertraten. Das Bemühen um politische Identität ist als Versuch zu verstehen, die eigene Gruppe im Verhältnis zu "signifikant anderen" (Brückner/Krovoza 1972: 12) zu definieren und "...im Austausch mit anderen jene Solidarisierungsprozesse einzuleiten, die zugleich die Identität (und Integrität) der beteiligten Individuen stützen" (ebd.: 13).

Gemeinsame Identifikationsobjekte bieten die Möglichkeit, eine - über spontan-kurzfristige Solidaritätsgefühle und -bekundungen hinausgehende -

Solidarisierung der Gruppenmitglieder untereinander zu sichern und die Handlungsfähigkeit als politische Bewegung zu gewährleisten. Identifikationsvorbilder, die dem Anspruch auf Aufhebung der Trennung von Kopf und Bauch entsprachen, d.h. gleichzeitig rational akzeptabel und emotional ansprechend schienen, waren in der deutschen Vergangenheit und Gegenwart nicht zu finden. "Mit welcher kämpferischen, aktuellen oder historischen politischen Bewegung der Bundesrepublik, der DDR oder der Weimarer Republik sollen wir uns *identifizieren*, damit wir von ihr *lernen* können?" (Reiche 1969: 102). Übrig blieben externe Identifikationsobjekte. Der ehemalige SDS-Vorsitzende Reiche (ebd.: 103) betonte die Gefahr einer solchen Identifikation:

> "Es ist politisch richtig und psychologisch notwendig, sich mit dem *Kampf* des Vietkong, mit dem *Kampf* der Schwarzen in den Slums, mit den *Zielen* der Kulturrevolution in China zu identifizieren. Politisch und psychologisch verhängnisvoll ist es nur, sich mit dem Vietkong *selbst* zu identifizieren, seine Rolle (z.B. seine militärische) gegenwärtig in den kapitalistischen Metropolen spielen zu wollen etc. Erst dadurch entsteht die verhängnisvolle Verwechslung von Symbol und Wirklichkeit, in politischen Kategorien: die Gleichsetzung zweier unterschiedlicher Situationen".

In der Praxis wurde diese Differenzierung jedoch weitgehend gegenstandslos. Die Parallelen, die zwischen der eigenen Situation in der Metropole und der der Befreiungsbewegungen in der Peripherie gezogen wurden, zeigen, daß das - psychologisch naheliegende - Verschmelzen von eigener und fremder Realität durch schematische Übertragung den intendierten Lernprozeß konterkarierte, da die dazugehörende Distanz aufgehoben wurde. In dem Satz "In Vietnam werden auch wir tagtäglich zerschlagen, und das ist kein Bild und ist keine Phrase" (Dutschke 1968: 123) kommt eben jene Verwechslung von Symbol und Wirklichkeit zum Ausdruck, die Reiche als verhängnisvoll bezeichnet. Gleiches gilt für die Forderung nach Schaffung eines "europäische(n) Cong" (Partisan Nr.1 zit. bei ebd.) und nach "...Urbanisierung ruraler Guerilla-Tätigkeit..." (Dutschke/Krahl zit. bei Juchler 1989: 67), bei der die Universität als "Sicherheitszone" imaginiert wurde, "...in der und von der er (`der städtische Guerillero´; I.J.) den Kampf gegen die Institutionen, den Kampf um den Mensagroschen und um die Macht im Staat organisiert" (dies. zit. bei ebd.). Die Hypostasierung der Revolution in Gestalt der Führer von Befreiungsbewegungen, deren Äußerungen und Schriften gläubig rezipiert und deren Konterfeis auf zahlreichen Demonstrationen mitgeführt wurden, zeugt in der kritiklosen Anerkennung dieser Autoritäten von einer "...irritierende(n) Differenz zwischen dem Anti-Autoritarismus als dem Credo der `68er-Bewegung´ und diesem klassischen Heldenkult" (Koenen 1991: 455).

Mit der im Vorgang der Identifikation angelegten Tendenz zur selektiven Wahrnehmung bzw. zur Ausblendung von Informationen, die den Wert des Identifikationsobjekts in Frage stellen und mit der Gläubigkeit an das Objekt, die es in den Rang einer Autorität erhebt (vgl. Kursbuch 1979: 207/212), verabschiedete sich die Studentenbewegung vom antiautoritären Primat. Der schwierige Prozeß, "...gegen bürgerliche Verkehrsform und Einverständnis Identität und Integrität...zu gewinnen..." (Brückner/Krovoza 1972: 14 f.), wurde zugunsten einer einfachen Identifikation aufgegeben.

Ein weiterer Faktor, der die Gläubigkeit evozierte, mit der der Kampf der Befreiungsbewegungen als Weg zum besseren Menschen rezipiert wurde, hängt mit der für die Antiautoritären konstitutiven Grundannahme von der prinzipiellen menschlichen Gutartigkeit zusammen. Das befreite Individuum wurde gedacht als dasjenige, das die von ihm zwar verinnerlichten, letztlich jedoch von äußeren Zwängen herrührenden autoritären Charakterstrukturen überwunden hatte und in einer Gesellschaft lebt, die es erlaubt, daß "...die unterdrückten Fähigkeiten endlich frei werden können" (Dutschke 1967a: 45). Darin läßt sich das Deutungsraster erkennen, wonach alle von Menschen an Menschen begangenen Grausamkeiten im Wortsinn Unmenschlichkeiten seien. Sie werden "...gleichsam aus dem Unbewußten des Individuums und des Kollektivs herausgelöst, entkörpert und auf eine vermeintliche gesellschaftliche Tendenz des Kapitalismus/Imperialismus projiziert" (Reiche 1988: 50) und zu den Menschen `an sich´ wesensfremden Gefühlen und Handlungen erklärt, während alle moralisch positiv bewerteten Lebensäußerungen dem `eigentlichen´ Ich, der genetischen Grundsubstanz zugeordnet wurden.[33] Von daher konnte die Auflehnung der Befreiungsbewegungen als in ihrer Stoßrichtung dem antiautoritären Ziel entsprechend interpretiert werden, da sie sich gegen die imperialistische Herrschaft richtete. Gleichzeitig verstärkte die Identifikation mit diesen Bewegungen und ihren Zielen die Fixierung auf dem Individuum äußerliche System-Faktoren und bot so die Möglichkeit, dem im idealen Menschenbild der Antiautoritären implizierten irrealen und unerfüllbaren Anspruch an die Entwicklung der eigenen Identität - zumindest partiell - zu entfliehen.

Im Weltbild der Traditionalisten im SDS spielte der Themenkomplex der Identität aus zwei Gründen eine geringere Rolle. Erstens sahen sie - anders als die Antiautoritären - in Deutschland, konkret: in der sozialistischen Arbeiterbewegung vor 1933, in der Arbeiterklasse der BRD sowie mit

---

33 Dieser Umkehrung des im konservativ-rechten Lager verbreiteten Bildes vom Menschen als des Menschen Wolf liegt eine vergleichbar eindimensionale Betrachtungsweise zugrunde, die den Menschen nicht als ambivalentes, moralisch positiv und negativ bewertete Fähigkeiten in sich vereinigendes Wesen begreift.

Einschränkungen in der DDR genügend Anknüpfungspunkte für eine Identifikation mit Geschichte und Gegenwart im eigenen Land und hatten dadurch keine vergleichbaren Probleme mit der Suche nach dem, was gemeinhin als politische Identität bezeichnet wird. Zweitens war in der darauf aufbauenden Weltanschauung der Gesichtspunkt der individuellen Identität und Emanzipation praktisch bedeutungslos, da die Betonung auf der determinativen Wirkkraft sog. objektiver Klassenfaktoren lag.

Paradigmatisch hierfür steht die Interpretation der Ursachen der Studentenbewegung und die Vorstellung über den zukünftigen Weg. Der von den Studenten selbst als Umwälzung des Bewußtseins aufgefaßte Auslöser der Bewegung sei in Wirklichkeit auf den "...Prozeß der Proletarisierung der kleinbürgerlichen Intelligenz..." (Heiseler 1968: 6), auf eine Veränderung ihres sozioökonomischen Status zurückzuführen. Die im antiautoritären Bewußtsein angelegte Unterschätzung der Bedeutung der konkreten Lage für das Bewußtsein zeige sich darüber hinaus in der Überschätzung der Manipulierbarkeit der Arbeiter, die - trotz der versuchten Vereinnahmung durch den Spätkapitalismus und wegen seiner fortexistierenden physischen Unerträglichkeit - ein Bewußtsein bewahrt hätten, das sie auch heute noch zum revolutionären Subjekt mache (vgl. Lederer 1969: 116/118 f.). Die Intention ging dahin, das vom kleinbürgerlichen zum antiautoritären transformierte Bewußtsein der Studenten im Bündnis mit den Arbeitern zu einem revolutionären Bewußtsein zu entwickeln, in dem "...grundlegende marxistische Einsichten (revolutionäre Rolle der Arbeiterklasse, Notwendigkeit der revolutionären Diktatur des Proletariats,...Notwendigkeit einer revolutionären sozialistischen Partei der Arbeiterklasse...)" (Heiseler 1968: 9) fest verankert sind. Die propagierte Herrschaft des Proletariats kontrastiert mit der antiautoritären Auffassung, den ʻneuen Menschen´ bereits in der Auseinandersetzung mit der bestehenden Gesellschaft zu antizipieren, indem autoritäre Herrschafts- und Umgangsformen abgelegt und nicht durch neue - mit anderen Vorzeichen versehene - ersetzt werden.

Das gänzlich anders gelagerte Verhältnis der Traditionalisten zur Autorität und zur Rolle des Individuums zeigt sich auch in der beabsichtigten Bildung einer zentralistischen Partei. Die von antiautoritäter Seite vertretene Ansicht, daß die "...entstehende Autoritätsgläubigkeit in solchen Organisationen...sehr leicht die Verdrängung der emanzipatorischen Bedürfnisse der Einzelnen (ermöglicht)..." (Rabehl 1968: 52), konnte für die Traditionalisten kein Gegenargument sein, da Autorität nicht a priori als politischer Negativposten galt und die individuelle Emanzipation gegenwärtig nur gedacht werden könne, als Emanzipation vom kleinbürgerlichen zur Entwicklung des revolutionären Bewußtseins, das revolutionäre Autorität und Subordination anerkennt. Die umfassende Befreiung des Individuums werde erst nach und durch die Phase proletarischer Diktatur möglich. Diese Auffassung der sich später überwiegend im Umfeld der DKP bewegenden Traditionalisten weist in ihrer Verwandtschaft mit der der K-Gruppen auf die grundsätzliche Ähnlichkeit im Denken sowjetisch und maoistisch orientierter Organisationen hin. Bezüglich der problematischen Implikationen und Konsequenzen dieses Identitätsentwurfs kann daher auf die folgende Analyse der K-Gruppen verwiesen werden.

3.2.2 Die K-Gruppen: Individuelle Identität als konterrevolutionärer Faktor

Das Problem der Antiautoritären mit ihrem Identitätsanspruch wird angesichts seiner Lösungsversuche bei den K-Gruppen erst in seinem ganzen Ausmaß deutlich. Diese Versuche zeichneten sich durch die Suspendierung der Kontinuität der eigenen Lebenszeit und -erfahrung aus, indem diese in Perioden aufgelöst wurde, zu denen u.a. die antiautoritäre Phase als ein für spurlos überwunden erklärter Lebensabschnitt gehörte (vgl. Eisenberg/Thiel 1973: 146 f.). Hintergrund waren die problematischen Erfahrungen aus den 60er Jahren mit der labilen, situativ bedingt entstehenden und verfallenden Identität, die sich beständig durch die Angst bedroht sah, "...die Bewegung sei zersetzt, wenn sie nicht alle vierzehn Tage mit einer spektakulären Aktionsfolge aufwarte..." (Krahl 1969a: 279). Das darin angelegte Fehlen einer Frustrationstoleranz verhinderte, den eingeschlagenen Weg im Sinn des "langen Marsches" weiterzugehen. Ereignisse wie die Zerschlagung des Prager Frühlings und der daran geknüpften Hoffnung auf die Entwicklung eines eigenständigen Sozialismus in einem europäischen Land oder die am Tag der Verabschiedung der Notstandsgesetze geschlossenen Fabriktore, die symbolisch für die verweigerte Solidarität der Arbeiter standen, führten die Möglichkeit eines völligen Scheiterns aller Bemühungen um eine neue Gesellschaft drastisch vor Augen.

Das Bewußtsein von der Existenz einer solchen Möglichkeit ist die Kehrseite des prinzipiellen Voluntarismus, dessen Credo von der Machbarkeit der Geschichte keinen Begriff von Notwendigkeit kennt und dem dadurch jene Gewißheit von der Wirksamkeit einer geschichtlichen Tendenz fehlt, die dem Weltbild von Traditionalisten und K-Gruppen zugrundelag. Deren Wissen, "...innerhalb einer gesetzmäßig zunehmenden Strömung..." (KPD 1975c: 10) zu kämpfen, ließ sie Stagnation und Erfolglosigkeit als vorübergehende Marginalien sehen. Das Selbstverständnis, "...als eine

Abteilung der Weltarmee des Proletariats" (KBW 1978: 7) dem sicheren Sieg entgegenzugehen, bot die doppelte Möglichkeit, sich in einem Kollektiv zu verorten und als zukünftiger Teilhaber an der Macht zu imaginieren. Mit Ausnahme des KB war für die K-Gruppen eine binäre identitäre Verortung charakteristisch, die durch die Differenz zwischen nationaler und internationaler Perspektive bedingt war. Während innenpolitisch das genannte Klassenschema dominierte, war außenpolitisch - aufgrund der diagnostizierten nationalen Unterdrückung der BRD - die Identifikation mit dem Kollektiv Deutsche bestimmend für Selbstverständnis und Politik. Die Gewißheit blieb: "der Sieg der nationalen und sozialen Befreiungsbewegungen ist sicher, denn ihre Sache ist gerecht" (Weg der Partei 1974: 44).

Der Preis für diese Sicherheit war die Aufgabe jeglichen Bezugs zu sich selbst als eigenständiges Individuum. Da die höchstmögliche Entwicklungsstufe, die das Bewußtsein des Einzelnen unter den gegebenen Verhältnissen erreichen könne, sich in der Organisation inkarniere, stellte sich "...die Ich-Identität nun fast ausschließlich als eine Funktion der Gruppenbindung (dar)..." (Eisenberg/Thiel 1973: 146). Individuelle Belange und Probleme bzw. solche, die z.B. aus der Situation als Schwuler oder Frau resultierten und damit zwar keineswegs individuell, jedoch nicht weltbildkonform waren, galten bestenfalls als Nebenwiderspruch oder schlimmstenfalls als konterrevolutionär und wurden in jedem Fall in den - für den revolutionären Fortschritt - als irrelevant erachteten Privatbereich abgedrängt (vgl. Partein 1978: 34-49/64-73 [34]).[35] Gleichzeitig sorgte ein System, das die Mitgliedschaft in den K-Gruppen und den innerparteilichen Aufstieg an die Erfüllung zahlreicher zugewiesener Arbeitsaufgaben band, dafür, daß dieser Privatbereich kaum mehr existierte, da "...es die totale Absorption des Einzelnen durch die Organisation unmöglich (machte), anderen Interessen nachzugehen, die einen höheren Grad an Selbstverwirklichung bringen könnte" (Partein 1978: 61). Die Möglichkeit, ein aus anderen Erfahrungszusammenhängen entstandenes Gegengewicht zur Vereinnahmung durch die Organisation aufzubauen, das im Sinn der Parteidoktrin nur als Störfaktor wirken konnte, wurde gezielt unterbunden.

Den Anspruch, keine Partei zu sein, "...in die man nach Belieben ein- oder austreten kann" (KPD/ML 1976?: 14), wurde durch die der Mitglied-

---

34 "Partein" steht hier und im folgenden als Kürzel für das im Berliner Rotbuch-Verlag erschienene Buch "Wir warn die stärkste der Partein...", das eine Sammlung von Erfahrungsberichten anonym bleibender K-Gruppenmitglieder beinhaltet.

35 Nur der KB öffnete sich ab Mitte der 70er Jahre in Ansätzen für eine "...eher durch subjektive Faktoren geprägte() Betrachtungsweise,...die das `Private´öffentlich und diskutierbar machte,...für die Diskussion von Utopien, `die nicht allein im Bereich des *nach* der Revolution Machbaren lagen..." (Klotzsch/Stöss 1984: 1562 f.).

schaft zum "...Zweck der politischen Bewährung..." (KBW 1978: 34) vorgeordnete Kandidatenzeit ebenso untermauert wie durch die darauf folgenden Initiationsriten, die der Anbindung an die Organisation einen - im Vergleich zu üblichen Parteibeitritten - qualitativ anderen Wert verliehen. Ihr Charakter als Auszeichnung und der darauf folgende Aufstieg in der Hierarchie erhöhten die Akzeptanz der autoritären organisationsinternen Struktur.

Die in die Parteiarbeit investierte Lebenszeit und die systematisch unterbundenen Erfahrungen aus anderen Lebenszusammenhängen führten dazu, daß "...im Laufe der Zeit die Eigenidentität durch die Identität mit der Organisation ersetzt wird, ja notwendig wird, um nicht an sich selbst zu verzweifeln" (Partein 1978: 54). Für den Einzelnen war weniger die heterogene, abstrakt bleibende Realität der homogen imaginierten Arbeiterklasse das Identifikationsobjekt, als vielmehr die konkret erfahrbare Realität der Organisation, die die Lebenswelt determinierte. Diese Art der Abhängigkeit und der Identifikation kann zumindest andeutungsweise erklären, wieso die häufigen - immer im Brustton engültiger Wahrheiten verkündeten - Richtungswechsel und Kursänderungen der Loyalität keinen Abbruch taten und wieso ein Großteil der Energien auf die Auseinandersetzung zwischen den Organisationen verwandt wurde. Die Tatsache, daß es sich bei letzterem nur vordergründig um inhaltliche Streitfragen, um den Kampf für die 'korrekte Linie' handelte, wird durch die Beliebigkeit, mit der eine ehemals selbst vertretene Auffassung als Ausdruck der 'Abweichung' einer anderen Organisation gebrandmarkt wurde, deutlich. Motor dieser Kontroversen war vielmehr gerade die prinzipielle Ähnlichkeit der Ansichten, die die Organisationen in ihrer Eigenständigkeit und ihrer Funktion als Identifikationsobjekte bedrohte und Abgrenzungsrituale zwingend erforderlich machte.

Das durch Autoritätsgläubigkeit, Dogmatismus und Manichäismus geprägte Weltbild, das sich in den auf klassischen Sekundärtugenden wie Gehorsam, Disziplin, Anpassung und Pünktlichkeit aufbauenden internen Strukturen ebenso widerspiegelt wie in der "...vom Jargon der Macht und der Gewalt" (Eisenberg 1979: 93) deformierten Sprache[36], weist in all diesen Zügen die zugespitzte Reproduktion bürgerlich-kapitalistischer Normen auf. Das revolutionäre Bewußtsein geriert sich als Karikatur des bürgerlichen, indem das als "...kleinbürgerlich...an der Studentenbewegung

---

36 Zu diesem Jargon gehört der ständige Gebrauch von Begriffen wie 'Front', 'Kampf', 'Krieg', 'Rivalität', 'Ausbeutung' und 'Verrat'. Ein weiteres Charakteristikum der in K-Gruppen-Publikationen verwandten Sprache ist die Vorliebe für - Entschlossenheit vermittelnde - Substantive und ein geringer Wortschatz, der dadurch ausgeglichen wird, daß kein Wort mit einem spezifischen Bedeutungsinhalt versehen ist, d.h. die Mehrdeutigkeit zur Methode gehört.

denunziert (wird), was gerade nicht kleinbürgerlich war" (Eisenberg/Thiel 1973: 145), nämlich die individuelle Emanzipation als Politikum.

Angesichts dieser regressiven Entwicklung drängt sich die Frage nach ihren Ursachen auf. Hier ist vor allem die zeitliche Übereinstimmung zwischen den Auflösungserscheinungen des SDS und dem Zerfall der antiautoritären Bewegung zu nennen. Obwohl sie nicht identisch waren, wurde der Antiautoritarismus allein für das Ende des SDS verantwortlich gemacht und es entstand ein breiter Konsens über die Notwendigkeit straffer Organisation. Da eine Rückkehr zu Struktur und Selbstverständnis eines Studentenverbands weder möglich noch wünschenswert schien, da dies einer Selbstbeschränkung auf den Hochschulbereich und einer Aufgabe des Anspruchs auf gesamtgesellschaftliche Veränderung gleichgekommen wäre und das Modell herkömmlicher Parteienorganisation a priori nicht in Frage kam, mußten andere Formen gefunden werden.

Die tendenzielle Richtung war in dem Programm der organisatorischen Konsolidierung bereits vorgegeben. So galt auch in den Augen eines dezidierten Vertreters des Antiautoritarismus wie Krahl (1969a: 282) "...die Frage der zentralen politischen Kaderorganisation..." als vordringlich zu behandelndes Thema und als Ausdruck der begrüßenswerten Entwicklung eines politischen Realitätsprinzips, "...das zu einer disziplinierenden Selbsteinschränkung der antiautoritären Emanzipationsansprüche an die Organisation führen muß..." (ebd.: 278).

Die Entscheidung, den der hier intendierten Mittelweg zwischen dem organisationszerstörenden Ausleben individueller Bedürfnisse und ihrer völligen Aufgabe in einer rigid-zentralistischen Kaderorganisation im Sinne letzterer praktisch umzusetzen, hat eine ihrer Ursachen in dem sehr deutschen Hang zu totalitären Lösungen. Der aus der Bewußtmachung der Kapitalisierung aller Lebensbereiche gewonnene, "...abstrakt richtige() Totalitätsbegriff des falschen gesellschaftlichen Ganzen" (ders. 1969b: 303) bedingte eine Anschauung, in der Veränderung nur als entsprechend radikale und gleichermaßen umfassende Neuorientierung denkbar war. Das Programm "kompromissloser Befreiung" (ders. 1969: 302) und der Infragestellung aller Werte und Normen (vgl. Dutschke 1968a: 63) spiegelt das Bestreben wider, der falschen Totalität eine richtige entgegenzusetzen, die auf der Annahme einer Gleichheit der `eigentlichen´ Bedürfnisse der Menschen und der daraus gefolgerten Möglichkeit eine repressionsfreien Gesellschaft, in der sich alle Individuen verwirklichen können, beruhte. Die Aufforderung zur rückstandslosen, in eine kollektiv-antiautoritäre Identität mündenden (Selbst-)Befreiung weist in ihrem ganzheitlichen Anspruch an den Einzelnen vergleichbare Züge auf zu dem Zwang, individuelle Emanzipationsinteressen zugunsten einer kollektiven Identität aufzugeben.

3.2.3 Rückwärts in die Zukunft? Über das Problem alter und neuer Denkfallen bei der Suche nach der grünen Identität

Die Frage nach ihrem Selbstverständnis oder - um im Jargon zu bleiben - nach ihrer politischen Identität beschäftigt die *Grünen* von Anfang an in einem weitaus höheren Maß als andere Parteien. Das Thema grüne Identität bzw. die Suche nach ihr ist ein ebenso treuer Begleiter der Parteigeschichte wie - ab Mitte der 80er Jahre - die Bücher über die Krisen der *Grünen*, in denen unausweichlich auf den Aspekt Identität als Ursache und Lösung rekurriert wird (vgl. Kallscheuer 1986; Hippler/Maier 1988; Fücks 1991; Raschke 1991a; ders. 1993).

Bereits der Gründung ging eine intensive Diskussion über die Möglichkeit voraus, die unterschiedlichen Selbstverständnisse der beteiligten Gruppen, Bewegungen und Individuen auf eine gemeinsame Basis zu stellen. Diese Bedenken gingen einher mit grundsätzlichen Zweifeln an den Vorteilen parteilicher Organisation. Der Chance, durch parlamentarisches Engagement eine größere Öffentlichkeit zu erreichen und die Realisierung politischer Ziele voranzutreiben, stand die Befürchtung gegenüber, daß der Negativfaktor der Vereinnahmung und entradikalisierenden Vereinseitigung durch die Konzentration auf Wählerstimmen und das parlamentarisch Durchsetzbare höher zu veranschlagen sei. Hinzu kam der - insbesondere bei Spontis und Teilen der Bewegungen anzutreffende - Vorbehalt gegen das Prinzip Organisation, das - ähnlich wie bei den Antiautoritären im SDS - im Verdacht stand, individuelle Erfahrungen und Bedürfnisse zu ignorieren bzw. sie durch Umwandlung in verallgemeinerungsfähige Interessen bis zur Unkenntlichkeit zu verändern (vgl. Klotzsch/Stöss 1984: 1561).

Der von Kelly (1983: 21) geprägte Begriff der "Antiparteienpartei" drückt die das Projekt grüne Partei begleitende Ambivalenz ebenso aus wie der erste Satz des Bundesprogramms, der der Parteigründung durch die Betonung der prinzipiellen Differenz zu herkömmlichen Parteien ihren Nimbus als Besonderheit zu bewahren sucht. Rotationsprinzip, imperatives Mandat, Verbot von Ämterhäufung und Mitgliederoffenheit aller Sitzungen und Gremien sollten als parteiinterne Instrumente zur praktischen Umsetzung des Anspruchs auf Andersartigkeit dienen (vgl. Weinberger 1984: 117), während nach außen hin die emphatisch hervorgehobene Bedeutung außerparlamentarischer Aktivitäten für die Partei diese Funktion innehatte.

Der in der Abgrenzung zum Herkömmlichen gefundene kleinste gemeinsame Nenner der Andersartigkeit sollte sich nach Ansicht eines Teils der *Grünen* auch in der Verortung der Partei in der politischen Landschaft widerspiegeln. Ausdruck dieser Intention war die Vision einer ökologischen Sammlungspartei, die sich nach dem Diktum Bahros "Nicht rechts, nicht links, sondern vorn" lokalisieren lasse. Durch programmatische Festlegung auf einen - den friedenspolitischen Bereich einschließenden - "ökologischen Populismus" (Raschke 1991a: 191) sollte eine Integration aller politischen Kräfte erreichbar werden, deren Primärinteresse den Themen Frieden und Ökologie galt. Diese Vorstellung konnte sich zwar als gesamtparteiliches Selbstverständnis ebensowenig durchsetzen wie die von linksradikaler Seite favorisierte fundamentaloppositionelle Ausrichtung auf eine "...rebellische, gesellschaftlichen Konsens aufbrechende, Kapitalismus, Militäreinbindung und bürgerliche Welt angreifende Partei..." (Ebermann 1990: 220). Sie markieren jedoch bis heute die zwei Pole des Spektrums politischer Anschauungen bei den *Grünen*, das in seiner Vielfalt dafür sorgt, daß die Identität der Partei nicht inhaltlich definiert werden kann, sondern "...bei den Grünen die hohe Kunst der Selbstverteidigung gegen Gefahren aus dem Bereich etablierter Realität (symbolisiert)" (Raschke 1991a: 12).

Der fehlende Konsens der verschiedenen Strömungen über das, was grüne Identität - jenseits dieser Abgrenzung - positiv bedeutet, führt zu einem Monopolanspruch, der sich praktisch darin äußert, daß die "...eigene Gruppe...mit der eigentlichen `Identität´ in eins gesetzt, die gegnerische Strömung als Zerstörerin dieser Identität gesehen (wird)" (ebd.: 149) und die Fehlerdiskussion "...mit einem sich selbst freisprechenden Verursacherprinzip (bestritten wird): die Schwächen der Partei waren immer die Schwächen der Andersdenkenden" (ebd.: 13). Die Strömungsvielfalt, in der sich z.T. die Vielfalt der grünen Wurzeln spiegelt, ermöglicht es dem Einzelnen, zumindest Elemente seiner politischen Sozialisation beizubehalten und diese nicht in K-Gruppen-Manier als abgeschlossene Vergangenheit zu ignorieren und negieren. Andererseits trägt der im Bestehen konkurrierender Gruppen angelegte Mangel "...an Selbstkritik in der Variante von Ego-Kritik" (ebd.) zur Verewigung von Fehlern bei und ist gleichzeitig Ausdruck jenes Mechanismus, der in der Auseinandersetzung um innerparteiliche politische Hegemonie die Anbindung des Einzelnen an `seine´ Gruppe gewährleistet und zur Verfestigung der Fronten beiträgt. Das auch positiv bewertbare Fehlen einer grünen Identität, die - wenn der Begriff in seinem spezifischen Sinn verwendet wird - für die Identität des Individuums eine existentielle Funktion hat und damit "...ein emanzipatorisches Verhältnis zur Partei schlicht und einfach verunmöglicht" (Ebermann 1990: 214), wird durch die Identifikation mit der jeweiligen Strömung ersetzt und konterkariert. Die Bedingungen für ein emanzipatorisches Verhältnis zur Partei und damit für die organisationsinterne Durchsetzbarkeit des im Bundesprogramm wiederholt geforderten Selbstbestimmungsrechts jedes Menschen, haben sich im Lauf der grünen Parteigeschichte gewandelt. Einerseits hat das Entstehen neuer Strömungen wie "Aufbruch" und "Linkes Forum" zur Entpolarisierung des ursprünglichen Realo-Fundi-Konflikts sowie zur Vervielfältigung des Orientierungsangebots beigetragen und bietet somit dem Individuum größere Möglichkeiten, seine politischen Prioritäten jenseits einer manichäischen Entweder-Oder-Entscheidung für einen Flügel zu entwickeln. Andererseits wirkt dieser potentiell höheren Transzendenz zwischen den Anschauungen die Tatsache entgegen, daß die machtpolitische Dimension zwischen den Strömungen inzwischen fest verankert ist und dadurch "...das Bemühen, größere ideologische Komplexität zu gewinnen, in einer Weise überlagert (wird) von machtpolitisch motivierter Instrumentalisierung grün-relevanter Themen bzw. Ideologiebezüge, daß die Akteure ersteres für sich in Anspruch nehmen und letzteres vom innerparteilichen Gegner vorgehalten bekommen" (Raschke 1991a: 153). Individuelle politische Selbstbestimmung wird heute weniger durch konträre Weltbilder als vielmehr durch - ideologisch verbrämte - machtpolitisch motivierte Frontenbildungen erschwert.

Jenseits der strömungskonturierenden Anschauungsunterschiede läßt sich in dem "...zentralen Begriff grüner Identität: der Apokalypse" (Bock/Jurtschitsch/Rieckmann 1987: 43) ein gemeinsames Element ausmachen. Hintergrund sind die für die Entstehung der *Grünen* zentralen Themen Frieden und Ökologie, denen durch ihre die Grundlagen menschlichen Lebens betreffende und bedrohende Dimension eine existentielle klassen- und nationenübergreifende Bedeutung zukommt. Diese thematischen Schwerpunkte wurden zwar - u.a. bedingt durch die Mitte der 80er Jahre deutlich konstatierbare Bewegungsflaute - zeitweise vom ersten Platz verdrängt, rückten jedoch spätestens mit dem Golfkrieg und dem Wahlkampf 1990 unter dem Motto "Alle reden von Deutschland, wir reden vom Wetter" wieder in den Vordergrund[37]. Zwar bildet das Bewußtsein, daß es

---

37 Angesichts der Regelmäßigkeit, mit der bereits seit dem Parteiaustritt H.Gruhls 1981 der Abschied vom Primat der Ökologie und die damit zusammenhängende "Verlinkung der GRÜNEN" (Vogt 1990: 173) beklagt wird, sollte diese Behauptung nicht überbewertet werden. Dafür spricht zudem die Tatsache, daß auch Teile der Linken die Klage anstimmen, sie seien mit ihren Ideen und ihrem Engagement bei den *Grünen* gescheitert (vgl. Ebermann: 1990: 213).

dabei um "...eine Lösung unserer gegenwärtigen und zukünftigen (Über)Lebensfragen,...der drängenden menschheitlichen Gattungsfragen" (Die Grünen 1990: 4) geht, eine Gemeinsamkeit; die unterschiedlichen Vorstellungen über den Weg zu dieser Lösung spalten jedoch die *Grünen* und formen die Strömungen. Während der apokalyptische Endpunkt der Analyse friedenspolitischer und ökologischer Probleme bei den Fundamentalisten den programmatischen Radikalismus und "Sofortismus" der "Hermit-Weg-mit-Forderungen" zeitigte, ist für die Realpolitiker - um bei dem Urtypus grüner Strömungen zu bleiben - die Diskrepanz zwischen Endzeitszenario und Reformpolitik kennzeichnend (vgl. Bock/ Jurtschitsch/Rieckmann 1987: 43 f.).

In dem Verhältnis zwischen der auf Effizienz und das real Machbare abzielenden Politik der kleinen Schritte, die in keiner Relation zur befürchteten Katastrophe steht, und dem Radikalismus, der der Dringlichkeit des Problems angemessen jedoch politisch nicht durchsetzbar ist,spiegelt sich das von Raschke (1991a: 10 ff.) konstatierte grüne Grundproblem der Unfähigkeit, Legitimität und Effizienz zu vereinbaren.

Im Zusammenhang mit der apokalyptischen Dimension des Friedens- und Ökologiebereichs steht der grüne Rekurs auf Volk bzw. Nation und die damit verbundenen Tendenzen zur identifikatorischen Anlehnung an dieses Kollektiv. Die unterschiedslos alle bedrohende Katastrophe sorgt dafür, daß sich "...unter dem apokalyptischen Druck...geradezu ein Volk der Betroffenen (formiert)" (Hartung 1986: 186). Daß dieses Volk die (Bundes)Deutschen sind, ist erstens darauf zurückzuführen, daß die *Grünen* insofern als die "Bundesdeutscheste aller Parteien" (Vollmer 1991: 200) charakterisiert werden können, als ihnen lange Zeit eine - mit den sozialistisch/sozialdemokratischen Kräften vergleichbare - Einbindung in einen internationalen oder auch nur europäischen Diskussionszusammenhang fehlte, da ähnlich erfolgreiche grüne Partnerparteien nicht existierten (vgl. Bodemann 1986: 137/153) und bis heute erhebliche Unterschiede zu den wertkonservativen grünen Organisationen in Europa bestehen. Zweitens trug die Auffassung von der besonderen Bedrohung von BRD und DDR als Frontstaaten in einem Ost-West-Krieg zur Fixierung auf die Deutschen als außergewöhnlich gefährdete Population bei.

Der Bezug auf Nation und Volk hat seine Vorläufer in Denkfiguren, die - mit differierender Akzentuierung und Intention - in neuen sozialen Bewegungen und K-Gruppen verbreitet waren. In der Ökologiebewegung lassen sich diese Tendenzen im Rekurs auf alte Werte wie Heimat, rurale Traditionen und Kultur festmachen, die in bewußten Gegensatz zur westlich-kapitalistischen Industriezivilisation und ihren Vereinheitlichungsbestrebungen gestellt werden.[38] Bei den K-Gruppen und Teilen der Friedensbewegung gerierte sich dieser Bezug als Emanzipation der kolonialisierten Deutschländer vom US-amerikanischen bzw. sowjetischen Imperialismus. Aus der Fixierung auf die ökologische resp. friedenspolitische Apokalypse der Zukunft entsteht nicht nur eine problematische Anbindung an das Volk der Betroffenen, sie impliziert auch ein verändertes Verhältnis zur Geschichte. Hinter der drohenden Katastrophe verlieren Nationalsozialismus und Shoah als Brennpunkte politischen Selbstverständnisses an Bedeutung. Diese Umgewichtung wird durch zwei Faktoren unterstützt: erstens durch den zeitbedingten Faktor, daß die den 68ern folgenden Jahrgänge der heute 20- bis 30jährigen keinen persönlichen - über die eigene Elterngeneration vermittelten - Zugang zur NS-Vergangenheit haben und "...die Stichworte, die ihren Blick auf die Welt geprägt haben, saurer Regen und Waldsterben, Ozonloch und Chemiekatastrophe, Tschernobyl und Klimakatastrophe (heißen)" (Stein/Ulrich 1991: 77); zweitens durch die abgenutzte Anziehungskraft des Antifaschismus der "Neuen Linken", der durch den undifferenzierten Gebrauch des Faschismus-Vorwurfs und die Einäugigkeit, mit der die von gegenwärtigen Entwicklungen ausgehende Gefahr an deren Identität mit nationalsozialistischen Phänomenen gemessen wird, den Faschismusbegriff inhaltlich entwertet hat und in der Annahme einer gradlinigen Wiederholung der Geschichte gefangenbleibt. Ein solcher Antifaschismus macht sich durch das Ausbleiben des permanent beschworenen Faschismus selbst unglaubwürdig, trägt zur Verharmlosung des historischen Faschismus und zur Unsensibilität gegenüber neuen Repressionsformen bei und bietet all denen, die den Faschismus nicht unmittelbar bevorstehen sehen, keine perspektivischen Anknüpfungspunkte für realitätsbezogene politische Arbeit. Die Ablehnung dieses sich selbst diskreditierenden Antifaschismus, der anstelle einer intensiven Auseinandersetzung mit dem Nationalsozialismus als Konkretum in die abstrakte Fixierung auf kapitalistisch-imperialistische Strukturen flüchtet und die Solidarität mit den konkreten Opfern einem geschichtslosen schablonenhaften Internationalismus opfert, hat gute Gründe für sich.

Die grundsätzliche Ablösung des Orientierungspunkts Faschismus zugunsten des ökologisch-pazifistischen Primats bedeutet jedoch, daß die Schere des Erinnerungskonflikts zwischen den Deutschen und ihren Gegnern im Zweiten Weltkrieg und insbesondere zwischen Deutschen und Juden weiter auseinanderklafft. Paradigmatisch hierfür waren die Reaktio-

---

38 Vgl. zu diesbezüglichen Tendenzen in der Ökologiebewegung und bei den *Grünen* Stöss 1979: 19-28; Huber 1982: 194-208; Dudek 1983: 27-35.

nen auf den Golfkrieg 1991, der in keinem anderen westlichen Land zu vergleichbar großen Demonstrationen veranlaßte, die durch die Angst vor atomarer Ausweitung des Kriegs und vor der - im Szenario der brennenden Ölfelder versinnbildlichten - globalen "Ökostrophe" motiviert waren. In dem dabei vertretenen prinzipiellen Pazifismus, der sich nicht auf die deutsche Abstinenz im Krieg beschränkte, sondern gleiches von den anderen Staaten forderte, kam das fehlende Bewußtsein zum Ausdruck, daß das vielbeschworene `Lernen aus der Geschichte´ durch die Zäsur des Zweiten Weltkriegs bzw. der Shoah auf den beiden Seiten der Involvierten zu unterschiedlichen Resultaten führen mußte. Die Generalisierung der deutschen Erfahrung und die ostentative Stilisierung ihres Ergebnisses zum allgemein-verbindlichen Handlungspostulat, konkret: die Unfähigkeit, in der Auffassung, daß militärische Stärke und Krieg nicht grundsätzlich das Schlimmste bedeuten, sondern auch Schlimmeres verhüten können, ein ebenso begründbares Resultat historischen Lernens zu sehen, ohne es deshalb zu übernehmen, zeugt von einer vermeintlich geschichtsbewußten Zukunftsorientierung, die in ihrer tatsächlichen Geschichtslosigkeit den Realitäten ebensowenig Rechnung trägt wie der Antifaschismus.[39]

Der Hang zur Pauschalisierung führte auch zu der vom Golfkrieg sofort ins Prinzipielle übertragenen Diskussion über die Existenz von "gerechten" Kriegen, die deshalb so unsinnig und überflüssig ist, weil sie, mit einem falschen Begriff operierend, auf grundsätzliche Aussagen abzielt. Einen gerechten Krieg kann es im Hinblick auf individuelle Schicksale nicht geben, da Krieg immer den Tod `Unschuldiger´ zur Folge hat. Die eigentliche Frage ist die, ob die Abwesenheit von Krieg mehr Opfer unter Unbeteiligten fordert, als seine Anwesenheit. Der Zweite Weltkrieg sollte Grund genug, für die Ablehnung eines Dogmas sein.

Selbst wenn die von einer Vertreterin der `alten´ *Grünen* formulierte Überzeugung, daß "Auschwitz...immer noch zu unserer deutschen Identität (gehört)" (Vollmer 1985: 4) von den Jüngeren nicht geteilt wird, da Nationalsozialismus und Shoah in ihrem Lebenszusammenhang keine prägende Rolle spielen, darf der Faktor, daß "...andere Völker aus dem Krieg gegen das faschistische Deutschland die Lehre gezogen haben, daß sie für immer dagegen gewappnet sein müssen..." (ebd.), ebenso wenig ignoriert werden

---

39 Über die Frage, ob der Golfkrieg tatsächlich Schlimmeres, d.h. insbesondere die Vernichtung Israels verhütet hat, oder ob derartiges außerhalb der irakischen Möglichkeiten gelegen hat, kann zwar mit beidseitig guten Argumenten gestritten werden. Davon unberührt bleibt das hier interessierende Verhalten, globale Doktrinen aufzustellen und an diese potentielle Katastrophe, die - nach allen zu Beginn des Krieges verfügbaren Informationen - in realistischer Nähe lag, weit weniger zu glauben, als an die selbstentworfenen worst-case-Szenarien.

wie die - zumindest in absehbarer Zukunft - bleibende Verbindung Deutsche-Auschwitz im jüdischen Bewußtsein. Der Versuch, die Differenz zwischen Eigenbild und Wahrnehmung von außen durch die Flucht in die *"Abstraktionsidylle"* (Beck 1991: 189) des "...Absehen(s) auf das Allgemeinste, Größte und Dringlichste..." (ebd.) zu negieren, führt ebenso zur Unfähigkeit, differenzierte pragmatische Konzepte zu entwickeln, wie der ahistorische Internationalismus.[40]

Entgegen der Auffassung derjenigen, die die Ursachen für die Handlungsunfähigkeit und fehlende Zukunftsperspektive der *Grünen* in der beständigen Beschäftigung der Linken mit dem Faschismus und ihrer Identifikation mit den Opfern sehen (vgl. Ulrich 1989: 58 f.), reduzierte sich die Auseinandersetzung der "Neuen Linken" mit dem Nationalsozialismus mehrheitlich auf eine abstrakte Bezugnahme und die Identifikation mit den palästinensischen `Opfern der Opfer´. Daß diese Form der Vergangenheitsbewältigung, die entscheidend zur Perpetuierung des differierenden Selbst- und Fremdbildes beiträgt, bei den *Grünen* nach wie vor existent ist, wird in diversen Stellungnahmen zum Nahost-Konflikt ebenso deutlich wie im Kontext des Golfkriegs, der "...auf das vom Zusammenbruch bedrohte antiimperialistische Weltbild wie ein Jungbrunnen gewirkt (hat)" (Schenk 1991: 122).

Vor dem Hintergrund der m.E. zutreffenden Prognose, daß die Außen- und Militärpolitik in den nächsten Jahren an Gewicht gewinnen und die Innenpolitik dominieren wird (vgl. Beck 1991: 188), d.h. der Bereich, in dem das Differenzproblem zum Tragen kommt, wichtiger wird, erscheint eine mögliche Entwicklung der *Grünen* besonders problematisch: die Allianz der Geschichtslosen in Gestalt jener, denen das Einklagen der globalen Priorität ihrer ökologisch-pazifistischen Prinzipien über die Auseinandersetzung mit konkreten Situationen geht, mit jenen, deren schablonenhaft manichäischer Antiimperialismus dasselbe Resultat zeitigt. Das Differenzproblem läßt sich weder im Hier und Jetzt noch durch alleiniges Vertrauen auf den Zeitfaktor lösen. Eine Chance auf zukünftige Lösung besteht nur dann, wenn der Wille zur Selbstkonfrontation mit der deutschen Vergan-

---

40 Die Dringlichkeit eines veränderten Umgangs mit dieser Differenz wird durch ihre Relevanz im europapolitischen Bereich unterstrichen. Darauf weist Markovits (1986: 158) hin, dessen Beispiel des - heute neuzuformulierenden Neutralitätsbegriffs im grünen Konzept eines "Europa der Regionen" dem Kern seiner Aussage nicht die Gültigkeit nimmt: "(V)on den Grünen (wird) nicht klar erkannt..., daß auch in einem völlig blockfreien, nur von progressiven Regierungen angeführten Europa auch ein von Grünen geleitetes Deutschland qua seiner Geschichte eine ganz bestimmte (und belastete) Rolle einnehmen wird".

genheit und zur Berücksichtigung ihrer Nachwirkungen in der gegenwärtigen Politik existiert und heute praktisch umgesetzt wird.

Der nach der Bundestagswahlschlappe 1990 konstatierbare Konsens über die Notwendigkeit, das Thema Ökologie (wieder) zum zentralen Element grüner Identität zu machen (vgl. Vollmer 1991a; Fücks 1991; Kretschmann 1991), bietet nur dann produktive Möglichkeiten, wenn Identität als Metapher für Orientierung verstanden wird: keine dogmatisch verengte Fixierung auf Prinzipien meint, sondern Raum läßt für die Wahrnehmung, daß es Themen und Konflikte gibt, "...für die die Einsichten über die ökologische Krise nichts Handfestes abwerfen..." (Beck 1991: 188) und die Art des Umgangs mit ihnen "...für den Fortbestand der Grünen mindestens ebenso wichtig (ist) wie das Gerangel um Innerorganisatorisches oder eine Pragmatisierung der Umweltpolitik" (ebd.).

Zu den Themen, die nicht über den ökologischen Leisten geschoren werden können und deren produktive Handhabung den konkreten Zugang zur Geschichte verlangt, gehören - neben zahlreichen außenpolitischen Anliegen wie den wiederbelebten ethnischen, nationalen und religiösen Konflikten und Kriegen - auch der Umgang mit Rassismen und Immigranten.

IV Ergebnis und Ausblick

1. Über die Notwendigkeit, sich jenseits eingefahrener Gleise zu bewegen

Zunächst sei an die Ausgangsthese erinnert, nach der die "Neue Linke" für die gegenwärtige Nationalisierung des gesellschaftlichen Klimas mitverantwortlich ist, da ihre eigene Nationalismus-Rezeption von Nationalismus durch die strukturelle und z.T. auch inhaltliche Affinität zu tradierten Diskursen geprägt ist, deren Stoßrichtung durch das problematische Bedürfnis nach widerspruchsloser Identität verstärkt wird und fatale Defizite in der Auseinandersetzung mit dem Rassismus zur Folge hat. Auf der Basis der vorliegenden Untersuchung werden diese Behauptung im folgenden zusammenfassend konkretisiert.[1]

1.1 Die "Neue Linke" in ihrem Verhältnis zum gesellschaftlich-wissenschaftlichen Diskurs

In ihren Grundzügen orientieren sich die hier untersuchten Ideologien und politischen Konzepte der "Neuen Linken" an allgemein gängigen bzw. jeweils dominanten Diskursen in Gesellschaft, Wissenschaft und Politik. Von diesem Gesichtspunkt aus ist die Bezeichnung `Neue Linke´ nicht nur hinsichtlich des - bereits in der Einleitung problematisierten - Begriffs `Linke´ ungenau, sondern auch bzgl. der postulierten Neuheit. Diese kann als Ausdruck des eigenen Selbstverständnisses, der Abgrenzung zur "Alten Linken" und in bezug auf die Gesamtheit der Bewegung gelten, während die Rezeption der behandelten Themen gerade durch das weitgehende Fehlen eigenständiger neuer Gedanken gekennzeichnet ist.

---

[1] Insbesondere betreffs der *Grünen* als einer sehr heterogenen Organisation muß betont werden, daß die in Zusammenfassungen zwangsläufige Konzentration auf dominierende Tendenzen anderslautende Auffassungen - sofern sie keine bedeutende Minderheit repräsentieren - nicht in dem Maß berücksichtigen kann, wie dies in der Untersuchung selbst geschah.

Die in der Wissenschaft vorherrschende Dichotomisierung von Nation und Nationalismus hat bei allen untersuchten Organisationen ihr Pendant. Bei der Trennung in einen sozialistischen und einen kapitalistischen bzw. einen imperialistischen und einen antiimperialistischen Nationalismus, wie sie von der Mehrheit der K-Gruppen vertreten wird, beschränkt sich die Identität mit westlichen Wissenschaftstheorien auf das strukturelle Element des Zerfalls in einen `guten´ und einen `schlechten´ Nationalismus. Die Nationalismus-Rezeption des SDS weist darüber hinaus inhaltliche Übereinstimmungen auf. Der positive, auf nationale Selbstbestimmung gerichtete Nationalismus in der Peripherie entspricht dem "ursprünglichen" (Hayes) oder "emanzipatorischen" (Winkler) Nationalismus, während es sich beim Nationalismus der Metropolen um seine "abgeleitete" oder "integrale" Form handelt.

So wie in vielen Punkten bieten die *Grünen* auch hier ein heterogenes Bild, dem jedoch in der Dichotomisierung ein gemeinsames Element eigen ist. Die Differenzierung zwischen solidaritätswürdigen Nationalismen in der Peripherie und abzulehnenden Nationalismen in entwickelten Ländern gehört ebenso zu grünen Vorstellungen wie die Zurückweisung tradierter Inhalte des Nationalismus und der Versuch ihrer positiven Neuformulierung, der sich nicht auf die Peripherie bechränkt.

Die miteinander verzahnten Diskurse über Nation, Kultur und Identität, die ab Ende der 70er Jahre über den wissenschaftlichen Bereich hinaus auf gesellschaftlicher Ebene Verbreitung finden, sind ein weiteres Beispiel für die Ähnlichkeit und in diesem Fall auch zeitliche Parallelität der Rezeption von Themen in Gesellschaft und "Neuer Linker". Die Tatsache, daß eine politische Bewegung, die gesellschaftlichen Einfluß anstrebt, sich mit Themen auseinandersetzen muß, die in der Öffentlichkeit eine Rolle spielen, ist einsichtig. Weniger einsichtig ist die Art dieser Auseinandersetzung, die symptomatisch für den Mangel an eigenständiger Reflektionsfähigkeit ist und in unmittelbarem Zusammenhang mit dem Defizit an innovatorischer Kraft der "Neuen Linken" steht.

Im Rahmen der globalen Perspektive findet dieser Diskurs seinen Niederschlag im neu entdeckten Unterschied zwischen westlicher und nichtwestlicher Kultur, der in der Praxis als weiteres Argument gegen den westlichen Imperialismus verwandt wird. Im Zug von Golfkrise und Krieg 1990/91 wird das Eingreifen des Westens nicht allein wegen dessen imperialistischen Interessen abgelehnt, sondern zusätzlich damit begründet, daß es sich um eine Auseinandersetzung zwischen "Orient und Okzident" (Schmid 1991: 62), bzw. "Aufklärung und Islam" (Ulrich 1990: 56) handle, bei der es darum gehe, "...arabischen Nationalstolz und islamischen Glauben" (ebd.) nicht durch westliche Einflußnahme zu bedrohen.[2] Im Rahmen der nationalen Perspektive kristallisieren sich zwei Formen des Umgangs mit den Kategorien der Kultur und der Nation heraus. Einerseits die zur Minderheitenposition gewordene Zurückweisung jeglicher Relevanz dieser Kategorien und andererseits die Übernahme der These von der Notwendigkeit der identitätsstiftenden Funktion von Nation und Kultur. Den verschiedenen Facetten der Auseinandersetzung, die von der Integration ins bestehende Weltbild über die prinzipielle Ablehnung bis zur affirmativen Aneignung reichen, ist das Fehlen differenzierender Reflektion gemein. Den Gefahren nationalen Denkens mit der Eigenimagination als national geschichtslose Linke zu begegnen, zeugt ebenso von unterkomplexen Denken, wie in der Identifikation mit Nation und Kultur eine Antwort auf das linke Defizit der Beschäftigung mit der eigenen Nationalität zu sehen. Gleiches gilt für den Einbezug kultureller Faktoren auf internationaler Ebene, wenn sie - in der Praxis - nur der Untermauerung des bestehenden Weltbildes dienen.

Die Affinität linker und gesellschaftlich dominanter Ideenwelt und die auf Reaktivität zielende Orientierung der "Neuen Linken" korrelieren miteinander. Den herrschenden Denkmustern wird eine vermeintlich diametrale Position gegenübergestellt, die jedoch strukturell identisch ist. Die Selbststilisierung des Westens zur `freien Welt´, die gegen die weltweite kommunistische Bedrohung anzukämpfen habe, findet ihr Pendant im antiimperialistischen Weltbild. Dem Rückgriff auf Nation und Kultur wird entweder mit der pauschalen Verneinung der Relevanz dieser Kategorien oder mit einem antitraditionellen Gegenentwurf begegnet.

Die "Neue Linke" hat durch diese schematischen Reaktionen selbst zur Aufrechterhaltung von Deutungen beigetragen, deren Problematik und Untauglichkeit nach der Wiedervereinigung und der Auflösung des Ostblocks offenkundig werden. Der vom deutschen Rechtsradikalismus erfolgreich genutzte Rekurs auf nationale Identitätsgefühle stellt die These von der Notwendigkeit eines nationalen Selbstverständnisses und der Möglichkeit, dieses human zu gestalten, nachdrücklich in Frage. Durch das Ende der Sowjetunion und die aufbrechenden Nationalitätenkriege mit ihren neuen Fronten verliert das antiimperialistische Weltbild ebenso endgültig an globaler Erklärungskraft wie sein antikommunistischer Gegenpart.

---

2   Welch bizarre Züge die Untermauerung des Antiimperialismus durch kulturelle Argumente manchmal annimmt, wird am Beispiel eines Artikels im "Arbeiterkampf" vom 11.2.1992 deutlich. Darin wird die Unsinnigkeit, die Bedrohung Israels ernstzunehmen, damit begründet, daß es sich bei den Ankündigungen Saddam Husseins, "...um Rhetorik, die einer anderen Kultur...entstammt (handelt)" (zit. bei DIAK 1991: 80).

1.2 `Lernen aus der Geschichte´ - Über die Schwierigkeiten der "Neuen Linken" mit der Umsetzung von Erfahrungen

Der Umgang der "Neuen Linken" mit der deutschen Geschichte und der eigenen Geschichte als politische Bewegung ist von der Diskrepanz zwischen richtigen Schlußfolgerungen und ihrer fragwürdigen Umsetzung geprägt.

Die Betonung der Existenz identitärer Elemente im Nationalsozialismus und in anderen Faschismen entbehrt ebensowenig realer Grundlagen wie die Feststellung eines Zusammenhangs zwischen Kapitalismus und Faschismus. Problematisch ist die Verabsolutierung dieser Verbindungen, die zur Ignoranz gegenüber den Besonderheiten des Nationalsozialismus und der Unterschiede zwischen bürgerlich-kapitalistischer und faschistischer Gesellschaft führen und die falsche Behauptung von der zwangsläufigen Transformation des Kapitalismus in Faschismus zur Doktrin erheben. Ein weiteres Beispiel ist das Ausmaß an Tod und Zerstörung im Zweiten Weltkrieg, das von der Friedensbewegung mit dem Motiv "Nie wieder Krieg" beantwortet wird. Diese, in die *Grünen* eingebrachte Haltung, die für einen prinzipiellen Pazifismus steht, verdirbt durch ihren Absolutheitsanspruch das darin enthaltene Moment der Humanität. Die unsägliche Golfkriegsdiskussion der *Grünen* über die Frage, ob das pazifistische Dogma die Lieferung von Abwehrraketen an Israel erlaube, ist direktes Produkt des Anspruchs auf unbedingte Konsequenz.

Der Umgang mit Erfahrungen aus der eigenen politischen Geschichte ist z.T. im vorigen Kapitel angesprochen worden. Auch dabei fällt die Diskrepanz auf zwischen der Fähigkeit, wunde Punkte und Defizite selbstkritisch zu beleuchten, und der Unfähigkeit, diese Erkenntnisse im Sinn einer Veränderung zu nutzen, die nicht alte Fehler wiederholt. Die bereits erwähnte Volte zum national-kulturellen Bezug als Antwort auf die fehlende Reflektion über spezifisch nationale Bedingtheiten muß hier nicht weiter ausgeführt werden. Ein vergleichbares Verhalten findet sich im Hinblick auf Einzelbereiche. Der Kritik an der linken Ignoranz kultureller Faktoren, die ihren Niederschlag im vermeintlich kulturunabhängigen, praktisch jedoch eurozentrierten Weltbild findet, ist in Form der multikulturellen Gesellschaft ein Konzept gegenübergestellt worden, in dem Kultur "...zum entscheidenden Beurteilungskriterium für die Konstitution von Gesellschaft..." (Mast 1989: 31) wird und in dem mit kultureller Identität "...ein identitätsbildender Aspekt verabsolutiert (wird)..." (ebd.). Ein Anspruch auf Absolutheit wird durch einen anderen ersetzt.

Anders gelagert ist die Umsetzung der Kritik an der mangelnden Beachtung nationaler Zugehörigkeit und Geschichte bei der Auseinandersetzung mit Israel und dem Nahost-Konflikt. Das durch den Antisemitismus-Vorwurf entstandene Problembewußtsein wird in Teilen der Linken differenziert verarbeitet, was in der Praxis bedeutet, in der Identifikation mit einer der Konfliktparteien weder ein moralisches Gebot noch eine taugliche Basis für konkrete Politik zu sehen. Einem größeren Teil, der dafür sorgt, daß die Verlautbarungen der *Grünen* zu diesem Thema häufig so "verquetscht deutsch" (Beck 1991: 188) wirken, ist es bislang nicht gelungen, den tradierten Antiimperialismus mit der Kritik an ihm auf eine Weise zu verbinden, die der Realität eines Konflikts, in dem Recht gegen Recht steht, Rechnung trägt.

Die Tendenz zu Verabsolutierung und unbedingter Konsequenz steht in direkter Beziehung zum Wunsch nach Eindeutigkeit des Weltbildes und der eigenen Verortung darin. Damit verbunden ist ein ganzheitlicher Anspruch, der kaum Platz läßt für Toleranz gegenüber den auf anderen Erfahrungen basierenden Schlußfolgerungen Anderer. Markantestes Beispiel ist das "Nie wieder Auschwitz"-Postulat, das auf deutscher Seite den Wille, nie mehr Täter zu sein, hervorhebt, während es für die Juden bedeutet, nie mehr die Rolle des Opfers einzunehmen. Nicht die Existenz unterschiedlicher Verständnisse, sondern die behauptete Existenz *eines* richtigen Verständnisses ist jenes Kernproblem, das in diesem Fall - ebenso wie beim prinzipiellen Pazifismus - Verständigung unmöglich macht. Es fehlt ein Bewußtsein dafür, daß es sich hierbei um Postulate handelt, die durch die Rolle Deutschlands als Täter und Aggressor berechtigt sind, darin aber auch ihre Bedingtheit liegt. Nicht dadurch, daß sie die Quintessenz einer Seite formulieren, sondern durch ihre Generalisierung werden sie für jede praktische Politik wertlos und taugen nur dazu, sich selbst das gute Gewissen moralischer Konsequenz zu attestieren.

Der Umgang mit dem Nationalsozialismus ist von einer auffallenden Ambivalenz. Einerseits ist er ein zentraler Orientierungspunkt der "Neuen Linken", der in seiner Funktion als Metapher für das zu verhindernde Böse eher zu häufig als Warnung strapaziert wird. Andererseits bleibt der Zugang so abstrakt, daß die aus der nationalen Geschichte stammenden `Lehren´ nicht mehr als solche wahrgenommen werden und sich in globale Prinzipien verwandeln. Der schnelle Schritt von der konkreten zur abstrakten Auseinandersetzung mit dem Nationalsozialismus verhinderte von Anfang an, daß dieser Teil der Geschichte und ihre Nachwirkungen "...*existentiell erlebt anstatt `nur´ intellektuell verstanden* werden" (Markovits 1986: 158

f.).³ Durch den Mangel an intensiver Konfrontation mit der Vergangenheit bleibt Empathie völlig unterentwickelt und damit auch die Möglichkeit, Nationalsozialismus und Shoah als die Zäsur wahrzunehmen, die sie in den Augen der Gegner und Opfer ist und die "...eine naive Fortsetzung von Kontinuitäten definitiv unmöglich gemacht hat" (Habermas 1987a: 117). Die Weltdeutung auf der Basis von theoretischen Versatzstücken, die aus der prä-nationalsozialistischen Ära stammen, ist ebenso symptomatisch für das Verkennen seines zäsuralen Charakters wie der Rekurs auf die Kategorie der Kultur, die eine problematische Affinität zum Begriff der Rasse aufweist.

1.3   Die Suche nach Identität als Focus

Maßgeblicher Faktor der aufgezeigten Entwicklung ist die große Rolle der Identitätsfrage in der "Neuen Linken". Die Genese der Suche nach Identität und die Definition ihres inhaltlichen Ideals ist durch das vorgefundene gesellschaftliche und politische Umfeld der BRD in den 60er Jahren geprägt, aus dem heraus sich diese Bewegung entwickelte.

Ausgangspunkt war eine Gesellschaft, die ihr Selbstverständnis und ihre Legitimation aus Ignoranz und Lebenslügen bezog. Die von sich behauptete, aus der Geschichte gelernt zu haben, ohne sich mit der Zeit zwischen 1933 und 1945 - über das von den Alliierten erzwungene Maß hinaus - auseinandergesetzt zu haben und in der die Forderung nach einem Schlußstrich "...schon Ende der vierziger Jahre...in aller Munde war..." (Claussen 1988a: 22); die von sich behauptete, mit dem Nationalsozialismus gebrochen zu haben, während die alte Mentalität der Selbststilisierung zum Opfer fortbestand, bereits Ende 1945 das Leid der nationalsozialistischen Opfer öffentlich mit dem der besiegten Deutschen gleichgesetzt wurde (vgl. Stern 1991: 82 f.⁴) und Mitleid vorwiegend sich selbst galt. Hinzu kam eine

---

3   Die Genese dieses Defizits wird in Dutschkes (zit. bei Voigt 1991: 253) rückblickender Beschreibung seines Bezugs zum Nationalsozialismus offenkundig: "Meine christliche Scham über das Geschehene war so groß, daß ich es ablehnte, weitere Beweisdokumente zu lesen und mich mit einer allgemeinen Erkenntnis zufriedengab: Der Sieg und die Macht der NSDAP, das Entstehen des zweiten Weltkriegs ist von dem Bündnis zwischen NSDAP und den Reichen (Monopolkapital) nicht zu trennen".

4   Die Untersuchung des israelischen Historikers Frank Stern über deutschen Antisemitismus und Philosemitismus in der bislang vernachlässigten Zeit zwischen 1945 und Anfang der 50er Jahre verdient eine gesonderte Hervorhebung, da sie sehr anschaulich jene Verbindung zwischen dem deutschen Umgang mit dem Nationalsozialismus und der Funktion ´des Juden´ als deutsches Projektionsobjekt herausarbeitet, die bis heute das deutsch-jüdische Verhältnis prägt.

Politik, die ihre wiedergewonnene Teil-Souveränität dazu nutzte, dieser Stimmung in der Bevölkerung Rechnung zu tragen, indem sie 1951 die Wiedereinstellung aller im Zuge der Entnazifizierung entlassenen Beamten per Gesetz verordnete (vgl. Schmidt/Fichter zit. bei Simon 1987: 6) und wenig Skrupel zeigte, Ex-Nationalsozialisten in Politik und Justiz weiterzubeschäftigen. Mit dem Kalten Krieg und der auf ihn zugeschnittenen Totalitarismus-Doktrin "braun gleich rot" konnte man die Normalisierung der eigenen Vergangenheit und die bruchlose Übernahme des Antikommunismus in den Dienst zukünftiger Aufgaben stellen und sich darüber hinaus in dieser Orientierung vom Westen legitimiert wissen. Die innerhalb kürzester Zeit gelungene Wandlung vom Kriegsgegner zum verläßlichsten Bündnispartner der USA, vom Außenseiter der `Völkergemeinschaft´ zum Mitglied der `freien Welt´ wurde - spätestens mit dem Vietnam-Krieg - als Teil einer neuen Lebenslüge offensichtlich. Die von allen Parteien vertretene Behauptung, daß in Vietnam jene bessere Welt verteidigt werde, die sich als Hüter von Demokratie, Menschenrecht und Freiheit versteht, erschien - angesichts der Bilder menschenverachtender Grausamkeit - als makabrer Zynismus und rief jenes Gefühl des Ekels hervor, das häufig als Auslöser für die studentische Politisierung genannt wird (vgl. Fichter 1987a: 199). Vor diesem gesellschaftlichen und politischen Hintergrund entwickelt sich ein moralischer Rigorismus in der Studentenbewegung, der der herrschenden Verlogenheit gegenübergestellt wird und sie demontieren soll. Die Auffassung vom bestehenden System als vorgeschobener Fassade symbolisiert sich in Begriffen wie `Verschleierung´ und `Charaktermasken´, denen `Entlarvung´, `Kompromißlosigkeit´, `Aufklärung´, `politische Moral´ und die `eigentlichen Bedürfnisse´ entgegengesetzt werden. Diese Begriffe konturieren ein Politik- und Selbstverständnis, in dem die Aufhebung des Widerspruchs zwischen moralischen Postulaten und politischem Handeln, zwischen äußerem Erscheinungsbild und der wahren Wesenhaftigkeit der Dinge intendiert ist. Die angestrebte Synthese von Privatem und Öffentlichem, von Individuellem[5] und Allgemeinem verdeutlicht den Anspruch auf ganzheitliche und konsequente Veränderung.

Das so definierte Ideal einer Identität, die nicht dem äußeren Schein verhaftet bleibt, sondern die ihren Inhalt aus dem `Eigentlichen´ bezieht, in der "...das Allgemeine im Individuellen ebenso realisiert ist...wie umgekehrt das Individuelle im Allgemeinen" (Schiffauer 1992: 17), ist das Kernproblem linker Identitätssuche. Während im SDS versucht wird, diese Synthese

---

5   Der Begriff des Individuellen bezieht sich in diesem Zusammenhang sowohl auf den Einzelnen als auch auf das Selbstverständnis der "Neuen Linken".

mit Hilfe einer politischen Selbstdefinition auf globaler Ebene zu verwirklichen, steht bei den *Grünen* dieser Weg neben dem Bemühen, den Schulterschluß von Individuellem und Allgemeinem auf der Basis einer ethnisch-nationalen Selbstdefinition zu vollziehen.

Der Abwertung sog. Äußerlichkeiten und der Betonung `echter´ innerlicher Werte wohnt die Tendenz inne, Willen und Absicht wichtiger zu nehmen, als deren Wirkung. Ersteres ist direkter Ausdruck der Wertprioritäten, während ihr Resultat durch äußere Faktoren mitgeformt wird, die nicht der willentlichen Kontrolle unterworfen sind und das Ergebnis zu einem nichtintendierten machen können. Die Geschichte der "Neuen Linken" weist eine Fülle von Beispielen für die Diskrepanz zwischen Willen und Wirkung auf. Hierbei muß zwischen Situationen unterschieden werden, bei denen die Entstehung einer solchen Diskrepanz erst im nachhinein offenkundig ist, und solchen Fällen, bei denen von Beginn an mit hoher Wahrscheinlichkeit nicht beabsichtigte Entwicklungen prognostizierbar sind. Exemplarisch für die erste Kategorie ist die Absicht, durch Unterstützung von Befreiungsbewegungen in der Peripherie zur sozialistischen Revolution beizutragen, wobei Entwicklungen wie die in Chile oder Persien nicht erwartet wurden.

Weitaus interessanter, da potentiell beeinflußbar, ist die andere der o.g. Kategorien, die an zwei Beispielen illustriert werden soll. Der Wille, den Rekurs auf Kultur und Nation durch inhaltliche Neubesetzung zur Grundlage eines neuen Selbstverständnisses und einer humaneren Gesellschaft zu machen, läßt nicht den Sinn eines solchen Rekurses, sondern lediglich seine Definition zum Gegenstand der gesellschaftlichen Auseinandersetzung werden. Die Folgen des dadurch gegebenen Grundkonsens von Linken und Rechten sind im Zug der Verbreitung national-rassistischer Ideen deutlich geworden, was dann zu der paradoxen Situation führt, daß dieser Teil der Linken "...gegen ein Schema argumentieren (muß), das sie beim Einschluß der DDR selbst favorisierte" (Fanizadeh 1992: 10).

Die Gefährlichkeit einer Kulturalisierung, d.h. einer Entpolitisierung der Debatte um die Einwanderungsgesellschaft, deren Verlagerung weg von rechtlichen Fragen hin zur Diskussion über kulturelle Differenzen, Verträglichkeiten und Toleranzschwellen dem sog. Ethnopluralismus ideale Anknüpfungspunkte bietet, lag im Bereich des Prognostizierbaren. Voraussetzung dafür wäre eine intensivere, nicht-selektive Beschäftigung mit der deutschen Geschichte und ein Bewußtsein für die Langlebigkeit von Traditionen in einer Gesellschaft, deren "zweite Schuld" gerade darin besteht, sich einer Auseinandersetzung mit diesen Traditionen verweigert zu haben. Die bestenfalls selektive Geschichtsbetrachtung läßt - einmal mehr - einen Voluntarismus triumphieren, der das gesellschaftlich Machbare überschätzt.

Da dieser Voluntarismus den Bonus der Naivität weitaus weniger für sich reklamieren kann als der der Antiautoritären in den 60er Jahren, trägt die dem Willen eingeräumte Priorität über die Wirkung Züge eines politisch verhängnisvollen Selbstzwecks, der nicht den Immigranten, sondern dem Bedürfnis nach Einbettung in eine kollektive Identität dient.

Ein zweites Beispiel für diese Hierarchie ist ein charakteristischer Ausschnitt aus den `israelisch-linken´ Beziehungen. Der beim Israel-Besuch einer *Grünen*-Delegation während des Golfkriegs verkündete Wille, aus Sorge um die Sicherheit Israels jegliche Waffenlieferungen abzulehnen, wurde dort als Aufforderung zum "idealistischen Selbstmord" (Rosen 1991: 141) verstanden. Die Kritik, daß dadurch konkret bedrohte Menschenleben globalen Argumenten untergeordnet werden, führte auch im Nachhinein nicht zur Reflektion über die Berechtigung dieser Wirkung. Stattdessen wurde die nach wie vor bestehende Richtigkeit der eigenen "rationalen" Auffassung betont und die Reaktion als ein Mißverständnis bezeichnet, das durch die von Emotionen bestimmte Haltung der Israelis entstanden sei (vgl. Damus/Ströbele 1991: 142 f.). Gerade durch den kriegsbedingten Extremcharakter dieser Situation gewinnt die Tatsache, daß die so ausgedrückte Sorge um Israel von den Betroffenen als Gleichgültigkeit begriffen wurde, ohne daß es dadurch zu Irritationen auf grüner Seite gekommen wäre, an paradigmatischer Aussagekraft. Mangel an Empathie vereinigt sich mit der komplementären Verbindung von eigener Verantwortungslosigkeit für die Diskrepanz zwischen Willen und Wirkung einerseits und einer "...politische(n) Tradition der `reinen Lehre´, die Prinzipien höher stellt als Menschenleben" (Wallraff 1991: 164), andererseits.

Dem Versuch, Individuelles und Allgemeines zu synthetisieren, ist die Geringschätzung der Außenwirkung inhärent. Praktisch bedeutet dies, den Unterschied zwischen Eigen- und Fremdwahrnehmung entweder nicht zu wahrzunehmen oder ihn auf das Unverständnis der anderen Seite zurückzuführen. Eine weitere Folge der angestrebten Synthese ist die Tendenz, in Rechtsnormen eine ungenügende gesellschaftliche Basis zu sehen, da sie menschliche Verkehrsformen bloß äußerlich regeln und somit der Unterfütterung durch innerliche Werte bedürfen.

Die Geringschätzung der sog. Äußerlichkeit trägt entscheidend zur Geschlossenheit von Gesellschaften bei. Die Einwanderungsgesellschaft wird zur Zumutung für alle Beteiligten, wenn die Einwandernden nicht nur die Regeln einzuhalten haben, sondern sich innerlich mit dem identifizieren sollen, was als Charakteristika der Mehrheit definiert wird, bzw. umgekehrt: wenn die Eingeborenen sich verpflichtet fühlen, im Zusammenleben mit Einwanderern dem Anspruch auf Identifikation mit dem Fremden zu genügen. Von einem solchen Anspruch her ist das Denken in kulturellen Kollektiven nur konsequent, da eine so strukturierte Gesellschaft die einzige Möglichkeit ist, Einwanderung zuzulassen, ohne dieser Zumutung ausgesetzt zu sein. Jeder kann innerhalb `seines´ Kollektivs Individuelles mit Allgemeinem verbinden. Der Preis für ein solches Identitätsverständnis ist die Reduktion des Menschen auf `seine´ Kultur. Die *Grünen* würden ihn zahlen, wenn sie nach Eintreten des Gewöhnungseffekts oder nach dem tatsächlichen Ende des offen gewalttätigen Rassismus die - im Augenblick weniger vehement geführte - Diskussion über Kultur(en) und Identität(en) wieder in den Vordergrund rücken und sie als Beitrag zum Abbau von Rassismus und Nationalismus mißverstehen. Die unverhüllte Gewalt gegen Immigranten und Flüchtlinge hat deutlich demonstriert, daß die Durchsetzung der gesamtgesellschaftlichen Respektanz `bloß´ äußerlicher Umgangsformen ein noch zu erreichendes Ziel ist.

2. Bis hierher - und wie weiter? Konzeptionelle und mentale Anregungen für die Zukunft

Im Mittelpunkt dieses Schlußworts stehen jene Punkte, denen m.E. Schlüsselfunktionen für die Entwicklung einer humanen Gesellschaft und für einen linken Beitrag zukommt, der den Kreislauf der Reproduktion alter Fehler durchbricht. Die Ausführungen folgen zunächst einer Spiralbewegung von kleinen zu großen Perspektiven, die bei der "Neuen Linken" beginnt, sich über die bundesdeutsche Gesellschaft zu allgemeinen Betrachtungen erweitert, um am Ende zum Individuum als kleinstem und grundlegendem Element zurückzuführen.

Der erste Punkt knüpft unmittelbar an das Ende des vorangegangenen Kapitels an: Es muß erkannt werden, daß

> "...Rassismus, Nationalismus und Antisemitismus...nicht beliebige Themen unter anderen, sondern zentrale Themen (sind), unter denen eine Linke hierzulande anzutreten hat" (Brumlik 1987: 214).

Neben der Vergegenwärtigung von Rassismus und Eurozentrismus als grundlegendem Bestandteil europäischen Denkens, woraus resultiert, daß "...wenn man in einer Gesellschaft ohne antirassistische Politik lebt,...man dazu verurteilt (ist), in einer rassistischen Gesellschaft zu leben..." (Hall zit. bei Kalpaka/Räthzel 1990: 77), beinhaltet diese Aufgabe in der BRD eine zusätzliche Dimension. Aus den Besonderheiten der deutschen Vergangenheit und des Umgangs mit ihr erwachsen Dispositionen für projizierende

Eigen- und Fremdbilder, deren historische Wurzeln in Philosemitismus und sekundärem Antisemitismus am offensichtlichsten sind, die darüber hinaus jedoch von genereller Bedeutung für das problematische Verhältnis zum Anderen und für die defizitären gesellschaftlichen Abwehrreaktionen auf Rassismus sind.

Zu den Voraussetzungen einer Veränderung gehört die kontinuierliche situationsunabhängige Beschäftigung mit Geschichte und Gegenwart dieser Phänomene und die Umsetzung in politische Konzepte, die sich nicht zwanghaft an herrschenden Auffassungen und an aktuellen Debatten orientieren. Dadurch ließen sich falsche Polarisierungen wie die über den Inhalt von Nation und Kultur, ebenso vermeiden wie schockartige Überraschungen über gesellschaftliche Entwicklungen, denen mit Hilflosigkeit und radikalen Postulaten begegnet wird.

Im Zusammenhang damit steht der Abschied von einer Debatte um gesellschaftliche Gestaltung bei der kulturelle und nationale Identität im Vordergrund steht. Eine unter diesem Blickwinkel geführte Auseinandersetzung zementiert die Defensive der Linken, da sie zu dem Argumentationsmuster von der kulturellen Bereicherung zwingt. Damit wird die Legitimation von Einwanderung an die Rolle von Immigranten als kulturellen Bedeutungsträgern geknüpft - Immigranten, deren Verhalten nicht als positiver kultureller Beitrag definierbar ist, werden zu störenden Faktoren und all jene Eingeborenen, denen das, was sie als deutsche Kultur verstehen, vollauf genügt, können schwerlich von den Vorzügen einer Einwanderungsgesellschaft überzeugt werden. Demgegenüber gilt es, die rechtlichen Fragen betreffs Staatsangehörigkeit, Einbürgerung und Wahlrecht ins Zentrum zu rücken und deutlich zu machen, daß eine Mehrheitsgesellschaft, die die gesetzlich verankerte Existenz von Menschen erster und zweiter Klasse akzeptiert, das fundamentale Recht auf Gleichbehandlung als prinzipielle Norm preisgibt und ihre Mitglieder sich dadurch selbst um die Berechtigung bringen, sich darauf zu berufen.

Rechtsgleichheit und die Akzeptanz zentraler Normen, namentlich: Menschenrechte, Gleichberechtigung von Männern und Frauen sowie Trennung von Religion und Staat[6], sind nicht Voraussetzung, sondern Kern einer humanen Einwanderungsgesellschaft. Alle darüber hinausgehenden Unterschiede von Überzeugungen und Lebensformen befinden sich glücklicherweise außerhalb von einheitlichen Regelungsmöglichkeiten, die mit

---

6 Da es in der BRD - anders als z.B. in Frankreich - keine generelle Säkularisierung gibt (Stichwort `christlicher Religionsunterricht'), ist mit diesem Postulat die Gleichbehandlung intendiert, d.h. entweder die Abschaffung des christlichen oder die Einführung islamischen Religionsunterrichts.

einer Demokratie vereinbar wären. Die maximale Reduktion allgemeinverbindlicher Richtlinien wirkt dem Mechanismus entgegen, daß Ausgrenzung und Unterdrückung zur Radikalisierung partikularer Interessen führen und Individuen zum kollektiven Zusammenschluß zwingen.

Allerdings ist auch dieser konzeptionelle Vorschlag nicht in der Lage, grundsätzliche Widersprüche aufzuheben und zur Lösung des links/grünen Problems mit ihrer Existenz beizutragen. Wie die o.g. steht jede Festlegung von Regeln, d.h. jede Festlegung von Werten im Widerspruch zum Wert der Toleranz. Diesem wiederum wohnt selbst die unauflösbare Antinomie inne, daß Toleranz gegenüber intoleranten Bestrebungen das Toleranzprinzip vernichtet und zur Herrschaft ihres Gegenparts, der Intoleranz, führt (vgl. Kolakowski 1967: 221). Es bliebe die Aufgabe, zu erkennen, daß gegenwärtige Widersprüche überwindbar sind, sie jedoch neuen Platz machen: "...die Widersprüche verfolgen uns insofern, als wir in der Welt der Werte tätig sind, das heißt, als wir überhaupt sind" (ebd.: 220). In der Praxis geht es daher weder um die finale Synthese noch um die zwanghaft-konsequente Durchsetzung eines Wertes, sondern um die Gewichtung von Widersprüchen.

Die Bewußtmachung der eigenen Ich-Identität als ein widersprüchliches Gebilde, zu dem die Erfahrung des `Sich-selbst-fremd-Seins´ verbunden mit der Entdeckung der Fremdheit im vertrauten Umfeld notwendig gehört, nimmt der von außen dazukommenden Fremdheit das Bedrohliche. Sie erschwert die identitäre Selbsteinbindung in ein - politisch oder ethnisch-kulturell definiertes - Kollektiv vermeintlich Gleicher und die für alle Seiten fatale Verwechslung von Empathie und Engagement mit Identifikation. Das Identitätsverständnis eines nationalen und kulturellen `Grenzgängers´ - des in Israel lebenden Arabers Sami Ma´ari (zit. bei Baier 1985: 19) ist zukunftsweisend: "...nur der, der behauptet, er habe eine einfache, eindeutige, klare Identität - der hat ein Identitätsproblem".

Literatur

1. Archivalien[1]

Für alle im folgenden aufgelisteten Archive gilt, daß die vorhandenen Quellen z.T. ohne archivarische Systematik aufbewahrt werden.

Archiv "Grünes Gedächtnis" = Archiv im Stiftungsverband Regenbogen in Bornheim-Widdig. (Dank an Robert Camp)
Grünen-Archiv = Archiv, bis 1992 am - heute aufgelösten - Zentralinstitut für sozialwissenschaftliche Forschung (ZI 6) der Freien Universität (FU) Berlin / Sammlung von Materialien der GRÜNEN und der Alternativen Liste (AL) Berlin. (Dank an Lilian Klotzsch)
SDS-Archiv = SDS-Nachlaß im Archiv "APO und soziale Bewegungen", bis 1992 am ZI 6 der FU Berlin. (Dank an Siegward Lönnendonker, Jürgen Schröder und Jochen Staadt)

weitere Fundorte:

Bibliothek und Archiv "Protest, Widerstand und Utopie in der BRD" im Hamburger Institut für Sozialforschung. (Dank an Gudrun Döllner und Reinhard Schwarz)
K-Gruppen-Nachlaß im Archiv "APO und soziale Bewegungen", bis 1992 am ZI 6 der FU Berlin.
Bibliothek des Zentrums für Antisemitismusforschung an der Technischen Universität Berlin.

2. Broschüren, Dokumentationen, Materialsammlungen / Bundestagsdrucksachen, Informationsblätter / Namentlich nicht zugeordnete Bücher und Texte / Periodika, Rundbriefe, Themenhefte, Zeitschriften, Zeitungen

2.1 Broschüren, Dokumentationen und Materialsammlungen

AUST, Ernst 1975?: Kampf der wachsenden Kriegsgefahr durch die zwei Supermächte!. Für die Einheit und Solidarität der europäischen Völker, Hamburg 1975?.
BAG "ImmigrantInnen und Flüchtlinge" der Grünen (Hg.) 1989: Widerspruch. Bundesarbeitsgemeinschaft ImmigrantInnen & Flüchtlinge der Grünen, Bonn 1989.
DIAK (Deutsch-Israelischer Arbeitskreis für Frieden im Nahen Osten e.V.) 1991: israel & palästina. Zeitschrift für Dialog, Extranummer: Der Golfkrieg, Israel und die deutsche Friedensbewegung. Dokumentation einer Kontroverse, 4/1991.
Dokumentation der Nahost-Reise der Fraktions- und Parteidelegation DIE GRÜNEN (16.-30. Dezember 1984), Bonn 1/1985.
Fraktion der AL Berlin (Hg.) 1986: Flüchtlinge, West-Berlin 9/1986.

---

[1] Die in der vorliegenden Untersuchung mit dem Hinweis auf ihren Archiv-Standort verwandten Schriftstücke werden im Literaturverzeichnis nicht nochmals erwähnt, da alle zur Verfügung stehenden Angaben im Text der Arbeit zu finden sind.

Fraktion der AL Berlin (Hg.) 1986a: Alternative Flüchtlingspolitik. Dokumentation vom Flüchtlingskongreß am 25./26.9.1986 in Berlin im Reichstagsgebäude veranstaltet von den Grünen im Bundestag in Zusammenarbeit mit der AL-Fraktion/Berlin, West-Berlin 12/1986.
GAB Grün-Alternative und Basisgruppen (Hg.) 1984: Immigranten- und Asylfragen, Hamburg 3/1984.
Die Grünen o.J.: Das Bundesprogramm, 2. Aufl. (1. Aufl. v. 1980), Köln o.J..
Die Grünen 1990: Das Programm zur 1. gesamtdeutschen Wahl 1990, Bonn 1990.
Die Grünen (Hg.) 1985: Reader zum 1. Internationalismus-Kongress der GRÜNEN. Kassel 4./5./6. Oktober 1985, Bonn 1985.
Die Grünen (Hg.) 1987: Das Einfache, das schwer zu machen ist. Unabhängige Texte zur Krise der GRÜNEN, Bonn 1987.
Die Grünen (Hg.) 1991: Lieber Reinwandern statt Rausländern !. `Brauchen wir ein Einwanderungsgesetz?'. Erste Anhörung, 26. Nov. 1990, Bonn 3/1991.
Die Grünen (Hg.) 1991a: Materialien zur Asyldebatte, Bonn 1991.
Die Grünen-BAG Kultur (Hg.) 1987: Dem Struwwelpeter durch die Haare gefahren. Auf dem Weg zu einer grünen Kulturpolitik, Bonn 1987.
Die Grünen im Bundestag (Hg.) 1985: Was wir verdrängen, kommt wieder, Bonn 1985.
Die Grünen im Bundestag (Hg.) 1988: To be or NATO be. Die NATO-Broschüre der GRÜNEN, Bonn u.a. 1988.
Die Grünen im Bundestag (Hg.) 1989: Neofaschismus, Rechtsradikalismus, Ausländerfeindlichkeit. Thesen, Argumente, Positionen, Initiativen, Bonn 7/1989.
Die Grünen im Bundestag (Hg.) 1990: Die Multikulturelle Gesellschaft. Für eine demokratische Umgestaltung in der Bundesrepublik. Positionen und Dokumentation, Bonn 4/1990.
Die Grünen im Bundestag (Hg.) 1990a: Für eine Multikulturelle Kinderpolitik. Dokumentation der Anhörung "Kinder in der multikulturellen Gesellschaft" - Neue Werte in Erziehung und Politik - der GRÜNEN im Bundestag am 7.5.1990, Bonn 9/1990.
HAWATMEH, Nayef 1973?: Zur Lage des palästinensischen Widerstands und seinen nächsten Aufgaben, hg. von Ortsgruppe Freiburg des KBW/KHG Freiburg/Palästinakomitee Freiburg, Freiburg 1973?.
KBW 1978: Programm und Statut des Kommunistischen Bundes Westdeutschland, 9. Aufl., Frankfurt/M. 1978.
KPD 1975: Gegen die wachsende Kriegsgefahr - Stärkt die internationale Einheitsfront gegen die beiden imperialistischen Supermächte. Schulungstext der KPD, Köln 1975.
KPD 1975a: Heute Antifaschist sein heißt: Die Einheitsfront gegen die imperialistischen Supermächte stärken!. Zum 30. Jahrestag der Befreiung vom Faschismus, Köln 1975.
KPD 1975b: Die neuen Zaren. Sozialistisch in Worten - imperialistisch in Taten, Köln 1975.
KPD 1975c: Über die internationale Lage und die nächsten Aufgaben der Kommunistischen Partei. Über die Aufgaben im ideologischen Kampf. Entschließungen des ZK der KPD vom Februar 1975, Köln 1975.
KPD 1976: KPD oder D"K"P. Kampfpartei der Arbeiterklasse oder Filiale des sowjetischen Sozialimperialismus, Köln 1976.
KPD 1978: Für die Aktionseinheit von Demokraten, Antifaschisten, Sozialisten und Kommunisten. Beiträge zum Kampf um demokratische Rechte und Freiheiten in beiden Teilen Deutschlands, Köln 1978.
KPD/ML 1976?: Für ein vereintes, unabhängiges, sozialistisches Deutschland. Grundsatzerklärung der KPD/ML, Dortmund? 1976?.
Redaktion "Arbeiterkampf (Hg.) 1988: Ein unvermeidlicher Streit: Deutsche Linke zwischen Israel und Palästina, Hamburg 1988.
SDS Westberlin/Internationales Nachrichten- und Forschungsinstitut (Hg.) 1968: Der Kampf des vietnamesischen Volkes und die Globalstrategie des Imperialismus. Internationaler Vietnam-Kongreß 17./18. Februar 1968, West-Berlin 1968.

2.2 Bundestagsdrucksachen und Informationsblätter

Bündnis 90/ Die Grünen (Hg.) 1991: Regenbogen. Extra zum Thema: Asyl und Einwanderung, Bonn 11/1991.

Bundestagsdrucksache 1986: Große Anfrage des Abgeordneten Ströbele und der Fraktion DIE GRÜNEN. Antisemitismus in der Bundesrepublik Deutschland, Drucksache 10/5551, Bonn 27.5.1986.

Bundestagsdrucksache 1991: Gesetzentwurf des Abgeordneten Konrad Weiß (Berlin) und der Gruppe BÜNDNIS 90/DIE GRÜNEN. Entwurf eines Gesetzes zur Regelung der Rechte von Niederlassungsberechtigten, Einwanderinnen und Einwanderern, Drucksache 12/1714, Bonn 1991.

2.3 Namentlich nicht zugeordnete Bücher und Texte

AG Berlin- und Deutschlandpolitik in der Alternativen Liste Berlin 1983: 25 Thesen für eine Grüne Deutschlandpolitik, West-Berlin 1983, s. Standort: Grünen-Archiv.

AK-Internationalismus der Grünen Baden Würt(!)emberg/AK-Entwicklungspolitik Tübingen 1985: Alternative Entwicklungspolitik, in: Die Grünen (Hg.) 1985: 134-139.

Demonstrationsaufruf "Nie wieder Deutschland" 1990: Aufruf für eine Demonstration am 12. Mai 1990 in Frankfurt. Demonstration gegen deutschen Nationalismus, gegen die Kolonialisierung Osteuropas und gegen die Annexion der DDR, in: "Deutschland? Nie wieder!". Kongreß der Radikalen Linken. Reden und Diskussionsbeiträge zum Kongreß an Pfingsten 1990 und auf der Demo "Nie wieder Deutschland!" am 12.5.1990 in Frankfurt am Main, Frankfurt/M. 1990: 235-242.

KB 1977: Thema: Zionismus, in: KB (Hg.): Nahost. Klassenkampf und nationale Befreiung, (Hamburg?) 1977: 13-18.

Nahost-Kommission 1977: Der KBW zu Nahost: "Die arabische Reaktion ist eine Erfindung der Sowjetunion", in: die internationale. Zeitung des Kommunistischen Bundes für den proletarischen Internationalismus, Nr. 23/24, 1/1977: 53-61.

Partein 1978: Wir warn die stärkste der Partein....Erfahrungsberichte aus der Welt der K-Gruppen, 14.-19. Tausend, West-Berlin 1978.

2.4 Periodika, Rundbriefe, Themenhefte, Zeitschriften und Zeitungen

Anschlag, Heft 1, 8/1964, Heft 2, 11/1964.

Arbeiterkampf. Arbeiterzeitung des Kommunistischen Bundes, 3. Jg., Nr. 30, 30.7.1973, Nr. 35, 6.11.1973, 4. Jg., Nr. 43, 1.5.1974, 5. Jg., Nr. 54, 7.1.1975, Nr. 58-59, 2.4.1975, 9. Jg., Nr. 155, 11.6.1979.

arbeitsblätter, nr. 6: DDR-Studienreisen von Gruppen und Landesverbänden 1963/64. Berichte, 9/1964.

Das Argument. Zeitschrift für Philosophie und Sozialwissenschaften, (wechselnde Untertitel), 6. Jg., Heft 3, 1964, 7. Jg., Heft 1, 1965, Heft 2, 1965, 8. Jg., Heft 6, 1966, 10. Jg., Heft 3, 1968, 11. Jg., Heft 1-2, 1969, 12. Jg., Heft 4-6, 1970, 16. Jg., Heft 7-9, 1974, 31. Jg., Heft 3, 1989, Heft 6, 1989, (im folgenden zitiert als: Argument).

Aus Politik und Zeitgeschichte. Beilage zur Wochenzeitung Das Parlament, B. 46, 1983, B. 3-4, 1992, B. 40, 1992, (im folgenden zitiert als: APuZ).

blätter des iz3w. informationszentrum dritte welt-iz3w, Nr. 101, 5/1982.

Blätter für deutsche und internationale Politik. Monatszeitschrift, 30. Jg., Heft 12, 1985, 35. Jg., Heft 1, 1990.

Bulletin, hg. von Die Grünen im Bundestag, 12.6.1989.

DISkussion (ab 1968: diskussion). Zeitschrift für Probleme der Gesellschaft und der deutsch-israelischen Beziehungen, (wechselnde Untertitel), 5. Jg., Nr. 14, 5/1964, Nr. 15, 11/1964, 6. Jg., Nr. 16, 4/1965, Nr. 17, 9/1965, 7.Jg., Nr. 18, 2/1966, 8. Jg., Nr. 22, 6/1967.
Facit, hg. vom Sozialistischen Deutschen Studentenbund Köln, Nr. 15, 1968.
GAL-Rundbrief, hg. von Die Grünen/Landesverband Hamburg und Grün-Alternative Liste (GAL) Fraktion in der Hamburger Bürgerschaft, Nr. 4, 6/7/1989, Nr. 2, 4/1990.
Golf-Journal. Von der Aufteilung zur "Neuordnung" des Nahen Ostens, hg. von "die tageszeitung", Frankfurt/M. 1991.
grüne zeitung. Info für NRW (Nordrhein-Westfalen), 1989.
grüner basisdienst. Regelmäßiger Rundbrief der Bundesgeschäftsstelle der GRÜNEN, Nr. 6, 1989, (im folgenden zitiert als: gbd).
Kantstein, hg. von DIE GRÜNEN/Landesverband Hamburg, Nr. 0, 11/1991.
Kommune. Forum für Politik, Ökonomie, Kultur, 7. Jg., Nr. 8, 8/1989, 9. Jg., Nr. 9, 9/1991.
Kommunismus und Klassenkampf. Theoretisches Organ des Kommunistischen Bundes Westdeutschlands (KBW), 1. Jg., Nr. 1, 1973, 3. Jg., Nr. 2, 1975, Nr. 3, 1975, 5. Jg., Nr. 5, 1977, 6. Jg., Nr. 2, 1978, Nr. 7, 1978 (im folgenden zitiert als: Kommunismus).
kommunistische volkszeitung. Zentralorgan des Kommunistischen Bundes Westdeutschland (KBW), Themenheft: Fest - Hitler, eine Karriere, 5. Jg., 9/1977.
konkret. Politik und Kultur (wechselnde Untertitel), Heft 8, 1967, Heft 6, 1968, Heft 2, 1969, Heft 4, 1969, Heft 7, 1969, Heft 12, 1990.
kritik. Zeitschrift für sozialistische Diskussion, 6. Jg., Nr. 18, 1978.
Kursbuch, Nr. 57: Der Mythos des Internationalismus, 10/1979.
Leviathan. Zeitschrift für Sozialwissenschaft, Heft 3, 1977, Heft 3, 1988.
neue kritik. Zeitschrift für sozialistische Theorie und Politik, (wechselnde Untertitel), 3. Jg., Nr. 13, 11/1962, 5. Jg., Nr. 24, 8/1964, Nr. 25/26, 10/1964, 8. Jg., Nr. 40, 2/1967, 9. Jg., Nr. 46, 2/1968, Nr. 50, 11/1968. (im folgenden zitiert als: nk).
Peripherie. Zeitschrift für Politik und Ökonomie in der dritten Welt, 10. Jg., Nr. 39-40.
Pflasterstrand. Stadt-Illustrierte, Nr. 207, 1985, (Beilage: Nahost-Special), (im folgenden zitiert als: Pflasterstrand 1985).
Politische Vierteljahresschrift. Zeitschrift der Deutschen Vereinigung für Politische Wissenschaft, 24./32. Jg., Heft 2, 1983, Heft 1, 1991. (im folgenden zitiert als: PVS).
Prokla - Probleme des Klassenkampfes. Zeitschrift für politische Ökonomie und sozialistische Politik, 18./20. Jg., Nr. 73, 1988, Nr. 2, 1990. (im folgenden zitiert als: Prokla).
Rote Fahne. Zentralorgan der Kommunistischen Partei Deutschlands (KPD), 3. Jg., Nr. 45, 31.5.1972, 4. Jg., Nr. 9, 28.2.1973, Nr. 41, 10.10.1973.
Roter Morgen. Zentralorgan der Kommunistischen Partei Deutschlands/Marxisten-Leninisten KPD/ML, 3. Jg., 6/1969, 9/1969, 6. Jg., Nr. 21, 23.10.1972, 7. Jg., Nr. 2, 20.1.1973.
Rotes Forum, Nr. 5, 10/1969.
Der Spiegel. Das deutsche Nachrichten-Magazin, 43. Jg., Nr. 16, 17.4.1989, 46. Jg., Nr. 4, 20.1.1992.
die tageszeitung, 10. Jg., 25.5.1988, 7.11.1988, 14. Jg., 14.11.1992, 12.12.1992, (im folgenden zitiert als: taz)
Theorie und Praxis des Marxismus-Leninismus. Theoretisches Organ der Kommunistischen Partei Deutschlands (KPD), Nr. 2, 1975, Nr. 1-3, 1976, (im folgenden zitiert als: Theorie und Praxis).
Unser Weg. Kommunistischer Bund, Nr. 16/17, 1973, Nr. 25, 1979, Nr. 30, 1979.
Der Weg der Partei. Theoretisches Organ der KPD/Marxisten-Leninisten, Nr. 1, 2/1974, Nr. 3, 9/1975, Nr. 4, 10/1976 (im folgenden zitiert als: Weg der Partei).

3. Namentlich zuordbare Papiere, Artikel, Aufsätze und Bücher

ABENDROTH, Wolfgang u.a. 1969: Die Linke antwortet Habermas, 2. Aufl., Frankfurt/M. 1969.
ADORNO, Theodor W. 1955: Schuld und Abwehr, in: ders.: Gesammelte Schriften, Bd. 9-2: Soziologische Schriften II. Zweite Hälfte, hg. von Buck-Morss, Susan/Tiedemann, Rolf, Frankfurt/M. 1975: 121-324.
- 1973: Studien zum autoritären Charakter, hg. vom Institut für Sozialforschung an der Johann Wolfgang Goethe-Universität, Frankfurt/M. 1973. (Orig. amer.: New York 1950).
AGNOLI, Johannes 1968: Die Transformation der Demokratie, in: ders./BRÜCKNER, Peter: Die Transformation der Demokratie, Frankfurt/M. 1968: 3-88.
ALTER, Peter 1985: Nationalismus, Frankfurt/M. 1985.
ALTNER, Günter 1968: Weltanschauliche Hintergründe der Rassenlehre des Dritten Reiches. Zum Problem einer umfassenden Anthropologie, Zürich 1968.
AMMON, Herbert 1985: Europäischer Frieden und Deutsche Frage, in: STOLZ, Rolf (Hg.) 1985: 36-40.
ANDERS, Günther 1969: Imperialismus und Kampf dagegen oder Philosophisches Wörterbuch heute (II), in: Argument, Heft 1/2, 1969: 1-31.
ANDERSON, Benedict 1988: Die Erfindung der Nation. Zur Karriere eines erfolgreichen Konzepts, Frankfurt/M. u.a. 1988. (Orig. engl.: London 1983).
ARENDT, Hannah 1945: Antisemitismus und faschistische Internationale, in: dies. 1991: 95-107. (Orig. amer.: New York 1945).
- 1991: Israel, Palästina und der Antisemitismus. Aufsätze, hg. von Geisel, Eike/Bittermann, Klaus, Berlin 1991.
AUTRATA, Otger u.a. (Hg.) 1989: Theorien über Rassismus. Eine Tübinger Veranstaltungsreihe, Argument-Sonderbd. 164, Hamburg 1989.
BAIER, Lothar 1985: Unlust an der Identität, in: ders.: Gleichheitszeichen. Streitschriften über Abweichung und Identität, West-Berlin 1985: 7-19.
- u.a. 1988: Die Früchte der Revolte. Über die Veränderung der politischen Kultur durch die Studentenbewegung, West-Berlin 1988.
BAHRO, Rudolf 1983: "Wenn das Ding schon völlig stabil wäre!". Gespräch mit Joscha Schmierer in der Zeitschrift "Kommune" 7/83, in: ders. 1984: Pfeiler am anderen Ufer. Beiträge zur Politik der GRÜNEN von Hagen bis Karlsruhe, West-Berlin 1984: 79-92.
BALIBAR, Etienne 1992: Rassismus und Nationalismus, in: ders./WALLERSTEIN 1992: 49-84.
- /WALLERSTEIN, Immanuel 1992: Rasse-Klasse-Nation. Ambivalente Identitäten, 2. Aufl., Hamburg u.a. 1992. (Orig. franz.: Paris 1988).
BAUß, Gerhard 1977: Die Studentenbewegung der sechziger Jahre in der Bundesrepublik und Westberlin. Handbuch, Köln 1977.
BEER, Angelika/KAISER, Reinhard 1988: Die Grünen und die NATO - eine Frage, die keine ist, in: HIPPLER/MAIER (Hg.) 1988: 198-223.
BECK, Ulrich 1991: Die Grünen in der Weltrisikogesellschaft. Für den Ausbruch aus der Abstraktionsidylle, in: FÜCKS (Hg.) 1991: 186-197.
BERGMANN, Uwe u.a. 1968: Rebellion der Studenten oder Die neue Opposition, Hamburg 1968.
BETHSCHEIDER, Monika 1990: "Multikulturelle Gesellschaft" Umfassende demokratische Umgestaltung, in: Die Grünen im Bundestag (Hg.) 1990: 8-19.
BIELEFELD, Uli 1990: Das Fremde innen und der Fremde außen, Diskussionspapier, Nr. 11, Hamburger Institut für Sozialforschung 1990.
BIELEFELD, Uli 1990a: Ausschluss und Einschluss. Anmerkungen zu sich erneut stellenden Fragen von Staatsbürgerschaft und kollektiven Identitäten, (Vortragsmanuskript), s. Standort: Hamburger Archiv für Sozialforschung 1990.
BILDEN, Helga 1975: Zur Kritik sozialisationstheoretischer Konzepte bei Habermas, Diss., München 1975.

BLANKE, Bernhard 1967: Ende und Anfang einer sozialistischen Deutschlandpolitik - das Seminar von FDJ und SDS, (V. Einige Ergebnisse des Seminars), in: nk, 8. Jg., Nr. 40, 2/1967: 45-47.

BOCK, Thea/JURTITSCH, Erwin/RIECKMANN, Paul 1987: "Die Mitte - ein Weg zwischen Apokalyptikern und Integrierten?", in: Die Grünen (Hg.) 1987: 40-53.

BODEMANN, Michal Y. 1986: The Green Party and the new nationalism in the Federal Republic of Germany, in: MILIBAND, Ralph a.o. (Ed.): Socialist Register 1985/1986, London 1986: 137-157.

BÖTTCHER, Michael 1989: Grenzen der Toleranz, vormundschaftliches Denken und "heiliger Egoismus". Multikulturelle Konflikte in der multiethnischen Gesellschaft, in: BAG "ImmigrantInnen und Flüchtlinge" der Grünen (Hg.) 1989: 60-62.

BRANDT, Peter/AMMON, Herbert 1981: Deutschland und die deutsche Linke seit 1945. Ein Grundriß, in: dies. (Hg.) 1981: 29-57.

- / - 1981a: Die deutsche Linke und die nationale Frage, in: dies. (Hg.) 1981: 13-28.

- / - (Hg.) 1981: Die Linke und die nationale Frage. Dokumente zur deutschen Einheit seit 1945, Hamburg 1981.

BREDOW, Wilfried v. 1983: Friedensbewegung und Deutschlandpolitik. Herkömmliche und neuartige Aspekte einer Themenverbindung, in: APuZ, B. 46, 1983: 34-46.

- /BROCKE, Rudolf H. (1985?): Dreimal Deutschlandpolitik. Deutschlandpolitische Ansätze der Partei der GRÜNEN, o.O. (1985?), s. Standort: Archiv "Grünes Gedächtnis".

BRIEM, Jürgen 1976: Der SDS. Die Geschichte des bedeutendsten Studentenverbandes der BRD seit 1945, Frankfurt/M. 1976.

BRODER, Henryk M.: Der ewige Antisemit. Über Sinn und Funktion eines beständigen Gefühls, Frankfurt/M. 1986.

BRÜCKNER, Peter/KROVOZA, Alfred 1972: Was heißt Politisierung der Wissenschaft und was kann sie für die Sozialwissenschaften heißen?, Frankfurt/M. 1972.

BRUMLIK, Micha 1985: Antisemitismus, Internationalismus, Nahostkonflikt. Ein Streitgespräch, (Diskussionsbeitrag), in: Pflasterstrand 1985: 25-34.

- 1987: (Diskussionsbeitrag), in: SCHAUER (Hg.) 1987: 214.

- 1990: Bunte Republik Deutschland?. Aspekte einer multikulturellen Gesellschaft, in: Blätter für deutsche und internationale Politik, Heft 1, 1990: 101-107.

BUNTENBACH, Annelie 1989: Haste mal'n Argument?. Zu den Thesen von Bernd Ulrich über die Republikaner, in: grüne zeitung 1989.

BURO, Andreas/GROBE, Karl 1984: o.T., in: BALSEN, Werner/RÖSSEL, Karl 1986: Hoch die internationale Solidarität. Zur Geschichte der Dritte-Welt-Bewegung in der Bundesrepublik, Köln 1986: 244-246.

CEYHUN, Ozan 1991: Ein Schritt weiter: Einwanderungsgesetz, in: Kommune 1991: 45-46.

CHAUSSY, Ulrich 1985: Die drei Leben des Rudi Dutschke. Eine Biographie, überarb. Aufl., Frankfurt/M. 1985.

CLAUSSEN, Detlev 1979: "Wenn wir uns wie ein Frosch aufblasen...". Marxismus-Leninismus als Sackgasse des Internationalismus?, in: Kursbuch 1979: 165-172.

- 1988: Israel, das Schibboleth des Internationalismus, in: taz, 25.5.1988: 22.

- 1988a: Vergangenheit mit Zukunft. Über die Entstehung einer neuen deutschen Ideologie, in: ESCHENHAGEN (Hg.) 1988: 7-30.

COHEN, Philip 1990: Gefährliche Erbschaften: Studien zur Entstehung einer multirassistischen Kultur in Großbritannien, in: KALPAKA/RÄTHZEL (Hg.) 1990: 81-144. (Orig. engl.).

- 1990a: We hate Humans. On Anti/Racism and Anti/Humanism, Paper for Hamburg International Workshop: Rassismus Heute?, s. Standort: Hamburger Institut für Sozialforschung 1990.

COHN-BENDIT, Daniel 1979: Kopfschrott oder Gefühlsheu?. Eine Diskussion über Internationalismus, (Diskussionsbeitrag), in: Kursbuch 1979:199-221.

- 1985: Antisemitismus, Internationalismus, Nahostkonflikt. Ein Streitgespräch, (Diskussionsbeitrag), in: Pflasterstrand 1985: 25-34.

- 1989: Rede, in: Die Grünen im Bundestag (Hg.) 1989: 23-26.

- 1993: Geteilte Einheit - Kleines Plädoyer gegen die Verwahrlosung der Republik, in: NIRUMAND (Hg.) 1993: 89-101.
- /SCHMID, Thomas 1992: Heimat Babylon. Das Wagnis der multikulturellen Demokratie, Hamburg 1992.

DAMUS, Renate/STRÖBELE, Hans Christian 1991: Zum offenen Brief von Rolly Rosen, in: DIAK 1991: 142-143.

DANN, Otto 1978: Funktionen des Nationalismus in modernen Gesellschaften, in: ders. (Hg.) 1978: Nationalismus und sozialer Wandel, Hamburg 1978: 209-222.

DE RUDDER, Véronique 1990: Racisme et relations interethniques en France. Rassismus und interethnische Beziehungen in Frankreich. Stand der Forschung und Kritik, s. Standort: Hamburger Institut für Sozialforschung 1990.

DINER, Dan 1982: Die "nationale Frage" in der Friedensbewegung. Ursprünge und Tendenzen, in: STEINWEG, Rainer (Red.): Die neue Friedensbewegung. Analysen aus der Friedensforschung, Frankfurt/M. 1982: 86-112.
- (Hg.) 1988: Zivilisationsbruch. Denken nach Auschwitz, Frankfurt/M. 1988.

DINGEL, Frank 1986: Rassismus, in: Fraktion der AL Berlin (Hg.) 1986: 29-32.

DITTRICH, Eckhard J./RADTKE, Frank-Olaf 1990: Der Beitrag der Wissenschaften zur Konstruktion ethnischer Minderheiten, in: dies. (Hg.) 1990: 11-40.
- / - (Hg.) 1990: Ethnizität. Wissenschaft und Minderheiten, Opladen 1990.

DUDEK, Peter 1983: Nationalromantischer Populismus als Zivilisationskritik. Eine Antwort auf Henning Eichberg, in: SCHÄFER, Wolf (Hg.): Neue soziale Bewegungen: Konservativer Aufbruch in buntem Gewand?. Arbeitspapiere einer Diskussionsrunde, Frankfurt/M. 1983.

DUTSCHKE, Rudi 1964: Das Verhältnis von Theorie und Praxis, in: Anschlag 1/1964: 23-27.

DUTSCHKE, Rudi/ ? 1964: Proletarischer Internationalismus und Imperialismus, in: Anschlag 2/1964: 55-59.
- 1967: Vietnam - Die Dritte Welt und die Opposition in den Metropolen. Eine Podiumsdiskussion, geleitet von Klaus Meschkat mit Rudi Dutschke, Peter Gäng, Herbert Marcuse, René Mayorga, Bahman Nirumand, (Diskussionsbeitrag), in: KURNITZKY/KUHN 1967: 121-150.
- 1967a: Rudi Dutschke zu Protokoll. Fernsehinterview von Günter Gaus, in: ders. 1980: 42-57.
- 1967b: Podiumsdiskussion in Hamburg vom 24. November 1967 mit Rudolf Augstein, Ralf Dahrendorf u.a. zum Thema "Revolution 67 - Studentenulk oder Notwendigkeit?", in: ders. 1980: 15-17.
- 1967c: Politisches Bücher-Magazin, in: konkret, Heft 8, 1967: 41-42.
- 1968: Die geschichtlichen Bedingungen für den internationalen Emanzipationskampf, in: SDS Westberlin/Internationales Nachrichten- und Informationsinstitut (Hg.) 1968: 107-124.
- 1968a: Die Widersprüche des Spätkapitalismus, die antiautoritären Studenten und ihr Verhältnis zur Dritten Welt, in: BERGMANN, Uwe u.a. 1968: 33-93.
- 1968b: Diskussion in der Evangelischen Akademie Bad Boll mit Ernst Bloch, Ossip Flechtheim, Werner Maihofer u.a. im Februar 1968 zum Thema "Novus ordo saeculorum oder Das Problem der Revolution in Deutschland", in: ders. 1980: 18-19.
- 1980: Mein langer Marsch. Reden, Schriften und Tagebücher aus zwanzig Jahren, hg. von Dutschke-Klotz, Gretchen/Gollwitzer, Helmut/Miermeister, Jürgen, Reinbek 1980.
- /KÄSEMANN, T./SCHÖLLER, R. 1968: Vorwort, in: DEBRAY, Regis u.a.: Der lange Marsch. Wege der Revolution in Lateinamerika, München 1968: 7-24.

EBACH, Jürgen 1988: Erinnerung gegen die Verwertung der Geschichte, in: ESCHENHAGEN (Hg.) 1988: 100-113.

EBERMANN, Thomas 1990: "Ich und meine Freunde sind bei den GRÜNEN gescheitert", in: SCHROEREN (Hg.) 1990: 213-221.

EISENBERG, Götz 1979: Auf der Suche nach Identität, in: Frankfurter Hefte. Zeitschrift für Kultur und Politik, 34. Jg., Heft 4, 1979: 88-95.
- /THIEL, Wolfgang 1973: Fluchtversuche. Über Genesis, Verlauf und schlechte Aufhebung der antiautoritären Bewegung, Giessen 1973.

ELIAS, Norbert 1980: Über den Prozeß der Zivilisation. Soziogenetische und psychogenetische Untersuchungen, Bd. 1: Wandlungen des Verhaltens in den weltlichen Oberschichten des Abendlandes, 7. Aufl., Frankfurt/M. 1980.
- 1983: Die Fischer im Mahlstrom, in: ders.: Engagement und Distanzierung. Arbeiten zur Wissenssoziologie I, Frankfurt/M. 1983: 73-183. (Orig. engl.).
- 1990: Studien über die Deutschen. Machtkämpfe und Habitusentwicklung im 19. und 20. Jahrhundert, 3. Aufl., Frankfurt/M. 1990.
ERB, Rainer/BERGMANN, Werner 1989: Die Nachtseite der Judenemanzipation. Der Widerstand gegen die Integration der Juden in Deutschland 1780-1860, West-Berlin 1989.
ERIKSON, Erik H. 1970: Jugend und Krise. Die Psychodynamik im sozialen Wandel, Stuttgart 1970. (Orig. engl.: New York 1968).
ESCHENHAGEN, Wieland (Hg.) 1988: Die neue deutsche Ideologie. Einsprüche gegen die Entsorgung der Vergangenheit, Darmstadt 1988.
ESTEL, Bernd 1989: Nationale Identität und Antisemitismus in Deutschland, in: BERGMANN, Werner/ERB, Rainer (Hg.): Antisemitismus in der politischen Kultur seit 1945, Opladen 1989: 56-78.
FANIZADEH, Andreas 1992: Nationale oder völkische Republik?. Die Bundesrepublik zwei Jahre nach ihrer Erweiterung, in: diskus. Frankfurter StudentInnenzeitung, 41. Jg., Nr. 4, 11/1992: 8-10.
FANON, Frantz 1981: Die Verdammten dieser Erde, Frankfurt/M. 1981. (Orig. franz.: Paris 1961).
FETSCHER, Iring 1979: Die Suche nach der nationalen Identität, in: HABERMAS, Jürgen (Hg.): Stichworte zur >Geistigen Situation der Zeit<. 1. Band: Nation und Republik, Frankfurt/M. 1979: 115-131.
FICHTER, Tilman 1987: Der Staat Israel und die neue Linke in Deutschland, in: SCHNEIDER/SIMON (Hg.) 1987: 81-98.
- 1987a: (Diskussionsbeitrag), in: SCHAUER (Hg.) 1987: 199.
- /LÖNNENDONKER, Siegward 1979: Kleine Geschichte des SDS. Der Sozialistische Deutsche Studentenbund von 1946 bis zur Selbstauflösung, 4. Aufl., West-Berlin 1979.
FIEDLER, Georg 1989: editorial, in: GAL-Rundbrief 1989: 17.
FISCHER, Joschka 1979: Durchs wilde Kurdistan, in: ders. 1984: 14-29.
- 1984: Von grüner Kraft und Herrlichkeit, Reinbek 1984.
- 1987: Zwischen Wiedervereinigungsillusionen und NATO-Austrittsfiktionen, in: Die Grünen im Bundestag (Hg.) 1988: 94-99.
- 1992: Die letzten Verfassungspatrioten. Interview mit Hessens Umweltminister Joschka Fischer (Die Grünen) über seine Zukunft und die seiner Partei, in: taz, 14.11.1992: 10. .
FÜCKS, Ralf (Hg.) 1991: Sind die Grünen noch zu retten?. Anstöße von Ulrich Beck, Monika Griefahn, Petra Kelly, Otto Schily, Michaele Schreyer, Antje Vollmer u.a., Reinbek 1991.
FUNKE, Hajo/NEUHAUS, Dietrich 1989: Einleitung: Nationalismus, Antisemitismus, Demokratie. Beobachtungen zu einem gespannten Dreiecksverhältnis, in: dies. (Hg.) 1989: 3-16.
- / - (Hg.) 1989: Auf dem Weg zur Nation?. Über deutsche Identität nach Auschwitz, Schriftenreihe des Deutsch-Israelischen Arbeitskreises für Frieden im Nahen Osten e.V., Bd. 17, Frankfurt/M. 1989.
GÄNG, Peter 1966: o.T. (Skript eines Referats, gehalten auf dem Seminar "Konzeptionen - Wege - Möglichkeiten einer Deutschlandpolitik" in Frankfurt/M.), s. Standort: SDS-Archiv.
GÄNG, Peter 1967: Ende und Anfang einer sozialistischen Deutschlandpolitik - das Seminar von FDJ und SDS, (II. Aus dem Grundsatzreferat des SDS), in: nk, 8.Jg., Nr. 40, 2/1967: 38-40.
- /REICHE, Reimut 1969: Modelle der kolonialen Revolution. Beschreibung und Dokumente, 3. Aufl., Frankfurt/M. 1969.
GELLNER, Ernest 1991: Nationalismus und Moderne, Berlin 1991. (Orig. engl.: Oxford 1983).

GUGGENBERGER, Bernd 1973: Die Neubestimmung des subjektiven Faktors im Neomarxismus. Eine Analyse des voluntaristischen Geschichtsverständnisses der Neuen Linken, Freiburg u.a. 1973.
GUILLAUMIN, Colette 1990: La signification de la notion RACE. Die Bedeutung des Begriffs Rasse, s. Standort: Hamburger Institut für Sozialforschung.
HABERMAS, Jürgen 1974: Können komplexe Gesellschaften eine vernünftige Identität ausbilden?. Rede aus Anlaß der Verleihung des Hegel-Preises, in: ders.: Zwei Reden. Aus Anlaß der Verleihung des Hegel-Preises 1973 der Stadt Stuttgart an Jürgen Habermas am 19. Januar 1974, Frankfurt/M. 1974: 25-84.
- 1976: Zur Rekonstruktion des Historischen Materialismus, Frankfurt/M. 1976.
- 1987: Geschichtsbewußtsein und posttraditionale Identität. Die Westorientierung der Bundesrepublik, in: ders. 1987b: 159-179.
- 1987a: Eine Art Schadensabwicklung, in: ders. 1987b: 115-158.
- 1987b: Eine Art Schadensabwicklung, Kleine Politische Schriften VI, Frankfurt/M. 1987.
HAGER, Hans-Jörg 1975: Mit der westdeutschen imperialistischen Bourgeoisie gibt es keine Gemeinsamkeit. Gegen die Theorie der Vaterlandsverteidigung und des Burgfriedens mit der eigenen Bourgeoisie, in: Kommunismus, 3. Jg., Nr. 2, 1975: 130-143.
HALL, Stuart 1989: Rassismus als ideologischer Diskurs, in: Argument, Heft 6, 1989: 913-921. (Orig. engl.).
HAMDAN, Yasmin 1983: Die Palästinensische Befreiungsorganisation (PLO), in: BERNSTEIN, Reiner/HAMDAN, Yasmin/SCHNEIDER, Karlheinz (Hg.): Der Palästina-Konflikt. Geschichte, Positionen, Perspektiven, Bad Wörishofen 1983: 212-234.
HAMMERBACHER, Ruth 1989: Europäische Demokratie und regionale Identität als grüne Antwort auf die Deutschlandfrage, (Bonn?) 1989, s. Standort: Archiv "Grünes Gedächtnis".
HARTUNG, Klaus 1986: Apokalypse und Demokratie. Konstruktionsmerkmale der grünen Innenpolitik, in: KALLSCHEUER (Hg.) 1986: 164-187.
HAUG, Wolfgang Fritz 1974: Faschismus-Theorie in antifaschistischer Perspektive, in: Argument, Heft 7-9, 1974: 537-542.
HAYES, Carlton J. 1929: Nationalismus, Leipzig 1929. (Orig. amer.: New York 1928).
- 1960: Nationalism: A religion, New York 1960.
HEINRICH, Brigitte 1984: Auszüge aus der Erklärung der Europaabgeordneten Brigitte Heinrich zum Einreiseverbot nach Israel und Westjordanien, in: Pflasterstrand 1985: 12.
HEISELER, J.H. v. 1968: Antiautoritäre Fraktionen und Positionen im SDS, in: facit, Nr. 15, 1968: 5-10.
HIPPLER, Jochen/MAIER, Jürgen (Hg.) 1988: Sind die Grünen noch zu retten?. Krise und Perspektiven einer ehemaligen Protestpartei, Köln 1988.
HIRSCHFELD, Dieter 1962: Antisemitismus heute, in: nk, 3. Jg., Nr. 13, 11/1962: 15-16.
HOFER, Walther 1985: Stufen der Judenverfolgung im Dritten Reich 1933-1939, in: STRAUSS/KAMPE (Hg.) 1985: 172-185.
HONOLKA, Harro 1986: Kollektive Identität und Friedenspolitik. Zu den Möglichkeiten und Gefahren einer Stärkung des friedenspolitischen Patriotismus in der Bundesrepublik, Unkorrigiertes Vorausexemplar, Kurzstudie des Forschungsinstitut für Friedenspolitik e.V., Starnberg 3/1986.
- 1987: Schwarzrotgrün. Die Bundesrepublik auf der Suche nach ihrer Identität, München 1987.
HORKHEIMER, Max 1939: Die Juden und Europa, in: ders.: Autoritärer Staat / Die Juden und Europa / Vernunft und Selbsterhaltung - 1939-1941, Schwarze Reihe, Nr. 3, 2. Aufl., Amsterdam 1969: 7-39.
HORLEMANN, Jürgen/GÄNG, Peter 1966: Vietnam. Genesis eines Konflikts, Frankfurt/M. 1966.
HORN, Klaus 1977: Identitätsprobleme der Linken?. Zeitgenössische Schwierigkeiten des Umgangs mit dem Psychischen beim Politik-machen, in: Leviathan, Heft 3, 1977: 333-359.
HUBER, Joseph 1982: Die verlorene Unschuld der Ökologie. Neue Technologien und superindustrielle Entwicklung, Frankfurt/M. 1982.

HÜFNER, Klaus 1975: Israel, UNESCO und die öffentliche Meinung, in: Vereinte Nationen. Zeitschrift für die Vereinten Nationen und ihre Sonderorganisationen, 23. Jg., Nr. 6, 12/1975: 174-180.

JAHN, Peter 1990: Ohne Anführungsstriche. Die Politik des Sozialistischen Studentenbundes (SDS) gegenüber der DDR zwischen Unvereinbarkeitsbeschluß und Studentenrevolte, Schriftenreihe "Berliner Arbeitshefte und Berichte zur sozialwissenschaftlichen Forschung", Nr. 27, Berlin 1990.

JASCHKE, Hans-Gerd 1992: Nationalismus und Ethnopluralismus. Zum Wiederaufleben von Ideen der "Konservativen Revolution", in: APuZ, B. 3-4, 1992: 3-10.

JOCHMANN, Werner 1985: Struktur und Funktion des deutschen Antisemitismus 1878- 1914, in: STRAUSS/KAMPE (Hg.) 1985: 99-142.

J(OFFÉ), A. 1964 s.u. DUTSCHKE, Rudi 1964.

JOFFÉ, A./PUSCH, P. 1964 s.u. DUTSCHKE, Rudi/ ? 1964.

JUCHLER, Ingo 1989: Rebellische Subjektivität und Internationalismus. Der Einfluß Herbert Marcuses und der nationalen Befreiungsbewegungen in der sog. Dritten Welt auf die Studentenbewegung in der BRD, Marburg 1989.

KAISER, Wolfgang 1975: Der Widerstand der Berliner Arbeiterklasse blieb ungebrochen, in: KPD 1975a: 16-20.

KALLSCHEUER, Otto (Hg.) 1986: Die Grünen - Letzte Wahl?. Vorgaben in Sachen Zukunftsbewältigung, West-Berlin 1986.

KALPAKA, Annita/RÄTHZEL, Nora 1989: Die Schwierigkeit, nicht rassistisch zu sein, in: AUTRATA u.a. (Hg.) 1989: 85-100.

- / - 1990: Wirkungsweisen von Rassismus und Ethnozentrismus, in: dies. (Hg.) 1990: 12-80.

- / - (Hg.) 1990: Die Schwierigkeit, nicht rassistisch zu sein, 2. völl. überarb. Aufl., Leer 1990.

KANG, Chong-Sook 1989: o.T., s. Standort: Grünen-Archiv.

KELLY, Petra 1983: Um Hoffnung kämpfen. Gewaltfrei in eine grüne Zukunft, Bornheim-Merten 1983.

KLOKE, Martin W. 1990: Israel und die deutsche Linke. Zur Geschichte eines schwierigen Verhältnisses, Schriftenreihe des Deutsch-Israelischen Arbeitskreises für Frieden im Nahen Osten e.V., Bd. 20, Frankfurt/M. 1990.

KLOTZSCH, Lilian/STÖSS, Richard 1984: Die Grünen, in: STÖSS, Richard (Hg.): Parteien-Handbuch. Die Parteien der Bundesrepublik Deutschland 1945-1980, Bd. 2: FDP bis WAV, Opladen 1984: 1509-1598.

KNAPP, Udo 1988: Gegen die Angstdebatte über offene Grenzen, in: taz (Berlin-Teil), 7.11.1988: 18.

- /KRETSCHMANN, Winfried 1989: Die Republikaner rechts liegen lassen, in: Kommune 1989: 43-45.

KOENEN, Gerd 1991: Die großen Gesänge. Lenin, Stalin, Mao Tse-tung: Führerkulte und Heldenmythen des 20. Jahrhunderts, überarb. und erg. Neuaufl., Frankfurt/M. 1991.

KÖßLER, Reinhart/MELBER, Henning 1990: Universelle Werte und internationale Zivilgesellschaft. Brüchigkeit und Begründbarkeit internationaler Solidarität, in: Peripherie, Nr. 39-40, 1990: 82-99.

KOHN, Hans 1950: Die Idee des Nationalismus. Ursprung und Geschichte bis zur Französischen Revolution, Heidelberg 1950. (Orig. amer.: New York 1944).

KOLAKOWSKI, Leszek 1967: Lob der Inkonsequenz, in: ders.: Der Mensch ohne Alternative. Von der Möglichkeit und Unmöglichkeit, Marxist zu sein, Neuausgabe, München 1967.

KOLODZIEJ, Günther o.J.: ALTERNATIVE zum NATIONALISMUS oder NATIONALISMUS ALTERNATIV. zur Kritik der grünen Deutschlandpolitik, Bonn o.J., s. Standort: Archiv "Grünes Gedächtnis".

- 1989: Das Falsche im Richtigen. Eine Antwort auf Bernd Ulrich, in: Die Grünen im Bundestag (Hg.) 1989: 62-64.

KRÄMER, Georg/LUCAS, Barbara/SCHMIDT, Einhard 1985: Macht grüne Entwicklungshilfe Sinn?, in: Die Grünen (Hg.) 1985: 130-133.

KRAHL, Hans-Jürgen 1968/69: Zur Geschichtsphilosophie des autoritären Staates, in: ders. 1971: 204-241.

- 1969: Fünf Thesen zu "Herbert Marcuse als kritischer Theoretiker der Emanzipation", in: ders. 1971: 298-302.
- 1969a: Zur Ideologiekritik des antiautoritären Bewusstseins, in: ders. 1971: 278-284.
- 1969b: Zur Dialektik des antiautoritären Bewusstseins, in: ders. 1971: 303-310.
- 1969/1970: Rede auf einem teach-in zur Wahl des Studentenparlaments im WS 1969/70, in: ders. 1971: 313-322.
- 1971: Konstitution und Klassenkampf; Zur historischen Dialektik von bürgerlicher Emanzipation und proletarischer Revolution. Schriften, Reden und Entwürfe aus den Jahren 1966-1970, Frankfurt/M. 1971.

KRETSCHMANN, Winfried 1991: Wie konservativ müssen die Grünen sein?. Warum eine ökologische Partei nicht "links" sein kann, in: FÜCKS (Hg.) 1991: 60-68.

KRIEGER, Verena u.a. 1989: Den Eisberg abschmelzen. Thesen zum Umgang mit Neofaschismus, in: GAL-Rundbrief 1989: 28-32.

KUKIELKA, Christina 1989: Thesen zu "Grüne Gesetze, ein Anreiz für Menschen, hierher zu kommen? - Schaffen diese Entwürfe `offene Grenzen´, und ist dies wirklich positiv?", Bonn 4/1989, s. Standort: Archiv "Grünes Gedächtnis".

KURNITZKY, Horst/KUHN, Hans-Martin (Hg.) 1967: Das Ende der Utopie. Mit Diskussionsbeiträgen von Rudi Dutschke, Wolfgang Lefèvre, Peter Gäng, Bahman Nirumand u.a., West-Berlin 1967.

LASLOWSKI, Peter K. 1988: Materialien zur Konzeption für eine Große Anfrage. Teil II. Jugend und Rechtsextremismus, Bonn 7/1988, s. Standort: Archiv "Grünes Gedächtnis".

LAUDAN, Peter 1968: "Traditionalisten" und "Antiautoritäre", in: nk, 9. Jg., Nr. 46, 2/1968: 71-76.

LEDERER, Herbert 1969: Revolutionäre Strategie und liberales Maklertum, in: ABENDROTH u.a. 1969: 113-130.

LEGGEWIE, Claus 1990: Multi Kulti. Spielregeln für die Vielvölkerrepublik, Berlin 1990.

LEMBERG, Eugen 1950: Geschichte des Nationalismus in Europa, Stuttgart 1950.

LENHARDT, Gero 1990: "Ethnische Identität" und gesellschaftliche Rationalisierung, in: Prokla, Nr. 2, 1990: 132-154.

LESSING, Hellmuth 1964: Thesen zum Verhältnis von Wissenschaft und Politik, 5/1964, s. Standort: SDS-Archiv.

LIEBEL, Manfred 1964: Zur politischen Konzeption des SDS in einigen Fragen, in: nk, 5. Jg., Nr. 25/26, 10/1964: 5-10.

LIEBESCHÜTZ, Hans/PAUCKER, Arnold (Hg.) 1977: Das Judentum in der Deutschen Umwelt 1800-1850. Studien zur Frühgeschichte der Emanzipation, Tübingen 1977.

LÖCHERBACH, Dieter 1983: Nation und kollektive Identität. Kritik und Reformulierung des Nationverständnisses in beiden deutschen Staaten, in: PVS, Heft 2, 1983: 188-202.

LUDWIG, Andrea 1992: Israel-Kritik von links. Über die Auseinandersetzung in der bundesdeutschen Linken seit 1967, Schriftenreihe "Berliner Arbeitshefte und Berichte zur sozialwissenschaftlichen Forschung, Nr. 69, Berlin 1992.

MAIER, W(ilfried) 1973: Schwarz-Rot-Goldene Kommunisten?. Programm und Politik des Arbeiterbundes für den Wiederaufbau der KPD, in: Kommunismus, 1. Jg., Nr. 1, 1973: 52-60.

MARCUSE, Herbert 1967: Vietnam - Die Dritte Welt und die Opposition in den Metropolen. Eine Podiumsdiskussion, geleitet von Klaus Meschkat mit Rudi Dutschke, Peter Gäng, Herbert Marcuse, René Mayorga, Bahman Nirumand, (Diskussionsbeitrag), in: KURNITZKY/KUHN 1967: 121-150.

- 1969: Versuch über die Befreiung, Frankfurt/M. 1969. (Orig. amer.).

MARKOVITS, Andrei S. 1986: Was ist das "Deutsche" an den Grünen?. Vergangenheitsaufarbeitung als Voraussetzung politischer Zukunftsbewältigung, in: KALLSCHEUER (Hg.) 1986: 146-163.

MARMORA, Leopoldo 1983: Nation und Internationalismus. Probleme und Perspektiven eines sozialistischen Nationbegriffs, Bremen u.a. 1983.

- 1985: Die Grün-Alternativen zwischen "altem" Internationalismus und "neuem" Patriotismus - oder was ist "nationale Identität", in: Die Grünen (Hg.) 1985: 106-113.

MAST, Peter 1989: Die IdentiTäter. Über linke Eigen-Tore und die Neue Rechte Unübersichtlichkeit. Ein Versuch, die multikulturelle Selbst-Aufgabe des Antirassismus zu erklären, in: Stadtblatt, Nr. 10, 1989: 30-31.

MATRAS, Yaron 1988: *Gemeinsam* gegen Ausländerfeindlichkeit?. Zum Umgang der Linken mit der "neuen nationalen Frage", in: ders. 1989: 1-11.

- 1988a: Die Angst vor der kulturellen Autonomie, in: ders. 1989: 26-34.

- 1989: Zwischen "Helfern" und "Patienten". über herrschende Mehrheit und nationale Minderheiten, Hamburg 1989.

MAYER, Tilman 1986: Prinzip Nation: Dimensionen der nationalen Frage, dargestellt am Beispiel Deutschlands, Opladen 1986.

MEINECKE, Friedrich 1908: Weltbürgertum und Nationalstaat. Studien zur Genesis des deutschen Nationalstaates, München u.a. 1908.

- 1946: Die deutsche Katastrophe. Betrachtungen und Erinnerungen, Wiesbaden 1946.

MENESES-VOGL, German 1989: "Offene Grenzen" oder geplante Einwanderung?, in: Die Grünen im Bundestag (Hg.) 1990: 50-56.

MENZEL, R. 1964 s.u. RABEHL, Bernd 1964.

MENZEL, Ulrich 1991: Das Ende der "Dritten Welt" und das Scheitern der großen Theorie. Zur Soziologie einer Disziplin in auch selbstkritischer Absicht, in: PVS, Heft 1, 1991: 4-33.

MERCKER, Uli 1985: Gibt es einen gleichberechtigten Dialog zwischen politischen Bewegungen der Metropolen und der Peripherie?. Überlegungen zum Universalitätsanspruch grüner Ideologie aus dem grauen Abendland, in: Die Grünen (Hg.) 1985: 114-124.

MEUSCHEL, Sigrid 1988: Kulturnation oder Staatsnation? - Zur Renaissance der Suche nach nationaler Identität in beiden deutschen Staaten, in: Leviathan, Heft 3, 1988: 406-435.

MILES, Robert 1989: Bedeutungskonstitution und der Begriff des Rassismus, in: Argument, Heft 3, 1989: 353-367. (Orig. engl.).

- 1991: Die Idee der "Rasse" und Theorien über Rassismus: Überlegungen zur britischen Diskussion, in: BIELEFELD (Hg.) 1991: 189-218. (Orig. engl.).

MILL, John Stuart 1849: Vindication of the French Revolution of February 1848, in: ders.: Collected Works, Vol. 20: Essays on French History and Historians, ed. by John M. Robson, Toronto 1985: 317-363.

MÜLLER, Peter 1966: Wozu überhaupt noch Deutsch-Israelische Studiengruppen?, in: DISkussion, Nr. 18, 1966: 6-9.

MÜLLER, Jo 1986: Volk - Nein danke!. Antje Vollmer und ihre Linken - eine Entgegnung, in: Die Grünen im Bundestag (Hg.) 1989: 53-54.

MÜLLER-PLANTENBERG, Urs 1978: Chile 1973-1978: Fragen an unseren Internationalismus, in: kritik 1978: 89-99.

NAIRN, Tom 1978: Der moderne Janus, in: ders. u.a.: Nationalismus und Marxismus, Anstoß zu einer notwendigen Debatte, West-Berlin 1978: 7-44. (Orig. engl.: London 1975).

NAIRN, Tom 1979: Das Elend des Internationalismus, in: Kursbuch 1979: 137-162. (Orig. engl.).

NARR, Wolf-Dieter 1989: Thesen zur politischen Kultur in der Bundesrepublik Deutschland, in: FUNKE/NEUHAUS (Hg.) 1989: 63-90.

NIPPERDEY, Thomas 1990: Auf dem Weg zur Gleichberechtigung, in: STEMBERGER, Günter (Hg.): Die Juden. Ein historisches Lesebuch, München 1990: 215-224.

NIRUMAND, Bahman 1967: Vietnam - Die Dritte Welt und die Opposition in den Metropolen. Eine Podiumsdiskussion, geleitet von Klaus Meschkat mit Rudi Dutschke, Peter Gäng, Herbert

Marcuse, René Mayorga, Bahman Nirumand, (Diskussionsbeitrag), in: KURNITZKY/KUHN 1967: 121-150.
- 1967a: Persien - Modell eines Entwicklungslandes oder Die Diktatur der Freien Welt, Reinbek 1967.
- 1991: Leben mit den Deutschen. Briefe an Leila, 14.-16. Tausend, Reinbek 1991.
- 1993: Der Deutsche haßt die Fremden wie sich selbst, in: ders. (Hg.) 1993: 125-138.
- (Hg.) 1993: Deutsche Zustände. Dialog über ein gefährdetes Land, Reinbek 1993.
NEITZKE, Peter 1979: Parteiliche Bestechlichkeit. Erfahrungen mit dem Schicksal unseres Internationalismus, in: Kursbuch 1979: 187-197.
NOHLEN, Dieter/SCHULTZE, Rainer-Olaf (Hg.) 1985: Politikwissenschaft. Theorien - Methoden - Begriffe, Bd. 1 u. 2, München 1985.
NOTH, Jochen 1969: Studentenbewegung und Internationalismus. Palästinensische Befreiungsbewegung, in: Rotes Forum, Nr. 5, 10/1969: 41-50.
OLMS, Ellen/SCHULZE-MARMELING, Dietrich 1987: o.T., Bonn 1987, s. Standort: Archiv"Grünes Gedächtnis".
OSWALT, Walter/TUCKFELD, Manon 1985: Die herrschende Politik der Verelendung, in: Die Grünen-BAG Kultur (Hg.) 1987: 63-65.
PLESSNER, Helmuth 1935/1959: Die verspätete Nation. Über die Verführbarkeit bürgerlichen Geistes, in: ders.: Gesammelte Schriften, Bd. 6: Die verspätete Nation, hg. von Günter Dux, Odo Marquard, Elisabeth Ströker, Frankfurt/M. 1982: 11-223.
POLIAKOV, Léon/DELACAMPAGNE, Christian/GIRARD, Patrick 1984: Über den Rassismus. Sechzehn Kapitel zur Anatomie, Geschichte und Deutung des Rassenwahns, Frankfurt/M. u.a. 1984. (Orig. franz.: Paris 1976).
POSTONE, Moishe 1982: Nationalsozialismus und Antisemitismus. Ein theoretischer Versuch, in: DINER (Hg.) 1988: 242-254. (Orig. engl.).
PROBST, Lothar/SCHNAPPERTZ, Jürgen (Red.) 1986: Ansätze und Perspektiven grüner Politik in den deutsch-deutschen Beziehungen. Entwurf eines Grundsatzpapiers, Bonn 1986, s. Standort: Archiv "Grünes Gedächtnis".
RABEHL, Bernd 1964: Wie teuer ist die Mauer?. Vorläufige Thesen zum ökonomischen und ideologischen Ost-West-Geschäft, in: Anschlag 2/1964: 28-35.
- 1968: Der SDS und die Strategie der direkten Aktionen in Westeuropa, in: nk, 9. Jg., Nr. 50, 11/1968: 26-53.
- 1968a: Von der antiautoritären Bewegung zur sozialistischen Opposition, in: BERGMANN, Uwe u.a. 1968: 151-178.
RASCHKE, Joachim 1991: Links - gibt`s das noch?, in: Kantstein 0/1991: 24-31.
- 1991a: Krise der Grünen. Bilanz und Neubeginn, hg. von der Forschungsgruppe Neue Soziale Bewegungen, Marburg 1991.
- 1993: Die Grünen. Wie sie wurden, was sie sind, Köln 1993
REEMTSMA, Jan Philipp 1990: "...the bad and the ugly", in: konkret 1990: 26-27.
REENTS, Jürgen 1985: Antisemitismus, Internationalismus, Nahostkonflikt. Ein Streitgespräch, (Diskussionsbeitrag), in: Pflasterstrand 1985: 25-34.
REICH, Wilhelm 1977: Die Massenpsychologie des Faschismus, 2. Aufl. der korrig. und erw. Fassung, Hamburg 1977. (Orig. engl.: 1933).
REICHE, Reimut 1967: Ende und Anfang einer sozialistischen Deutschlandpolitik - das Seminar von FDJ und SDS, (I. Einleitung), in: nk, Nr. 40, 1967: 37-38.
- 1969: Verteidigung der "neuen Sensibilität", in: ABENDROTH u.a. 1969: 90-103.
REICHE, Reimut 1988: Sexuelle Revolution - Erinnerung an einen Mythos, in: BAIER u.a. 1988: 45-71.
- /BLANKE, Bernhard: Kapitalismus, Faschismus und Demokratie, in: Argument, Heft 1, 1965: 12-29.
ROSEN, Rolly 1991: Verstehen Sie nicht, daß wir emotional sind?. Offener Brief an Christian Ströbele und Renate Damus, in: DIAK 1991: 141.

ROTH, Claudia 1991: Zur Diskussion Pro und Contra "Einwanderungsgesetz", in: Die Grünen (Hg.) 1991a: 29-33.
RÜRUP, Reinhard 1985: Emanzipation und Antisemitismus: Historische Verbindungslinien, in: STRAUSS/KAMPE (Hg.) 1985: 88-98.
SCHAUER, Helmut 1964: Möglichkeit und Unmöglichkeit offensiver Entspannung, in: nk, Nr. 24, 1964: 12-19.
- (Hg.) 1987: Prima Klima. Wider den Zeitgeist: Erste gnadenlose Generaldebatte zur endgültigen Klärung aller unzeitgemässen Fragen, Hamburg 1987.
SCHEFFLER, Thomas 1988: Die Normalisierung der Doppelmoral - 40 Jahre deutsch-israelische Beziehungen, in: Prokla, Nr. 73, 1988: 76-96.
SCHEFFLER, Wolfgang 1985: Wege zur "Endlösung", in: STRAUSS/KAMPE (Hg.) 1985: 186-214.
SCHENK, Wolfgang 1991: Nicht alles sagen, was man denkt. Die grüne Partei und der jüdische Staat, in: FÜCKS (Hg.) 1991: 116-127.
SCHEUERER, Franz 1989: Der mühsame Abschied vom Rassedenken, in: BAG "ImmigrantInnen und Flüchtlinge" der Grünen (Hg.) 1989: 29-34.
- 1991: Kritische Überlegungen zur Debatte über ein Einwanderungsgesetz, in: Die Grünen (Hg.) 1991a: 34-41.
SCHIFFAUER, Werner 1992: Assoziationen der Freiheit. Die Zivilgesellschaft integriert *und* diskriminiert den Fremden gleichermaßen - aber wie und in welchem Verhältnis?. Ein Vergleich von vier politischen Kulturen, in: taz, 12.12.1992: 15-17.
SCHMID, Thomas 1989: Multikulturelle Gesellschaft - großer linker Ringelpiez mit Anfassen, in: Die neue Gesellschaft/Frankfurter Hefte, 36. Jg., Nr. 6, 1989: 541-546.
- 1990: Staatsbegräbnis. Von ziviler Gesellschaft, 2. Aufl., Berlin 1990.
- 1991: Heißt Waffenruhe Appeasement?. Über die Aporien der eindeutigen Kriegsposition und das Schreckensszenario eines Krieges zwischen der arabischen Welt und den Industrieländern, in: Golf-Journal 1991: 62.
SCHMIDT, Martin 1965: Nasser und die "deutschen Interessen". Der aufhaltsame Abstieg einer Doktrin, in: DISkussion, Nr. 16, 1965: 1-2.
SCHMIDT, Andrea 1989: Rede, in: gbd 1989: 30-32.
- /SCHWARZROCK, Götz 1989: "Multikulturelle Gesellschaft". Ein Weg aus dem alltäglichen Rassismus, in: BAG "ImmigrantInnen und Flüchtlinge" der Grünen (Hg.) 1989: 54-56.
S(CHMIERER), J(oscha) 1975: Der ideologische Aufbau ist das Hauptkettenglied beim Aufbau der Partei. Die Einheit der Marxisten-Leninisten - Aus Anlaß einer Rede des Vorsitzenden der Gruppe Roter Morgen (KPD/ML), in: Kommunismus, Nr. 3, 1975: 146-153.
SCHMIERER, Joscha 1975: Die Generallinie der internationalen Kommunistischen Bewegung und die Frage von Krieg und Frieden, in: Kommunismus, Nr. 3, 1975: 154-167.
SCHNAPPERTZ, Jürgen 1984: Zur deutschlandpolitischen Arbeit der Fraktion, Bonn 1984, s. Standort: Archiv "Grünes Gedächtnis".
- 1988: NATO-Austritt oder Auflösung der Militärbündnisse - ein politischer Gegensatz, in: Die Grünen im Bundestag (Hg.) 1988: 100-101.
- 1988a: Statt Nationalismus kosmo-politische Integration, in: Die Grünen im Bundestag (Hg.) 1988: 105-108.
SCHNEIDER, Dirk 1984: Seid umschlungen, Millionen. Wie das Stichwort "Wiedervereinigung" Linke und Rechte zusammenführt, o.O. 1984, s. Standort: Archiv "Grünes Gedächtnis".
SCHNEIDER, Karlheinz/SIMON, Nikolaus (Hg.) 1987: Solidarität und deutsche Geschichte; Die Linke zwischen Antisemitismus und Israelkritik, Schriftenreihe des Deutsch-Israelischen Arbeitskreises für Frieden im Nahen Osten e.V., Bd. 9, 2. Aufl., West-Berlin 1987.
SCHÖLCH, Alexander 1983: Das Dritte Reich, die zionistische Bewegung und der Palästinakonflikt, in: WETZEL (Hg.) 1983: 65-92.
SCHÖNWÄLDER, Karen 1985: Auf der Suche nach der "deutschen Identität". Ein Literaturbericht, in: Blätter für deutsche und internationale Politik, Heft 12, 1985: 1450-1465.

SCHRÖDER, Jürgen 1990: Ideologischer Kampf vs. Regionale Hegemonie. Ein Beitrag zur Untersuchung der `K-Gruppen´, Schriftenreihe "Berliner Arbeitshefte und Berichte zur sozialwissenschaftlichen Forschung", Nr. 40, Berlin 1990.
SCHROEREN, Michael (Hg.) 1990: Die Grünen. 10 bewegte Jahre, Wien 1990.
SCHUDER, Rosemarie/HIRSCH, Rudolf 1989: Der gelbe Fleck. Wurzeln und Wirkungen des Judenhasses in der deutschen Geschichte, Ost-Berlin 1989.
SCHULZ, Gerhard 1977: Der späte Nationalismus im deutschen politischen Denken des neunzehnten Jahrhunderts, in: LIEBESCHÜTZ/PAUCKER (Hg.) 1977: 95-137.
SCHWARZROCK, Götz 1986: Die weltweite Barbarei nicht ausblenden, in: BAG "ImmigrantInnen und Flüchtlinge" der Grünen (Hg.) 1989: 9-11.
SCHWIEDRZIK, Wolfgang 1975: Für Unabhängigkeit, nationale Einheit und Sozialismus !. Zu einigen Fragen der Strategie und Taktik unseres Kampfes, im Lichte der Erfahrungen des VII. Weltkongresses der Kommunistischen Internationale, in: Theorie und Praxis, Nr. 2, 1975: 61-97.
- 1975a: Die heutigen Lehren des Antifaschistischen Krieges, in: KPD 1975a: 26-45.
SEMLER, Christian 1975: Der Kampf um die antifaschistische Einheitsfront, in: KPD 1975a: 7-15.
SIMON, Nikolaus 1987: Die West-Bank Zuhause, in: SCHNEIDER/SIMON (Hg.) 1987: 5-20.
SNYDER, Louis L. 1968: The new nationalism, New York 1968.
SPAEMANN, Robert 1988: Universalismus oder Eurozentrismus, in: Merkur. Deutsche Zeitschrift für europäisches Denken, 42. Jg., Heft 8, 1988: 706-712.
STAADT, Jochen 1979: Dossier: Die ewigen Sieger. Westdeutsche Kommunisten zu Kambodscha, Vietnam, China, in: Kursbuch 1979: 175-184.
STEIN, Tine/ULRICH, Bernd 1991: Die Kohorte frißt ihr Kind. Die 68er und der Niedergang der Grünen, in: FÜCKS (Hg.) 1991: 69-81.
STEINHAUS, Kurt 1966: Vietnam: Zum Problem der kolonialen Revolution und Konterevolution, Frankfurt/M. 1966.
- 1967: Zur Theorie des internationalen Klassenkampfes, Frankfurt/M. 1967.
STERN, Frank 1991: Im Anfang war Auschwitz. Antisemitismus und Philosemitismus im deutschen Nachkrieg, Schriftenreihe des Instituts für Deutsche Geschichte, Universität Tel Aviv, Bd. 14, Gerlingen 1991.
STÖSS, Richard 1979: Konservative Aspekte der Ökologie- bzw. Alternativbewegung, in: Ästhetik und Kommunikation. Beiträge zur politischen Erziehung, 10. Jg., Heft 36: Linker Konservativismus?, 1979: 19-28.
STOLZ, Rolf (Hg.) 1985: Ein anderes Deutschland: grün-alternative Bewegung und neue Antworten auf die deutsche Frage, West-Berlin 1985.
- 1985: Ein deutscher Sonderweg außerhalb der Blöcke. Abkopplung als Überlebensstrategie, in: ders. (Hg.) 1985: 20-35.
- 1985a: Vorwort, in: ders. (Hg.) 1985: 5-7.
STRASSER, Hermann 1985: Gesellschaft, in: NOHLEN/SCHULTZE (Hg.) 1985, Bd. 1: 287-290.
STRAUSS, Anselm L. 1968: Spiegel und Masken. Die Suche nach Identität, Frankfurt/M. 1968. (Orig. amer.: New York 1959).
STRAUSS, Herbert A./KAMPE, Norbert 1985: Einleitung, in: dies. (Hg.) 1985: 9-28.
- / - (Hg.) 1985: Antisemitismus. Von der Judenfeindschaft zum Holocaust, Schriftenreihe der Bundeszentrale für politische Bildung, Bd. 213, Frankfurt/M. u.a. 1985.
STURM, Roland 1985: Nationalismus, in: NOHLEN/SCHULTZE (Hg.) 1985, Bd. 2: 590-594.
THADDEN, Rudolf v. 1983: Das schwierige Vaterland, in: WEIDENFELD (Hg.) 1983: 51-63.
TIBI, Bassam 1971: Nationalismus in der Dritten Welt am arabischen Beispiel, Frankfurt/M. 1971.
TRENZ, Erika 1989: Einwanderungspolitik: Konzepte gegen rechtsextremes Denken, in: Die Grünen im Bundestag (Hg.) 1990: 56-63.
- 1989a: Für Gestaltung und glaubwürdiges Handeln, gegen rhetorische Kraftmeierei - Den Preis zahlen Flüchtlinge und Immigrant/Innen - Nicht wir!, Bonn 5/1989, s. Standort: Archiv "Grünes Gedächtnis".

- 1990: Begrüßung und Einführung, in: Die Grünen (Hg.) 1991a: 3-4.
- /BETHSCHEIDER, Monika 1989: Gegen Rassismus, für die Multikulturelle Gesellschaft, in: Bulletin 1989: 21-22.
- / - 1989a: Nicht nur Antirassismus - Für eine Multikulturelle Gesellschaft!, in: Die Grünen im Bundestag (Hg.) 1989: 27-29.
- / - 1990: "Brauchen wir ein Einwanderungsgesetz?" - Öffentliche Anhörung der Fraktion Die Grünen/Bündnis 90 am 26. November 1990, Bundeshaus -, Bonn 11/1990, s. Standort: Archiv "Grünes Gedächtnis".

ULRICH, Bernd 1989: Die Wahrheit im Gewand der Repression. Zur tiefgreifenden Krise des Antifaschismus, in: Die Grünen im Bundestag (Hg.) 1989: 55-60.
- 1990: Plädoyer für einen Wirtschaftsboykott des Irak. Je mehr der Westen militärisch eingreift, desto stärker wird der panarabische und der panislamische Gegenreflex sein, in: Golf-Journal 1991: 56.

VOGT, Roland 1990: "Die Linken haben DIE GRÜNEN besetzt", in: SCHROEREN (Hg.) 1990: 171-179.

VOIGT, Lothar 1991: Aktivismus und moralischer Rigorismus. Die politische Romantik der 68er Studentenbewegung, Diss., Wiesbaden 1991.

VOLLMER, Antje 1984: Konflikt im konservativen Lager. Rede zur deutschlandpolitischen Debatte am 12. September 1984, in: STOLZ (Hg.) 1985: 62-66.
- 1985: Für uns ist militärische Stärke kein Weg mehr. Rede von Antje Vollmer in der Debatte am 27. Februar 1985, in: Die Grünen im Bundestag (Hg.) 1985: 3-4.
- 1986: Deutsche Linke und ihr Volk. "Sie gehen glatt durch die Mauern und reiben sich wund an der Luft", in: Die Grünen im Bundestag (Hg.) 1989: 51-52.
- 1991: Die schöne Macht der Vernunft. Auskünfte über eine Generation, Berlin 1991.
- 1991a: Das Privileg der ersten, viele Fehler zu machen. Gründe für den Niedergang, in: FÜCKS (Hg.) 1991: 10-17.
- 1993: Die Deutschen kennen ihre Grenzen nicht, in: NIRUMAND (Hg.) 1993: 118-124.
- /ULRICH, Bernd 1989: Für Demokratie - Gegen Sicherheit und Sauberkeit. Zehn Thesen zum Thema "Rechte WählerInnen - was nun?", in: Die Grünen im Bundestag (Hg.) 1989: 31-36.

VOLMER, Ludger o.J.: o.T., Bonn o.J., s. Standort: Archiv "Grünes Gedächtnis".
- 1989: Entwicklungshilfe: 40 Jahre BRD-Neokolonialismus, in: Bulletin 1989: 47-48.

WAGNER, Bernd 1985: Zwischen Klassenkampf und Lebensphilosophie. Zur Kulturdiskussion bei den Grünen, in: Die Grünen-BAG Kultur (Hg.) 1985: 67-71.

WALLERSTEIN, Immanuel 1992: Die Konstruktion von Völkern: Rassismus, Nationalismus, Ethnizität, in: BALIBAR/WALLERSTEIN 1992: 87-106. (Orig. amer.).

WALLRAFF, Günter 1969: "Gastarbeiter" oder der gewöhnliche Kapitalismus, in: konkret 1969: Heft 2: 42-45; Heft 4: 14-18; Heft 7: 34-37.
- 1991: Kein Pazifismus aus sicherer Entfernung, in: DIAK 1991: 164.

WEIDENFELD, Werner 1983: Die Identität der Deutschen - Fragen, Positionen, Perspektiven, in: ders. (Hg.) 1983: 13-49.
- (Hg.) 1983: Die Identität der Deutschen, Schriftenreihe der Bundeszentrale für politische Bildung, Bd. 200, München 1983.

WEINBERGER, Marie-Luise 1984: Aufbruch zu neuen Ufern?. Grün-Alternative zwischen Anspruch und Wirklichkeit, Bonn 1984.

WESTPHAL, Reinhart 1965: Psychologische Theorien über den Faschismus, in: Argument, Heft 1, 1965: 30-39.

WETZEL, Dietrich 1979: Kopfschrott oder Gefühlsheu?. Eine Diskussion über Internationalismus, (Diskussionsbeitrag), in: Kursbuch 1979: 199-221.
- 1983: "Die Verlängerung von Geschichte". Anstatt einer Einleitung, in: ders. (Hg.) 1983: 7-14.
- (Hg.) 1983: Die Verlängerung von Geschichte. Deutsche, Juden und der Palästinakonflikt, Frankfurt/M. 1983.

WEWER, Heinz 1967: Voraussetzungen des Friedens im Nahen Osten, in: DISkussion, Nr. 22, 1967: 1-3.
WIEGAND, Ronald 1964: "Herrschaft" und "Entfremdung". Zwei Begriffe für eine Theorie über den Faschismus, in: Argument, Heft 3, 1964: 138-144.
WINKLER, Heinrich August 1992: Nationalismus, Nationalstaat und nationale Frage in Deutschland seit 1945, in: APuZ, B. 40, 1992: 12-24.
WOYKE, Wichard 1985: Nationales Interesse, in: NOHLEN/SCHULTZE (Hg.) 1985, Bd. 2: 589-590.
ZISCHKA, Johannes 1986: Die NS-Rassenideologie. Machttaktisches Instrument oder handlungsbestimmendes Ideal?, Frankfurt/M. 1986.
ZWERENZ, Gerhard 1976: Linker Antisemitismus ist unmöglich, in: LICHTENSTEIN, Heiner (Hg.): Die Fassbinder-Kontroverse oder Das Ende der Schonzeit, Königstein/Ts. 1986: 36-38.

Aus dem Programm Sozialwissenschaften

Bernd Estel/Tilman Mayer (Hrsg.)
Das Prinzip Nation in modernen Gesellschaften

Länderdiagnosen und theoretische Perspektiven
1994. 325 S. Kart.
ISBN 3-531-12488-9

Der Zusammenbruch des Sozialismus in (Mittel-)Osteuropa hat eine Renaissance von betroffenen Nationen und ihrer Nationalismen zur Folge. Aber auch in den wohletablierten Nationen des Westens stellt sich aufgrund verschiedener soziokultureller und staatlicher Herausforderungen die Frage nach der eigenen Identität neu. In dieser Situation ist es die Aufgabe der Sozialwissenschaften, entsprechendes Wissen über die in Ost und West veränderte nationale Landschaft zu erarbeiten und bereitzustellen. Dazu werden von einem internationalen Forscherkreis die jüngsten Entwicklungstendenzen in vergleichender Absicht erörtert.

Hans-Gerd Jaschke
Rechtsextremismus und Fremdenfeindlichkeit

Begriffe, Positionen, Praxisfelder
1994. 199 S. Kart.
ISBN 3-531-12679-2

Seit den Wahlerfolgen von Rechtsaußen-Parteien in Westeuropa und dem Aufbrechen jugendlicher rechtsextremer Gewalt wird in der politischen Öffentlichkeit und in den Sozialwissenschaften heftig über Ursachen und Gegenmaßnahmen diskutiert. Die teilweise hektischen Bemühungen um angemessene Analysen und Handlungsalternativen bleiben jedoch vielfach unzureichend. Dieser Band bietet einen Überblick über die unübersichtlich gewordene Debatte, indem er die zentralen Begriffe und Probleme vorstellt und diskutiert. Die These des Autors lautet: Der moderne Rechtsextremismus bezieht seine politische Dynamik vor allem aus dem Zusammentreffen von zunehmender sozialer Ungleichheit, antidemokratischen Orientierungen/Tendenzen/Strömungen und einer Ethnisierung der sozialen Beziehungen, die aus unverarbeiteter Migration resultiert.

Ferdinand Müller-Rommel
Grüne Parteien in Westeuropa

Entwicklungsphasen und Erfolgsbedingungen
1993. 246 S. Kart.
ISBN 3-531-12303-3

Der Band gibt einen Überblick über die Geschichte aller Grünen Parteien in Westeuropa über einen Zeitraum von mehr als 10 Jahren. Ferner wird empirisch überprüft, unter welchen gesellschaftspolitischen Rahmenbedingungen die Grünen in Europa hohe bzw. niedrige Wahlergebnisse erzielen. Dabei werden im einzelnen folgende Faktoren untersucht: das sozioökonomische System, das politische System, das Parteiensystem, die außerparlamentarischen Kräfteverhältnisse, die politischen Werte und Einstellungen der Wähler sowie die Parteiorganisation der Grünen in 15 westeuropäischen Ländern.

WESTDEUTSCHER VERLAG
OPLADEN · WIESBADEN

Aus dem Programm Politikwissenschaft

Wolfgang Kowalsky /
Wolfgang Schroeder (Hrsg.)
Rechtsextremismus
Einführung und Forschungsbilanz
1994. 417 S. Kart.
ISBN 3-531-12561-3

Dieser Band bietet einen konzentrierten Überblick der vielfältigen Ursachen und Motive des Rechtsextremismus aus der Perspektive unterschiedlicher, aber sich ergänzender wissenschaftlicher Zugänge (Soziologie, Zeitgeschichte, Pädagogik etc.). Besonders wichtig erscheint es dabei, die aktuellen Phänomene rechtsextremistischen Handelns auch historisch zu verorten: Gibt es eine Kontinuität rechtsextremistischen Gedankengutes und Handelns in Deutschland? Was ist das Neue am Rechtsextremismus nach der deutschen Einheit? Wie steht es um das Verhältnis zwischen nationalem und internationalem Aktionsradius rechtsextremischer Politik? Kurzum: Die Beiträge profilieren ein sowohl historisches und national vergleichendes als auch interdisziplinär erforschtes Bild des Rechtsextremismus.

Thomas Leif
Die strategische (Ohn-)Macht der Friedensbewegung
Kommunikations- und Entscheidungsstrukturen in den achtziger Jahren
1990. 355 S. Kart.
ISBN 3-531-12149-9

Der Autor untersucht detailliert und mit konkreten Beispielen aus der Praxis der Friedensbewegung die Kommunikations- und Entscheidungsstrukturen sowie die Entwicklung der Strategiediskussion der größten Bewegung in der Geschichte der Bundesrepublik. Im Mittelpunkt der Analyse stehen die Erfolge und Defizite der 'professionellen Bewegung', die Einordnung der beteiligten Gruppen mit ihren oft gegensätzlichen politischen Profilen sowie ihrer Einflußsphären in den Gremien und Aktionskonferenzen. Die Untersuchung weist nach, daß der Anspruch der Basisdemokratie im Machtkampf der beteiligten Spektren oft unterging, und hinterfragt damit die häufig von Mythen begleitete Bewegungsforschung und Bewegungspraxis.

Frank Liedtke/Martin Wengeler/
Karin Böke (Hrsg.)
Begriffe besetzen
Strategien des Sprachgebrauchs in der Politik
1991. 395 S. Kart.
ISBN 3-531-12221-5

Der Band enthält Beiträge von Politikern, Journalisten und Sprachwissenschaftlern zu einem Phänomen, das in der Sprache der Politik weit verbreitet ist. Es geht um das Besetzen von Begriffen, die allgemein mit positiven Bewertungen assoziiert werden, und die von einzelnen politischen Gruppierungen oder Parteien vereinnahmt werden. Im ersten Teil der Beiträge wird versucht, das Besetzen von Begriffen theoretisch zu erklären; ein anderer Teil untersucht konkrete Fälle von Begriffsbesetzungen wie z.B. „Leistung", „Haus Europa", „Entsorgungspark", „Modernisierung" u.a.

WESTDEUTSCHER
VERLAG
OPLADEN · WIESBADEN

Printed in Germany
by Amazon Distribution
GmbH, Leipzig